操盘高手系列

U0681203

精选个股与
精准盘感

RSI(9,9,9) RSI:45.760 12:45.760 45.760

赵信 著

15:00 14:30 14:00 13:30 13:00 11:00 10:30 10:00 15:00

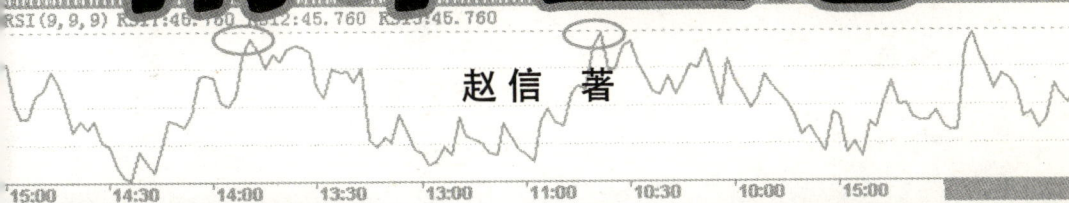

经济管理出版社
ECONOMY & MANAGEMENT PUBLISHING HOUSE

图书在版编目（CIP）数据

精选个股与精准盘感/赵信著. —北京：经济管理出版社，2015.8
ISBN 978-7-5096-3799-9

Ⅰ.①精…　Ⅱ.①赵…　Ⅲ.①股票投资—基本知识　Ⅳ.①F830.91

中国版本图书馆 CIP 数据核字（2015）第 107194 号

组稿编辑：勇　生
责任编辑：勇　生　王　聪
责任印制：司东翔
责任校对：车立佳

出版发行：经济管理出版社
　　　　　（北京市海淀区北蜂窝 8 号中雅大厦 A 座 11 层　100038）
网　　址：www.E-mp.com.cn
电　　话：（010）51915602
印　　刷：三河市延风印装有限公司
经　　销：新华书店
开　　本：720mm×1000mm/16
印　　张：15
字　　数：202 千字
版　　次：2015 年 10 月第 1 版　2015 年 10 月第 1 次印刷
书　　号：ISBN 978-7-5096-3799-9
定　　价：38.00 元

前　言

　　每个进入股市的投资者，都是怀着赚钱的梦想来到这个市场上。为了赚钱，无数投资者投入了大量的精力和金钱，每天辛苦地研究和操作股票，将自己的收入不断投入这个市场。但我们必须承认的一点是，在这个市场上绝大多数投资者都赚不到钱。

　　其原因是大多数投资者并不知道赚钱的关键点所在。

　　为了找到赚钱的关键点，我们可以梳理一下每个投资者炒股的步骤。投资者交易股票，首先要从股市上形形色色的几千只股票中选出一只，其次依靠自己对盘面的解读，决定最佳的买入和卖出时机。因此我们可以看到，选股和盘感，是投资者股票交易能否成功的关键点所在。

　　本书就是围绕"选股和盘感"这两大关键点展开的。通过本书，投资者如果学会了精选个股的能力，养成了精准的盘感，就可以在几千只股票中选择能够赚钱的股票，在该股最合理的价位上买入、卖出，实现自己炒股赚钱的梦想。

　　本书从盘面信息、新闻消息、K线走势、成交量、技术指标、基本面和庄家动向几个方面，讲述了选择一只优秀股票的要点，之后又通过在不同行情中交易、涨停股交易、心理素质养成几个方面，帮助投资者在精选个股的基础上锻炼精准盘感。

为了让投资者能够深入了解以上各种知识，本书在讲述过程中为每个知识点都配上了案例图解，投资者可以通过实盘案例深入领会本书内容的精髓。

目　录

第一章　根据盘面信息精选个股

第一节　根据涨幅榜选股

一、选涨幅居前的股票

在炒股软件中，通过输入"60"+〈Enter〉键可以查看当前市场上的"沪深A股涨幅排行榜"，如图1-1所示。

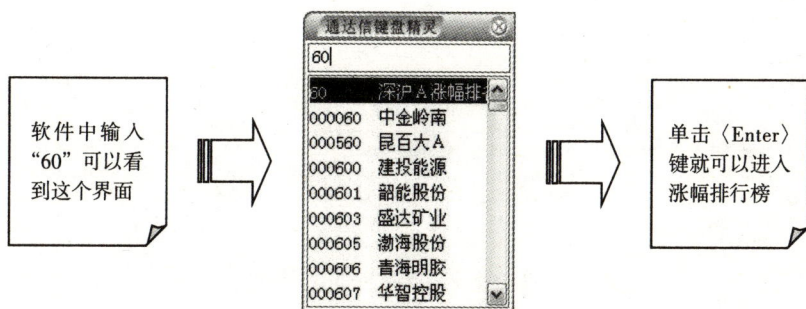

图 1-1　进入"沪深A股涨幅排行榜"

同样的道理，输入"61"+〈Enter〉键可以查看当前市场上的"沪市A股涨幅排行榜"；输入"63"+〈Enter〉键可以查看当前市场上的"深市A股涨幅排行榜"。

在涨幅排行榜中，可以得到以下三个方面的信息。

（1）市场环境。市场环境即当前整个市场的强势状态。在排行榜上，会将当日涨幅最大的股票排在前边，因此涨停的股票也就会被排在最前边。通过这个排行榜，可以很直观地看到当前市场上涨停股票的数量。如果涨停的股票数量很多，超过了一个屏幕显示的数量（大概是 30 只股票左右），就说明当前的市场行情十分强势，大量投资者买入股票，造成了股票普遍大幅上涨，沪深 A 股涨幅排行榜如图 1-2 所示。

	代码	名称	涨幅%	涨速%	换手%	现价	现量	总量	最高	总金额	流通股本	流通市值
1	600917	N重燃	× 44.00	0.00	0.29	4.68	10	4583	4.68	211万	15600.00	7.30亿
2	601669	中国电建	R× 10.19	0.00	0.06	2.92	1	19367	2.92	566万	300300.00	87.69亿
3	002047	宝鹰股份	× 10.06	0.00	0.99	5.47	109	34154	5.47	1868万	34604.21	18.93亿
4	000524	东方宾馆	× 10.05	0.00	3.80	10.62	43	10.2万	10.62	1.06亿	26967.16	28.64亿
5	600093	禾嘉股份	× 10.04	0.00	0.69	10.19	40	22204	10.19	2263万	32244.75	32.86亿
6	000815	美利纸业	10.04	0.00	0.08	6.25	4	2674	6.25	167万	31557.73	19.72亿
7	000682	东方电子	10.02	0.00	6.92	4.83	1739	67.7万	4.83	3.18亿	97800.45	47.24亿
8	600419	天润乳业	× 10.02	0.00	0.08	20.64	49	654	20.64	135万	8016.00	16.55亿
9	000564	西安民生	× 10.02	0.00	0.21	5.49	5	6988	5.49	384万	33562.01	18.43亿
10	002449	国星光电	× 10.02	0.00	0.35	11.75	30	12328	11.75	1449万	35221.82	41.39亿
11	002369	卓翼科技	× 10.02	0.00	18.84	12.30	3162	66.1万	12.30	7.92亿	35093.60	43.17亿
12	600962	国投中鲁	10.01	0.00	16.50	15.82	10	41.9万	15.82	6.59亿	25402.00	40.19亿
13	000547	闽福发A	× 10.01	0.00	0.09	11.65	29	7734	11.65	901万	83484.63	97.26亿
14	300369	绿盟科技	× 10.00	0.00	0.12	67.40	4	416	67.40	281万	3384.00	22.81亿
15	002153	石基信息	× 10.00	0.00	0.09	70.17	1	1518	70.17	1066万	16305.36	114.41亿
16	600973	宝胜股份	× 10.00	0.00	0.02	8.91	2	1558	8.91	139万	41138.75	36.65亿
17	600862	南通科技	10.00	0.00	0.28	6.49	226	17879	6.49	1160万	63792.85	41.40亿
18	002568	百润股份	× 10.00	0.00	3.32	40.70	1	36078	40.70	1.44亿	10861.00	44.20亿
19	000998	隆平高科	× 10.00	0.00	0.04	15.07	18	3677	15.07	554万	83123.59	125.27亿
20	000676	思达高科	10.00	0.00	1.94	8.03	1661	60793	8.03	4804万	31400.86	25.21亿
21	000591	桐 君 阁	10.00	0.00	2.66	13.06		245	13.06	9904万	27463.09	38.06亿
22	300288	朗玛信息	× 10.00	0.00	7.15					2.08亿	2680.00	29.63亿
23	300395	菲利华	10.00	0.01	33.05					2.76亿	1620.00	8.72亿
24	300290	荣科科技	× 9.99	0.00	0.88					1104万	5698.75	12.55亿
25	300069	金利华电	9.99	1.05	13.08	20.04	4442	78068	20.04	1.53亿	5968.08	11.96亿
26	000043	中航地产	9.99	0.00	4.85	9.80	78	32.4万	9.80	3.09亿	66696.14	65.36亿
27	603306	华懋科技	9.98	0.00	0.17	21.05	10	598	21.05	126万	3500.00	7.37亿
28	600870	厦华电子	× 9.98	0.00	7.49	10.03	20	27.8万	10.03	2.70亿	37081.87	37.19亿
29	300215	电科院	× 9.97	0.00	4.07	10.15	269	19.5万	10.15	1.94亿	47999.85	48.72亿

第一页上的股票全部涨停，说明市场行情十分强势

图 1-2　沪深 A 股涨幅排行榜

如果当前市场上涨停的股票在 10~20 只，说明当前的市场行情比较强势。这样的行情出现在上午盘时，则说明当日下午的行情很可能还会有上涨空间，发现好的投资机会就可以积极买入。

这种行情出现在下午盘，则说明当日的行情已经没有太多看点。

如果没有特别好的投资标的，最好不要买入股票。

如果当前市场上没有涨停的股票，或者涨停的股票不足 5 只，就说明当前的市场行情较弱。这样的行情无论是出现在上午还是下午，都说明当日不会有太大机会。投资者最好不要在这种行情中介入持股。

如果当前市场上不仅没有涨停股票，而且排在涨幅榜前列的股票涨幅最多在 3%~5% 左右，则说明当前的市场行情已经很弱。在这样的行情中，投资者一定不能买入持股。如果手里已经持有股票，最好暂时减仓，观察后市的行情走向再做打算。

（2）热点股票。能够排在涨幅榜前列，特别是涨幅榜前十位的，往往都是市场上最热点的股票。这些股票的上涨说明其已经聚集了大量人气，而股票能够在涨幅榜上排在前列，则会聚集起大量新的人气。在众多投资者买入的支撑下，未来这些股票很可能会有较大幅度的上涨，是投资者应该关注的重点。

（3）热点板块。如果涨幅榜排名靠前的股票中，有多只股票属于同一板块，则说明这整个板块已经成为市场关注的重点。这类板块多数是有利好消息出现，或者被市场上的基金、庄家等集中拉升的，未来行情值得关注。

与单个股票上涨相比，整个板块的上涨能够更加长时间地凝聚更高人气。一旦整个板块启动，其上涨行情很少在短时间内结束。这样的板块整体上涨可以成为投资者在一段时间内持续操作的对象。

沪深 A 股涨幅排行榜如图 1-3 所示。

如图 1-3 所示，在沪深 A 股涨幅排名前 20 位的股票中，东方电子、国星光电、宝胜股份以及思达高科都属于是电气设备板块；卓翼科技、闽福发 A 都属于通信设备板块；绿盟科技、石基信息都属于软件服务板块、天润乳业和隆平高科则属于农业板块。

像这类能够有多只股票进入涨幅榜前几位的板块，是投资者应该

	代码	名称	涨幅%▼	涨速%	换手%	现价	现量	总量	最高	总金额	流通股本	流通市值
1	600917	N重燃	× 44.00	0.00	0.29	4.68	10	4503	4.68	211万	15600.00	7.30亿
2	601669	中国电建	R× 10.19	0.00	0.06	2.92	1	19367	2.92	566万	300300.00	87.69亿
3	002047	宝鹰股份	× 10.06	0.00	0.99	5.47	109	34154	5.47	1868万	34604.21	18.93亿
4	000524	东方宾馆	× 10.05	0.00	3.80	10.2万			10.62	1.06亿	26967.16	28.64亿
5	000093	禾嘉股份	× 10.04	0.00	0.69		22220		10.19	2263万	32244.75	32.86亿
6	000815	美利纸业	10.04	0.00	0.08	6.25		2674	6.25	167万	31557.73	19.72亿
7	000682	东方电子	10.02	0.00	6.92	4.83	1739	67.7万	4.83	3.18亿	97800.45	47.24亿
8	600419	天润乳业	× 10.02	0.00	0.08	20.64	49	654	20.64	135万	8016.00	16.55亿
9	000564	西安民生	× 10.02	0.00	0.21	5.49			5.49	384万	33562.01	18.43亿
10	002449	国星光电	× 10.02	0.00	0.35	11.75			11.75	1449万	35221.82	41.39亿
11	002369	卓翼科技	× 10.02	0.00	18.84	12.30	3162	66.1万	12.30	7.92亿	35093.60	43.17亿
12	600962	国投中鲁	10.01	0.00	16.50	15.82	10	41.9万	15.82	6.59亿	25402.00	40.19亿
13	000547	闽福发A	× 10.01	0.00	0.09	11.65	29	7734	11.65	901万	83484.63	97.26亿
14	300369	绿盟科技	× 10.00	0.00	0.12	67.40			67.40	281万	3384.00	22.81亿
15	002153	石基信息	× 10.00	0.00	0.09	70.17			70.17	1066万	16305.36	114.41亿
16	600973	宝胜股份	× 10.00	0.00	0.84	8.91	2	1558	8.91	139万	41138.75	36.65亿
17	600862	南通科技	10.00	0.00	0.28	6.49	226	17879	6.49	1160万	63792.85	41.40亿
18	002568	百润股份	× 10.00	0.00	3.32		1	36078	40.70	1.44亿	10861.00	44.20亿
19	000998	隆平高科	× 10.00	0.00	0.04		18	3677	15.07	554万	83123.59	125.27亿
20	000676	思达高科	10.00	0.00	1.94	8.03	1661	60793	8.03	4804万	31400.86	25.21亿

电气设备
通信设备
软件服务
农业

图1-3　沪深A股涨幅排行榜

重点关注的板块。

二、选涨速居前的股票

在炒股软件中，通过输入"80"＋〈Enter〉键可以查看当前市场上的"沪深A股综合排行榜"，如图1-4所示。

软件中输入"80"可以看到这个界面

80	
80.	深沪A综合排
000680	山推股份
000780	平庄能源
000800	一汽轿车
000801	四川九洲
000802	北京旅游
000803	金宇车城
000806	银河投资
000807	云铝股份

单击〈Enter〉键就可以进入涨幅排行榜

图1-4　进入"沪深A股综合排行榜"

同样的道理，输入"81"＋〈Enter〉键可以查看当前市场上的"沪市A股综合排行榜"；输入"83"＋〈Enter〉键可以查看当前市场上的

"深市 A 股综合排行榜"。

在综合排行榜上，除了有当日沪深 A 股的涨幅排行榜、跌幅排行榜，还包括涨速排行榜、跌速排行榜、量比排行榜、振幅排行榜、委比排行榜、委比后排名和总金额排名，总共九个部分。

其中的涨速排行榜显示了市场上最近 5 分钟内上涨幅度最大的股票，能进入这个版块的股票，要么是有突发性的利好消息，要么是被市场上的大资金突然拉升，导致股价出现了快速上涨，沪深 A 股综合排行榜如图 1-5 所示。

图 1-5 沪深 A 股综合排行榜

三星电气分时图如图 1-6 所示。

如图 1-6 所示，三星电气（601567）排在涨速榜的第一位，应该引起关注。打开它的分时图可以看到，该股票在低位横盘一段时间后，突然被快速拉升，突破了持续横盘整理的区间。这种形态明显是操作该股票的主力所为。其目的很可能是要将股价拉升至一个比较高的位置，防止投资该股票的散户对未来行情失去信心，方便其在以后的行情中继续出货。

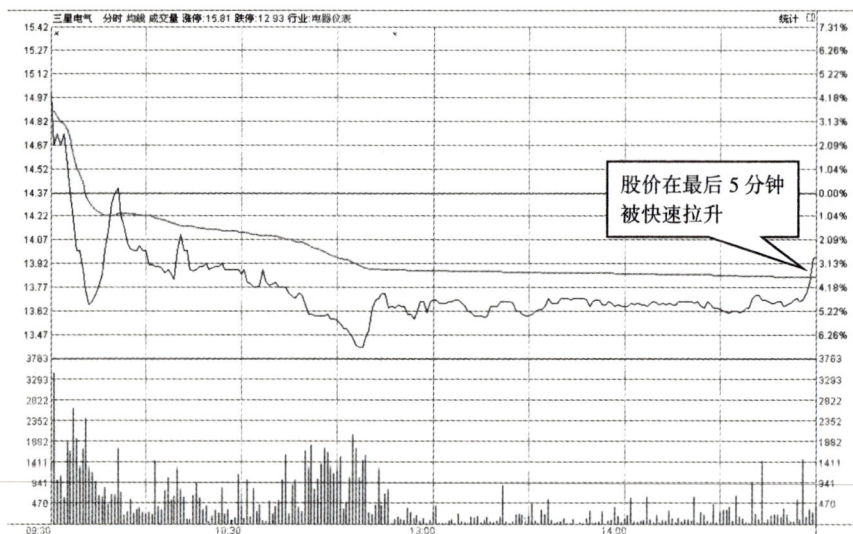

图 1-6　三星电气分时图

涪陵电力分时图如图 1-7 所示。

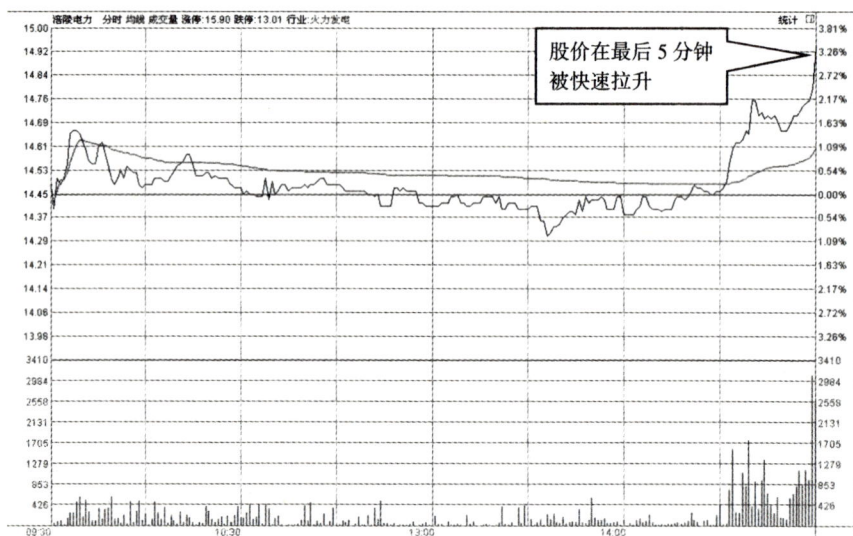

图 1-7　涪陵电力分时图

如图 1-7 所示，涪陵电力（600452）排在涨速榜第四位。打开它的分时图可以看到，股价在收盘前被快速拉升，同时成交量也大幅放大。这种操作明显也是市场主力的行为。其目的很可能是要使股价在当前的交易日大幅上涨，借以吸引市场人气，方便在未来的行情中将股价拉升至更高的位置。

三、选量比居前的股票

在综合排行榜中另一个重要的排名是量比排名。

股票的量比排名居前，说明当日其成交量大幅放大。这样的股票要么有突发性的利好消息，要么就是操纵这只股票的市场主力资金将有大动作，沪深 A 股综合排行榜如图 1-8 所示。

图 1-8　沪深 A 股综合排行榜

国投中鲁日 K 线如图 1-9 所示。

如图 1-9 所示，国投中鲁（600962）是量比排名第一的股票，量比达到 97.02。从该股的 K 线图上可以看到。该股经过连续多个交易日涨停后，当日涨停板打开，同时成交量大幅放大。这样的形态说明之前持有该股的投资者已经大量卖出，获利了结。

未来除非有新的资金进入，否则股价很难继续上涨。虽然这个交易日的股价最终仍然收在涨停板上，但看到这个形态后，投资者不可

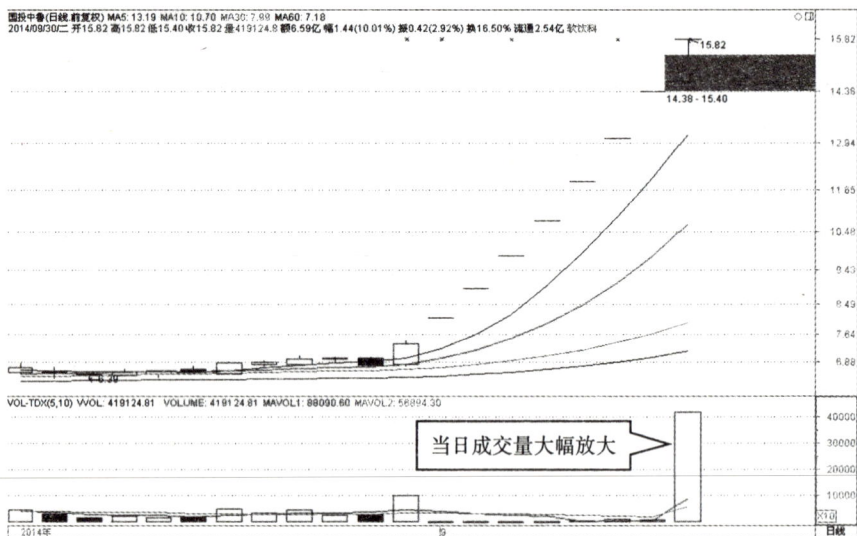

图1-9 国投中鲁日K线

以追高买入。如果已经持有该股，此时应该减仓，抛出一定的持股后继续观望。

朗玛信息日K线如图1-10所示。

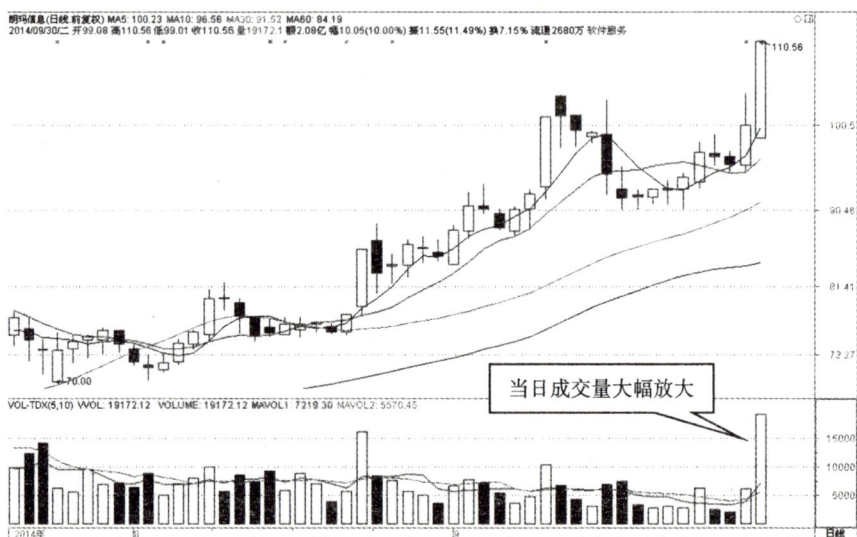

图1-10 朗玛信息日K线

如图 1-10 所示，朗玛信息（300288）排在量比排行的第四位。从 K 线图上可以看到，该股股价经过短暂的缩量回调后，当日大幅放量上涨，最终以涨停的价格收盘，同时股价突破了前期高点。

这样的形态说明股价的回调整理已经完成，开始再次被强力拉升。看到这样的行情，投资者可以积极追高买入股票。

露天煤业日 K 线如图 1-11 所示。

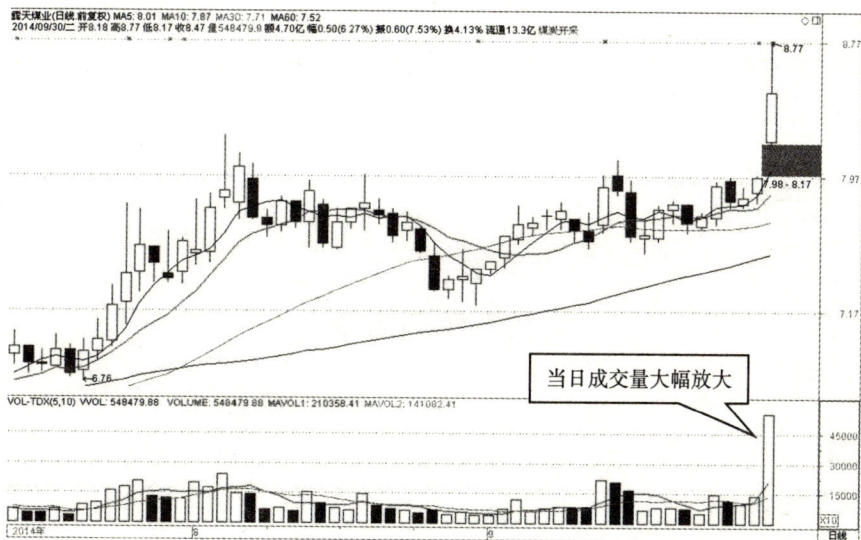

图 1-11 露天煤业日 K 线

如图 1-11 所示，露天煤业（002128）排在量比排行的第五位。与上例中的朗玛信息类似，该股股价也是经过较长时间的缩量横盘后，当日被放量拉升。所不同的是，该股股价在盘中一度达到涨停价格后，最终却没能以涨停收盘，而是被打压下来，形成了一根很长的上影线。

这个形态说明该股虽然被强力拉升，但是上方的阻力要比拉升力量更强，将股价向下打压。未来该股要想能继续上涨，必须突破上方的阻力位。而在当前的行情看来，向上突破的难度很大。

因此，看到这样的形态后，投资者最好先冷静观望后市，不要盲目介入操作。

四、选强势板块的股票

在讲述股票涨幅排行榜时我们知道，如果某个板块内的股票集中大幅上涨，说明整个板块已经开始走强。这样的上涨行情往往能够持续较长时间，值得投资者持续操作。

在炒股软件中，有专门查看板块涨幅的功能。在软件中输入"615"+〈Enter〉键，就可以查看当前市场上的"板块指数涨幅排名"，如图1-12所示。（不同软件中需要输入的数字可能有所不同，例如人智慧软件中需要输入"31"+〈Enter〉键，同花顺软件中需要输入"94"+〈Enter〉键。）

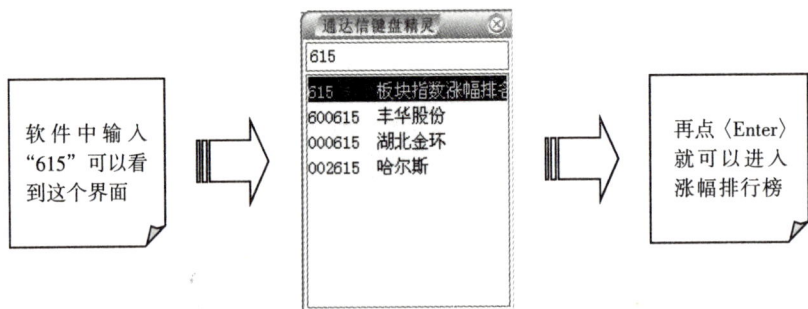

图1-12 进入"板块指数涨幅排名"

在"板块指数涨幅排名"中，可以看到当前市场上涨幅居前的板块和该板块中涨幅居前的个股。

板块指数涨幅排名如图1-13所示。

如图1-13所示，在板块指数涨幅排名中，可以看出当前市场上涨幅排名前三的板块依次是水利建设、国产软件和电商概念。同时在国产软件板块中，有石基信息、荣科科技和榕基软件3只股票涨停并且涨幅居前。如果这几个板块和股票能够连续几个交易日占据这样的位置，则说明他们已经成为市场上的长期热点。这类股票是投资者在选股时应该关注的重点。

	代码	名称	涨幅%↓	涨速%	换手%	现价	现量	总量	最高	总金额	流通股本	流通市值
1	880542	水利建设	3.23	-0.01	1.92	878.89	--	210万	881.46	19.2亿	1093919.25	--
2	880916	国产软件	2.90	0.02	4.80	1150.17	--	406万	1150.56	66.1亿	845621.00	--
3	880912	电商概念	2.44	-0.03	1.84	1317.85	--	138万	1320.58	37.1亿	752401.94	--
4	880474	多元金融	2.08	0.06	2.86	1437.32	--	141万	1444.93	17.0亿	494052.84	--
5	880493	软件服务	2.02	0.04	3.51	1704.34	--	1022万	1704.34	198.4亿	2908643.25	--
6	880901	信息安全	1.87	0.03	4.90	1795.42	--	203万	1796.78	47.2亿	413381.56	--
7	880398	医疗保健	1.81	0.02	2.44	2035.69	--	128万	2037.11	32.7亿	523555.13	--
8	880464	仓储物流	1.81	-0.05	4.00	1740.28	--	233万	1757.64	30.4亿	583355.13	--
9	880489	电脑设备	1.74	-0.03	3.47	1115.55	--	481万	1117.68	54.9亿	1386068.88	--
10	880547	电子支付	1.71	0.11	3.80	1720.82	--	558万	1720.86	85.7亿	1467104.38	--
11	880562	高校背景	1.70	-0.09	3.45	1857.37	--	676万	1859.05	68.4亿	1955736.50	--
12	880592	互联金融	1.64	0.01	1.84	1401.35	--	357万	1403.75	56.8亿	1937851.63	--
13	880474	半导体	1.51	0.04	2.98	882.47	--	534万	885.12	64.8亿	1793309.88	--
14	880563	食品安全	1.41	-0.01	2.12	1585.94	--	236万	1588.26	38.8亿	1115636.75	--
15	880533	物联网	1.38	-0.01	3.56	1269.85	--	871万	1270.51	126.6亿	2447298.25	--

	国产软件(24)	涨幅%↓	现价	涨速%	量比
1	石基信息	10.00	70.17	0.00	0.13
2	荣科科技	9.99	22.02	0.00	0.10
3	榕基软件	9.96	11.04	0.00	2.23
4	东方通	8.46	81.00	-0.23	2.36
5	华胜天成	6.81	16.47	0.98	1.56
6	卫宁软件	6.78	43.30	-0.02	2.20
7	超图软件	6.34	30.52	-0.26	1.27
8	浙大网新	5.54	8.38	-0.11	3.59
9	东软集团	4.58	15.76	-0.63	1.84
10	久其软件	3.63	33.13	-0.15	0.94
11	海隆软件	2.52	43.98	-0.11	1.64
12	用友软件	2.39	16.69	0.05	2.08
13	中国软件	1.86	28.48	0.10	1.40
14	浪潮信息	1.58	40.63	0.00	1.30
15	浪潮软件	0.75	25.58	0.15	1.11
16	中科金财	0.42	43.45	0.02	0.62

图 1-13　板块指数涨幅排名

第二节　根据分时图选股

一、选择分时线快速上涨的股票

分时图是反映指数或者股票在每个交易日内走势的图形。分时线是分时图中最重要的图形。分时线上的每个点表示股价当前 1 分钟内的收盘价。

当股票的分时线快速上涨时，说明市场人气快速聚集，有大量资金在短期内买入股票。同时抛出股票的人数很少，无法对股价的上涨形成压力。因此当分时线快速上涨时，是很好的买入形态。

东方电子分时图如图 1-14 所示。

如图 1-14 所示，东方电子（000682）开盘震荡一段时间后，开始快速上涨。股价在 3 分钟内上涨近 6%。这样的形态说明市场人气快速聚集，有大量资金在短期内买入股票。这样的形态会使更多投资者关注这只股票，造成股价继续上涨。因此，当股价快速上涨后，就是买入该股票的最好时机。

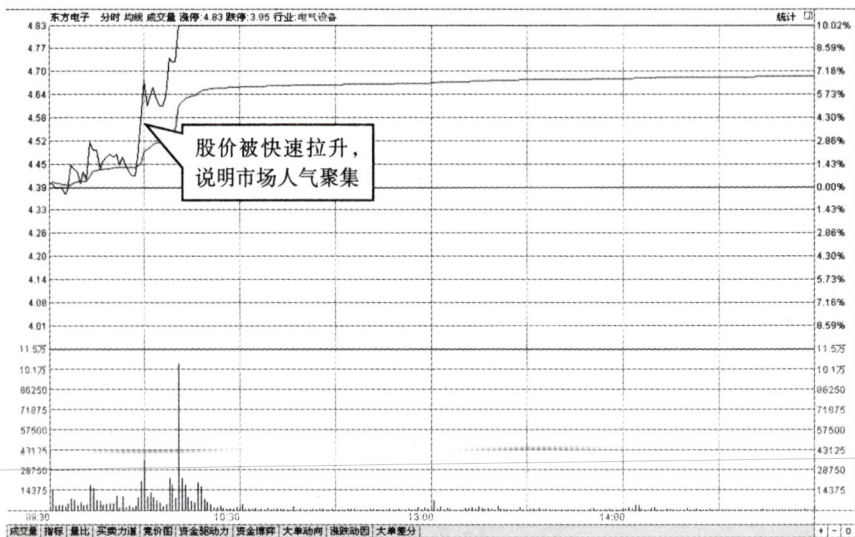

股价被快速拉升，说明市场人气聚集

图 1-14　东方电子分时图

稍作整理后，该股股价再次快速上涨，一直达到涨停，并且最终以涨停的价格收盘。

如果在股价上涨过程中，成交量持续放大，则能够验证市场上人气聚集的信号。此时该形态的看涨信号作用会更强。

相反，如果股价上涨过程中成交量持续萎缩，则说明市场人气没有随着股价上涨快速聚集起来。这样的形态可能是由于大盘下跌或者市场人气涣散造成的。无论什么原因，当出现这样的形态时，投资者都应该保持谨慎，不能贸然买入股票。

天津海运分时图如图 1-15 所示。

如图 1-15 所示，天津海运（600751）股价在上午的走势中被快速拉升，同时成交量也持续放大。这说明市场人气快速聚集，是强烈的买入信号。

股价上涨到高位，经过几个小时横盘整理后，再次被向上拉升。

楚天科技分时图如图 1-16 所示。

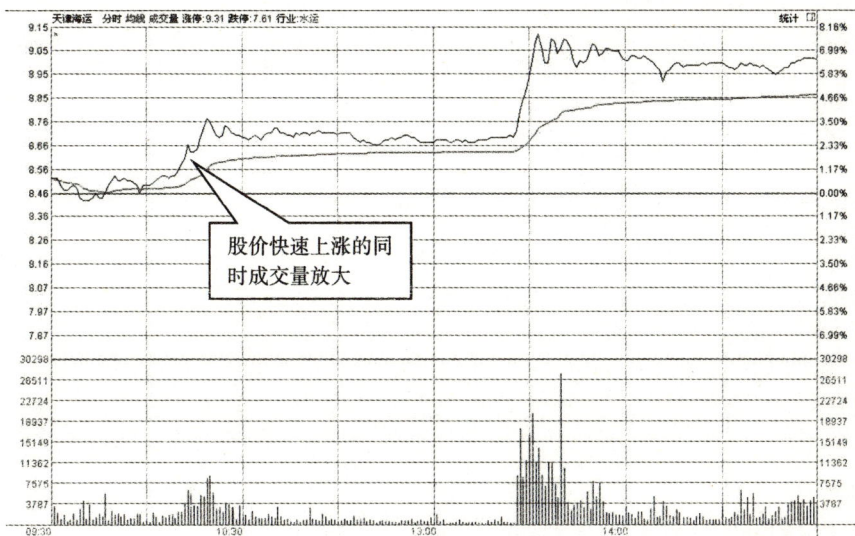

图1-15 天津海运分时图

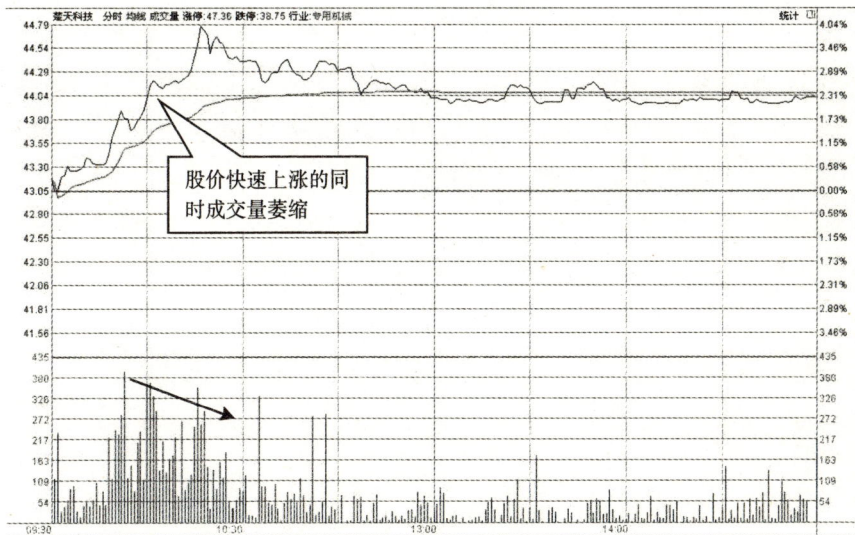

图1-16 楚天科技分时图

如图1-16所示，楚天科技（300358）股价在开盘后快速上涨。但是在上涨过程中，成交量持续萎缩。这样的形态说明股价虽然上涨，但市场人气没有聚集起来，未来行情的走向不容乐观。该形态出现后，投资者不应盲目买入股票。

二、选择分时线在分时均线得到支撑的股票

在分时图上和分时线的白色曲线在一起的，还有一根黄色曲线，即分时均线。分时均线是以当日总成交额除以当日总成交量得到的当前每一股的平均成交价的曲线，可以精确地统计出当前所有参与者的综合持仓成本。

当股价持续在分时均线上方运行时，表示投资者普遍乐观，买盘踊跃，当天买入的大部分投资者都能赚钱，未来股价会被持续拉升。当股价持续在分时均线下方运行时，表示投资者普遍悲观，当天买入的大部分投资者都亏钱，未来股价会被持续打压。

分时均线会对分时线的涨跌起到重要的阻力和支撑作用。当股价在分时均线上方回落，如果回落到分时均线位置获得支撑，就说明分时均线位置的支撑有效，未来股价将在分时均线上方持续上涨。因此，投资者可以选择股价的分时线在分时均线位置获得支撑的股票买入。

交大昂立分时图如图 1-17 所示。

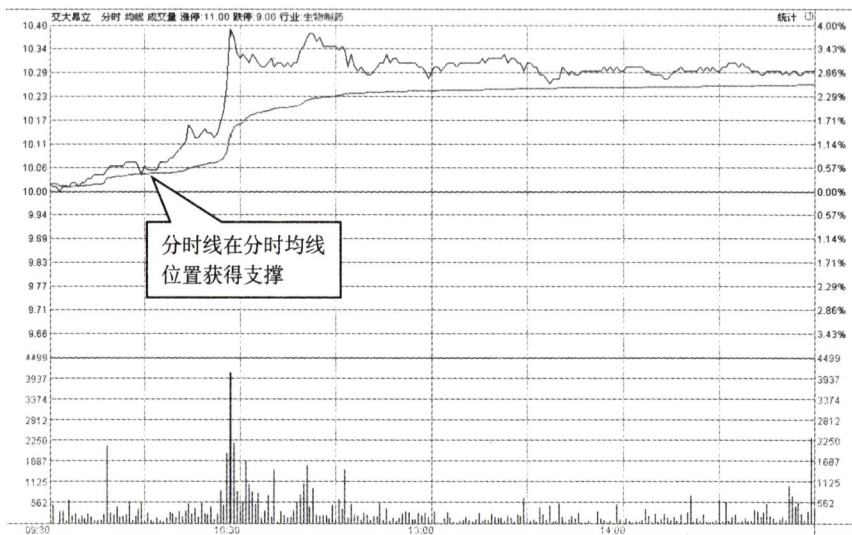

图 1-17　交大昂立分时图

分时线在分时均线位置获得支撑

如图 1–17 所示，交大昂立（600530）股价在震荡上涨过程中，分时线在分时均线位置获得支撑。这个形态证明分时均线对分时线的支撑作用有效，未来股价将在分时均线上方持续上涨，即使下跌，也很可能会在分时均线上再次获得支撑。投资者看到这个形态后，可以适当买入股票建仓。

如果分时线连续多次下跌到分时均线位置都获得支撑，则能够更加强烈地证明分时均线对分时线的支撑作用。这样的形态将会是更加强烈的看涨买入信号。

川大智胜分时图如图 1–18 所示。

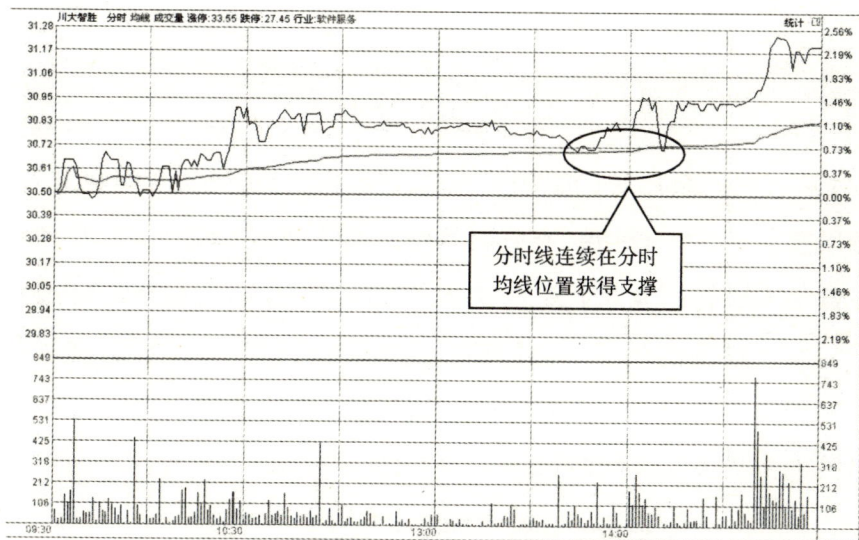

图 1–18　川大智胜分时图

如图 1–18 所示，川大智胜（002253）股价在分时均线上方震荡的过程中，连续两次在分时均线位置获得支撑。分时均线对分时线的支撑作用连续被证明。该形态是十分强烈的买入信号。

当分时线向上突破分时均线时，说明股价由跌势进入涨势，同样是看涨信号。而当突破形态完成，分时线回抽到分时均线位置获得支撑时，则是对突破形态的确认，也是该形态的另一个买入时机。

上海莱士分时图如图 1-19 所示。

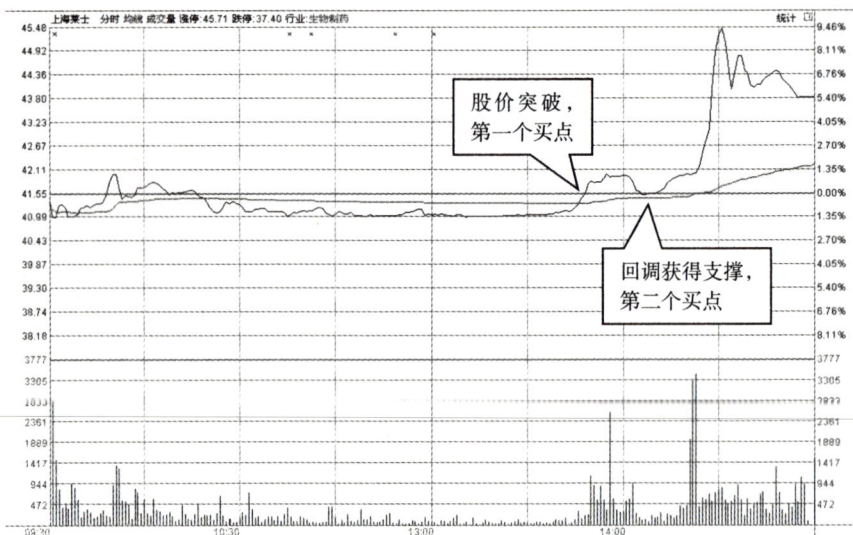

图 1-19 上海莱士分时图

如图 1-19 所示，上海莱士（002252）的分时线长时间在分时均线下方震荡。下午开盘后，当分时均线放量上涨，突破分时均线时，说明股价由下跌趋势进入上涨趋势。此时是第一个买入股票的时机。

随后，股价出现了小幅回调的走势。当分时线回调到分时均线位置时，获得支撑再次上涨。这次回调支撑是对之前突破形态的确认，也是另一个买入该股的时机。

三、选择分时线出现持续上涨形态的股票

出现在分时线中的上涨持续形态包括三角形、矩形、旗形等。

（1）三角形。三角形是指股价在震荡整理的过程中，连续震荡的高点原来越低，低点越来越高，将高点和低点分别用直线连接起来，可以形成一个顶点在右侧的三角形形态。

股价上涨一段时间后形成三角形，说明在之前上涨行情中积累的空方力量集中爆发，而多方力量继续强势。两者僵持不下，但力量都

被快速消耗。当股价再次突破三角形的上边线时，说明市场上的多方力量再次增强，超过了空方，未来股价将被持续拉升。此时就是买入股票的时机。

渝三峡 A 分时图如图 1-20 所示。

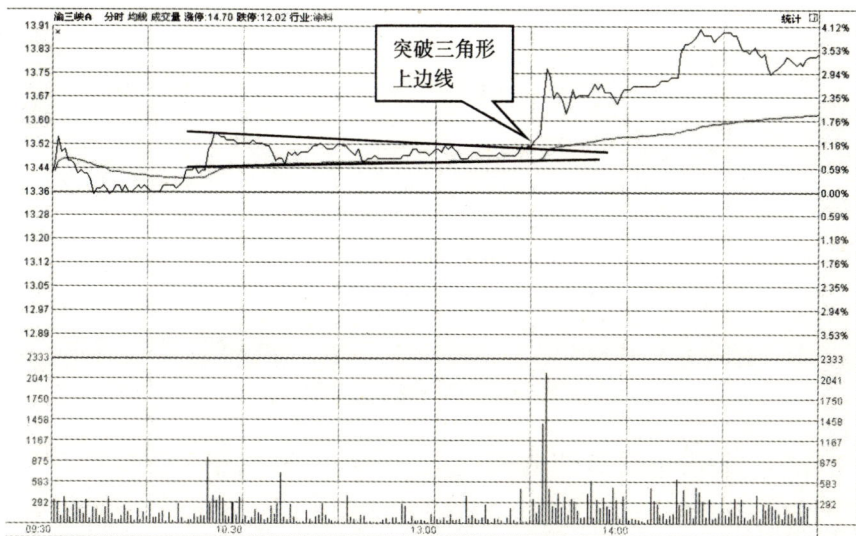

图 1-20　渝三峡 A 分时图

如图 1-20 所示，渝三峡 A（000565）股价上涨一段时间后，形成了一个三角形形态。这个形态说明市场上的多空双方暂时进入僵持。当股价突破三角形上边线时，说明多方在僵持中胜出，开始将股价向上拉升。此时是买入股票的时机。

（2）矩形。矩形形态是指股价在震荡整理的过程中，上涨的高点和下跌的低点均基本水平。将高点和低点分别用直线连接起来，可以得到类似矩形的上下两边。

矩形形态出现在一段上涨行情之后，说明股价由多方主导上涨进入多空双方僵持的阶段，而且双方一时力量均等。当股价向上突破矩形的上边线时，就表示多方已经在这次僵持的过程中胜出，未来股价将被多方持续向上拉升。这是一个看涨形态。

得润电子分时图如图 1-21 所示。

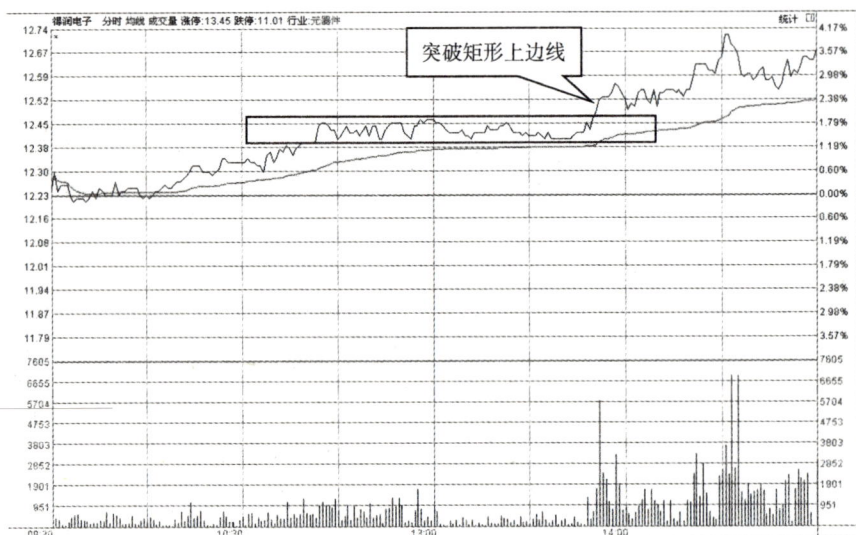

图 1-21　得润电子分时图

如图 1-21 所示，得润电子（002055）股价上涨一段时间后，在高位形成矩形形态。这个形态说明市场上的多空双方进入僵持。当股价向上突破矩形的上边线时，说明多方开始重新向上拉升股价，未来股价将继续上涨。此时投资者可以积极买入股票。

（3）旗形。旗形是指股价在上涨一段时间后开始在顶部震荡，震荡过程中，上涨的高点越来越低，下跌的低点也越来越低。将高点和低点分别用直线连接起来，可以得到两条几乎水平的直线。

这样的形态说明股价上涨一段时间后，多空双方进入僵持。在僵持过程中，虽然股价缓慢下跌，看上去是空方力量占优势，但其却被逐渐消耗。当股价突破旗形上边线时，标志着空方力量已经被完全消耗，多方开始再次主导行情，未来股价将被持续向上拉升。

刚泰控股分时走势如图 1-22 所示。

如图 1-22 所示，刚泰控股（600687）股价上涨至高位后开始缓慢下跌，形成上升旗形形态。这个形态说明市场上的多空双方进入僵持。

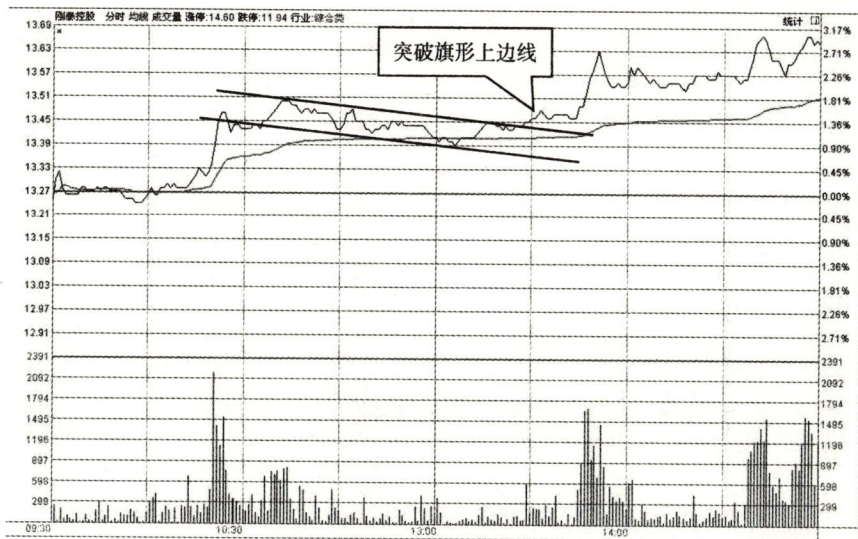

图 1-22　刚泰控股分时走势

当股价向上突破旗形上边线时，说明多方开始重新向上拉升股价，未来股价将继续上涨。此时投资者可以积极买入股票。

四、选择分时线出现底部反转形态的股票

出现在分时图中的底部反转形态包括 W 底、三重底、头肩底和圆弧底等。

（1）W 底。W 底是指股价下跌一段时间后，出现连续两个底部。这两个底部基本水平，说明股价在此位置获得了较强支撑。之前下跌过程中占据优势的空方力量已经无法打压股价持续下跌，多方力量开始逐渐控制行情。

通过第一个底部后股价回调的高点做水平线，可以得到 W 底的颈线。第二个底完成后，当股价突破颈线时，就说明多方开始完全主导行情，形成买入股票的时机。

中源协和分时图如图 1-23 所示。

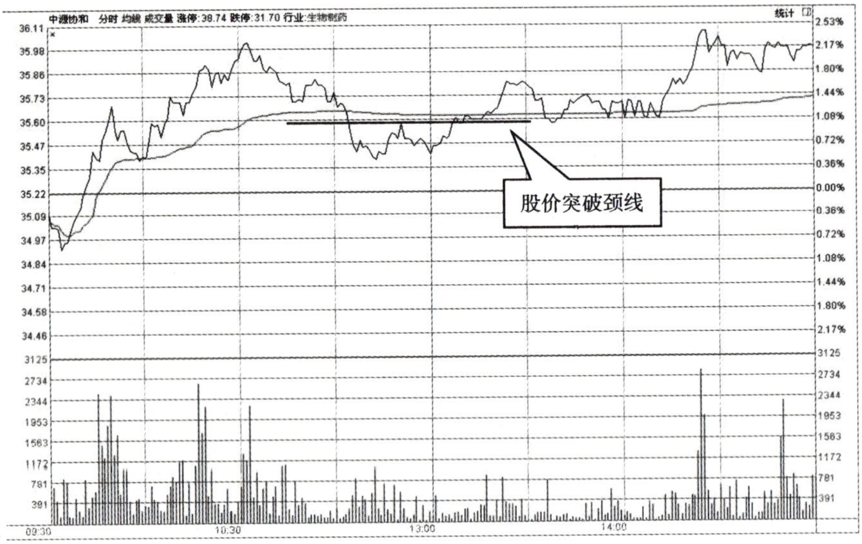

图 1-23　中源协和分时图

　　如图 1-23 所示。中源协和（600645）股价下跌一段时间后，形成两个基本水平的底部，即 W 底。以第一个底完成后股价回调的高点做水平线，可以得到该形态的颈线。第二个底部完成后，股价突破颈线时，就是买入股票的时机。

　　（2）三重底。三重底是指股价下跌一段时间后，在底部形成的基本水平的连续三个地步。与 W 底相比，三重底多一个底部，因此说明这个价位上的支撑力量更强。

　　穿过三重底前两次反弹的高点画直线，可以得到三重底的颈线。当第三个底部完成后，股价突破这条颈线时，就是多方开始拉升股价的信号。

　　奥维通信分时图如图 1-24 所示。

　　如图 1-24 所示，奥维通信（002231）股价在盘中下跌一段时间后，形成了三个基本水平的底部，即三重底形态。连接三重底中前两次回调的高点可以得到该形态的颈线。当股价完成第三个底部向上突破颈线时，说明多方开始掌控行情，未来股价会被持续拉升。此时投

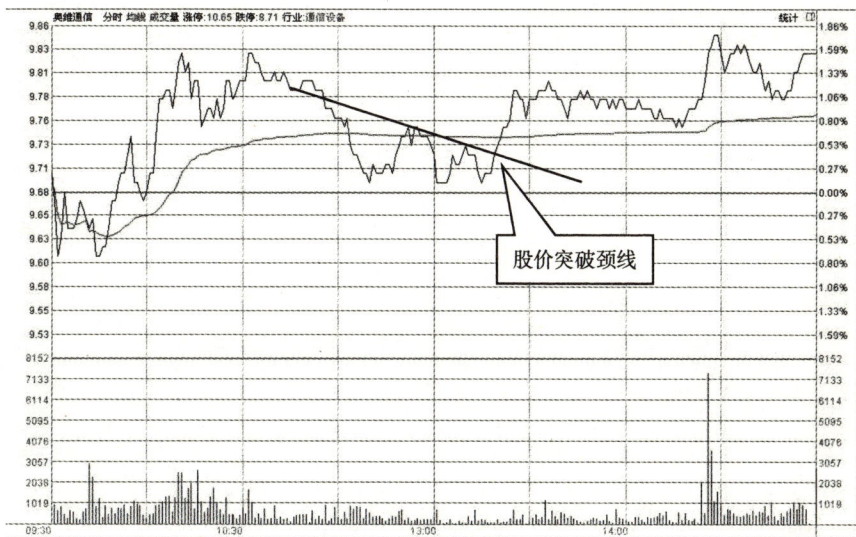

图 1-24　奥维通信分时图

资者可以买入股票。

（3）头肩底。头肩底形态是指股价下跌至低位后形成的连续三个底部。左右两边的底部基本水平，分别叫作左肩和右肩，中间的底部比左肩和右肩都要低，叫作头部。穿过左肩和头部回调的高点画直线，可以得到该形态的颈线。

头肩底形态的头部比左肩低，说明此时股价仍处于下跌行情中。右肩比头部高，且与左肩基本水平，则说明股价已经由下跌行情逐渐转换为上涨行情。当股价突破颈线时，就是股价已经完全进入上涨行情的标志。

跃岭股份分时图如图 1-25 所示。

如图 1-25 所示，跃岭股份（002725）股价下跌至低位后形成了一个头肩底形态。穿过左肩和头部回调的低点可以作出该形态的惊险。右肩完成后，当股价突破颈线时就标志着股价进入上涨行情。此时是投资者买入股票的时机。

（4）圆弧底。圆弧底形态同样出现在下跌行情中。股价下跌一段

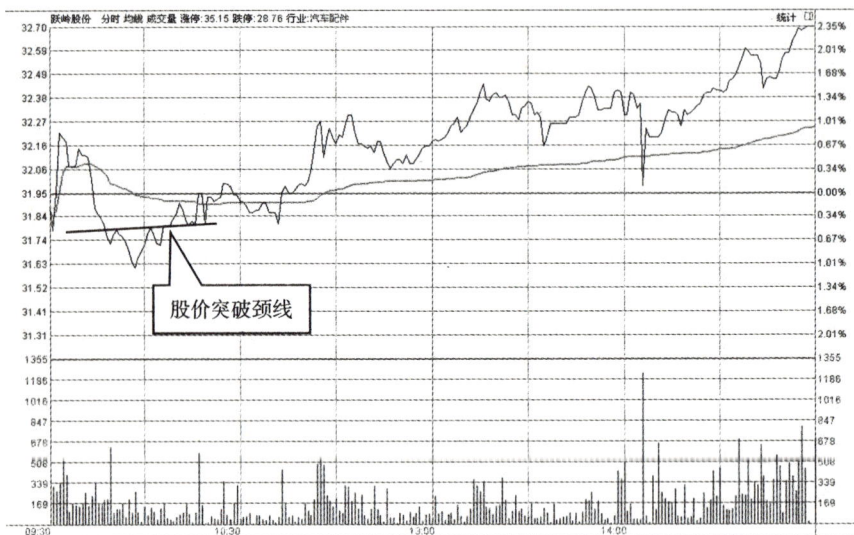

图 1-25　跃岭股份分时图

时间后，下跌的速度越来越慢。之后逐渐由下跌行情进入上涨行情，并且上涨的速度也越来越快，形成了一个类似圆弧的底部。

这样的形态说明空方对股价打压的力量越来越弱，多方逐渐取代空方开始主导行情，未来股价将被持续向上拉升。与三重底、头肩底等形态不同，圆弧底形成过程中多空力量的转换更加自然也更加彻底。因此圆弧底是比三重底、头肩底等形态更强的看涨信号。

怡亚通分时图如图 1-26 所示。

如图 1-26 所示，怡亚通（002183）股价下跌一段时间后，下跌速度越来越慢，之后逐渐变成上涨行情，而且上涨速度越来越快，最终形成了圆弧底形态。这个形态说明多方取代空方开始主导行情走向，是一个非常强烈的看涨买入信号。

五、选择分时图指标出现看涨形态的股票

在分时图上，投资者可以使用 MACD、量比和买卖力道等指标。在选股时，投资者可以选择这些指标出现看涨形态的股票买入。

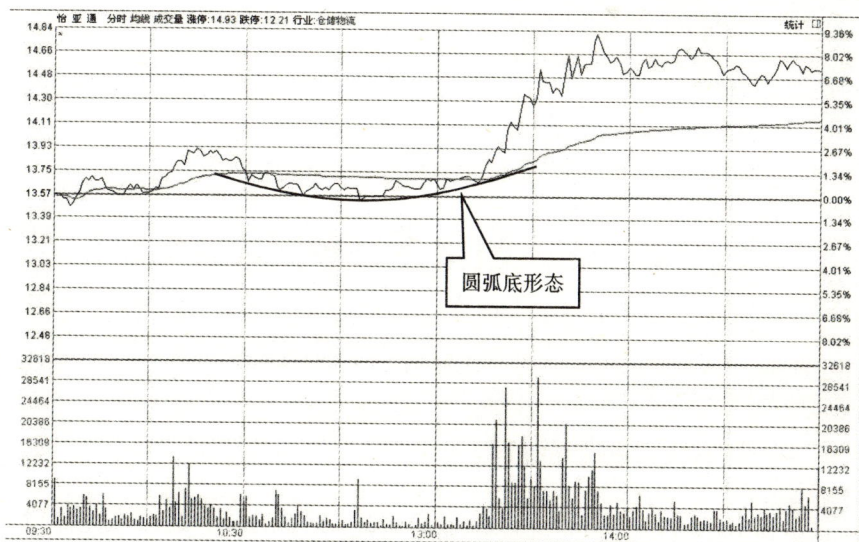

图1-26 怡亚通分时图

瑞丰光电分时图如图1-27所示。

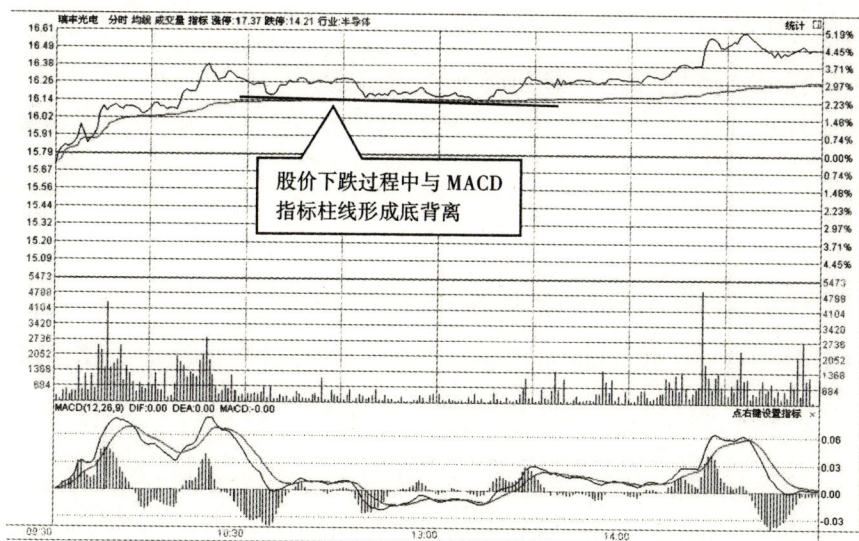

图1-27 瑞丰光电分时图

如图1-27所示，瑞丰光电（300241）股价回调的过程中，与其MACD指标的柱线形成了底背离形态。这个形态说明股价虽然持续下跌，但是其下跌的速度越来越慢。这次下跌只是上涨过程中的一次小幅回调。等调整结束后，股价还会继续上涨。因此投资者可以在回调过程中买入股票。

第三节　根据盘口数据选股

一．选择有大单扫货的股票

大买单扫货是指在盘口上出现短时间内的大笔买点，将股价快速向上拉升。出现这种形态时，很有可能是有市场主力在集中力量买入股票。未来股价还有可能会得到主力的拉升继续上涨。

大买单扫货的形态还会带来更多投资者关注这只股票的走向，进而买入股票，这也会推动股价继续上涨。

综合以上两点，当股票的分时图中出现大买单扫货的迹象时，未来股价有很大可能还会继续上涨。此时是投资者选择股票买入的好时机。

钱江生化分时走势如图1-28所示。

如图1-28所示，2014年10月10日下午13：45~13：47，钱江生化（600796）的分时图中连续出现了大买单，将股价快速向上拉升。

钱江生化分时成交明细如图1-29所示。

如图1-29所示，从钱江生化这段时间的分时成交明细中，可以更加清楚地看到大买单扫货的情况。几分钟内，多次出现超过1000手的大买单，同时股价也一路上涨。

这样的形态是未来该股票还会继续上涨的信号。看到这样的形态，投资者可以买入股票。从分时图上也可以看出，该形态完成后，该股

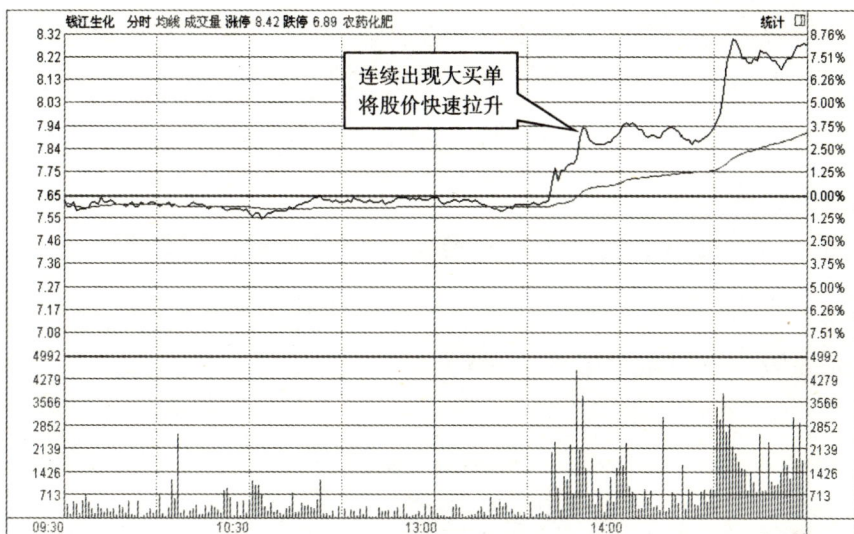

图1-28　钱江生化分时走势

时间	价格	现量	时间	价格	现量
13:45	7.80	647 B	13:47	7.88	27 S
13:45	7.80	1118 S	13:47	7.90	262 B
13:45	7.80	31 S	13:47	7.89	163 S
13:45	7.89	1050 B	13:47	7.93	1403 B
13:45	7.80	48 S	13:48	7.93	89 S
13:46	7.83	5 B	13:48	7.89	103 S
13:46	7.85	101 B	13:48	7.94	389 B
13:46	7.85	3 S	13:48	7.93	6 B
13:46	7.86	3 B	13:48	7.93	14 B
13:46	7.87	285 B	13:48	7.92	60 B
13:46	7.87	363 B	13:48	7.91	55 S
13:46	7.87	88 S	13:48	7.92	60 B
13:46	7.90	917 B	13:48	7.91	508 S
13:46	7.87	84 S	13:48	7.90	226 S
13:46	7.88	26 B	13:48	7.92	24 B
13:46	7.89	198 B	13:49	7.90	242 S
13:47	7.89	404 S	13:49	7.91	19 B
13:47	7.89	11 S	13:49	7.91	237 B
13:47	7.88	380 S	13:49	7.90	34 S
13:47	7.89	321 B	13:49	7.89	21 S
13:47	7.90	85 S	13:49	7.90	23 B
13:47	7.89	127 S	13:49	7.89	9 S
13:47	7.89	106 S	13:49	7.89	111 S
13:47	7.90	464 B	13:49	7.88	6 S

图1-29　钱江生化分时成交明细

股价经过一段时间的短暂横盘，再次出现了上涨行情。

二、选择有大单支撑的股票

大单支撑是指在股票的五档买入盘口上有大量买单，其数量远远超过卖单的数量和同期的成交量水平。

当盘口上有大买单支撑时，说明有大量投资者看好该股未来的走势，一旦股价下跌就会逢低买入。未来股价即使下跌，也将获得较强支撑。这样的形态会给市场上的投资者以信心。他们会持续买入股票，促使股价持续上涨。

因此，当盘口上有大买单对股价形成支撑时，是未来股价会上涨的信号。看到这样的信号，投资者可以选择股票买入。

大商股份分时盘口如图 1-30 所示。

R 600694大商股份		
委比	48.11%委差	929
卖五	29.98	10
卖四	29.97	100
卖三	29.96	97
卖二	29.95	264
卖一	29.94	30
买一	29.93	7
买二	29.92	6
买三	29.91	75
买四	29.90	1295
买五	29.89	47

图 1-30　大商股份分时盘口

如图 1-30 所示，大商股份（600694）这张分时盘口图是一个典型的有大买单支撑的形态。买四位置的大买单远远超过其他价位上的买单和卖单。说明该价位是股价下跌的强烈支撑，未来股价即使下跌，也很难跌破这个位置。

这样的形态给投资者极大的看涨信心，吸引更多投资者买入该股。未来该股股价将持续上涨。

惠博普分时盘口如图 1-31 所示。

如图 1-31 所示，惠博普（002554）的这张分时盘口是另一种意义上的大买单支撑。买一到买五上的买单虽然都没有多到极端情况，但每个都比卖出价位上的卖单多出很多。这样的形态同样能带给投资者

002554 惠博普	
委比 79.99% 委差	1423
卖五 13.77	12
卖四 13.76	49
卖三 13.75	16
卖二 13.74	18
卖一 13.73	83
买一 13.72	350
买二 13.71	400
买三 13.70	377
买四 13.69	140
买五 13.68	334

图1-31　惠博普分时盘口

下方支撑力量很强的信号。未来的股价也会因为这个形态而持续上涨。因此该形态同样是有效的看涨信号。

三、选择有大卖单股价不跌的股票

当股票的分时盘口中出现巨大卖单，但股价并没有因此而大幅下跌时，说明该股可能有强大支撑。投资者仍然普遍看好后市，一旦大买单将股价略微向下打压，就会有更大的买单出现承接这些卖单，给予股价有力的支撑。

因此，该形态出现后预示着未来股价有上涨的趋势。投资者可以选择出现这样形态的股票买入。

九鼎新材分时图如图1-32所示。

九鼎新材分时图成交明细如图1-33所示。

如图1-32和图1-33所示，2014年10月10日下午刚开盘，九鼎新材（002201）的盘口上就有大量卖单出现。出现多笔超过500手的大单。不过虽然受到了大卖单打压，但该股股价并没有因此而大幅下跌，而是在顶部横盘震荡。

这个形态说明股价获得了较强支撑，市场上的投资者仍然普遍看好后市。看到这样的形态，投资者可以买入该股。

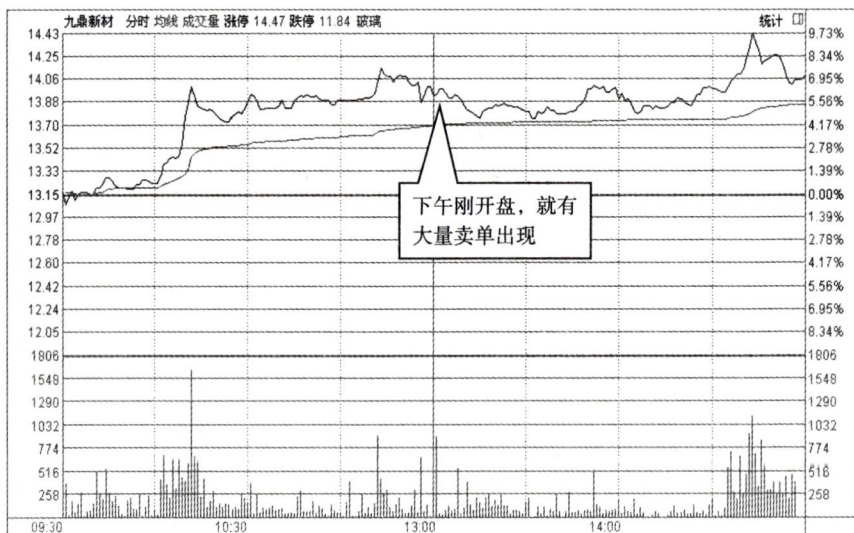

图 1-32　九鼎新材分时图

时间	价格	现量		时间	价格	现量	
11:29	14.00	102 B	7	13:04	13.92	50 S	2
11:29	13.95	1 S	1	13:04	13.91	40 S	2
11:29	13.95	55 S	2	13:05	13.91	17 S	1
11:29	13.94	3 S	1	13:05	13.91	30 B	1
11:29	13.95	65 B	2	13:05	13.91	13 B	2
11:29	13.94	36 S	2	13:05	13.92	1 B	1
11:29	13.94	2 S	1	13:05	13.91	14 S	2
12:59	13.93	10 S	3	13:06	13.92	50 B	1
13:00	13.90	639 S	19	13:06	13.92	9 B	1
13:00	13.93	84 B	5	13:06	13.94	20 B	1
13:00	13.91	10 S	1	13:07	13.92	1 S	1
13:00	13.93	124 B	2	13:07	13.92	6 B	1
13:00	13.94	30 B	4	13:07	13.92	2 B	1
13:01	13.95	20 B	1	13:07	13.83	500 S	24
13:01	13.95	10 S	1	13:07	13.92	26 B	1
13:01	13.98	2 B	1	13:08	13.86	20 B	1
13:02	13.98	13 B	2	13:08	13.86	2 B	1
13:02	13.95	5 S	1	13:08	13.86	3 B	1
13:02	13.98	3 B	1	13:08	13.90	5 B	1
13:03	13.95	50 S	4	13:08	13.86	0 B	—
13:03	13.95	24 S	2	13:08	13.90	0 B	—
13:04	13.94	1 S	1	13:08	13.90	1 B	1
13:04	13.94	19 S	1	13:08	13.89	1 B	1
13:04	13.94	4 B	1	13:09	13.85	50 S	6

图 1-33　九鼎新材分时成交明细

第二章　根据新闻消息精选个股

第一节　根据宏观新闻选股

当 GDP、CPI 等与国家经济发展密切相关的经济数据公布时，会对股市造成重大影响。看到这类新闻时，投资者可以根据新闻中的数据选择股票。

一、看 GDP 数据选股

GDP 即国内生产总值，是指在一定时期内，通常为一个季度或一年内，一个国家或地区的经济中所生产出的全部最终产品和劳务的价值。

GDP 是公认的衡量国家经济状况的最佳指标。

如果 GDP 数据能够持续上涨，说明经济状况良好。在这种经济环境下，上市公司往往能够获得更好的收益，未来能够有更多分红，上市公司股票的价值也就更高。因此当国家公布的 GDP 数据好于预期时，股市往往能够普遍上涨，此时也就是选择股票买入的好时机。

相反，如果 GDP 低于预期，则意味着经济状况衰退，上市公司难以获得预期的受益，未来难以有预期中的分红，股票的价值也就要低于预期的价值。此时的股市将会以下跌为主。

上证指数日 K 线如图 2-1 所示。

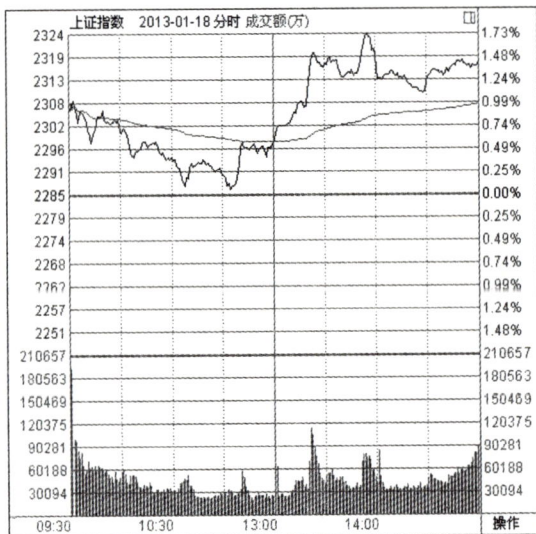

图 2-1　上证指数日 K 线

如图 2-1 所示，2013 年 1 月 18 日，国家统计局公布的 2012 年全年经济数据显示，2012 年，全国 GDP 增长 7.8%，完成全年增长目标，同时也超出多数人的预期。受到该消息影响，当日上证指数大幅上涨 1.41%，同时超过了 2300 点的阻力位置。

上证指数分时图如图 2-2 所示。

如图 2-2 所示，2014 年 7 月 17 日，国家统计局公布 2014 年上半年经济数据。根据这份数据，2014 年上半年 GDP 同比增长 7.4%。这个数据虽然与市场预期基本持平，但是达到了连续多年的最低水平。数据公布后，当天整个大盘低开低走，并持续在低位震荡。在这个交易日买入股票并不是一个好的选择。

图2-2 上证指数分时图

二、看CPI数据选股

CPI即居民消费价格指数（Consumer Price Index）的简称，是一个反映物价水平变动的经济指标。该指标通过统计一组代表性消费商品及服务项目的价格水平随时间而变动的相对数，反映居民家庭购买消费商品及服务的价格水平的变动情况。

CPI指标一方面与居民生活密切相关，另一方面也是整个国民经济价格体系中的重要指标。如果国家的CPI指标长期高于3%，说明物价水平快速上涨，已经出现了通货膨胀。如果CPI指标长期高于5%，则说明经济处于恶性通货膨胀。

对投资者来说，CPI指标长期居高不下属于利空消息。因为这预示着国家为了调节物价，有可能采取紧缩的货币政策，会造成股市上的资金短缺，股价下跌。因此，当CPI指标公布的数据高于预期时，投资者往往会看空后市，整个市场都会下跌。

上证CPI指数分时图如图2-3所示。

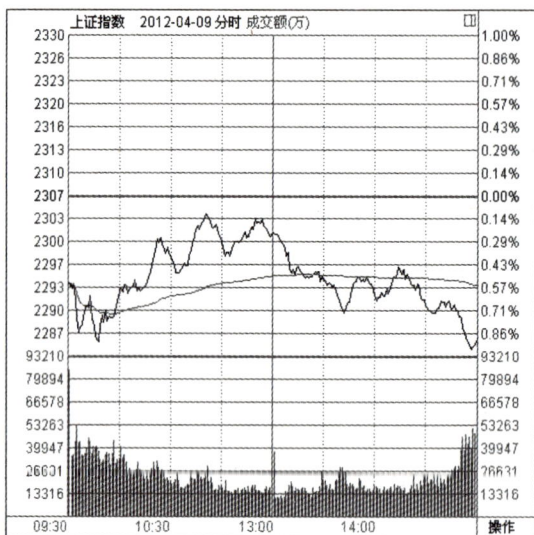

图 2-3　上证 CPI 指数分时图

如图 2-3 所示，2012 年 4 月 9 日上午，国家统计局公布 2012 年 3 月份宏观经济数据。数据显示 CPI 数据同比上涨 3.6%。这个数值虽然没有达到太高的位置，但是也略高于市场预期，同时降低了货币政策放松的预期。看到这个消息后，投资者纷纷对后市变得悲观，卖出手中的股票。大盘在消息公布后，一路下跌。因此当这类消息公布时，投资者最好不要参与投资。

此外，如果 CPI 数据长期处于 2% 左右或者更低的位置时，说明当前经济环境缺乏活力，未来前景堪忧。这对投资者同样不是利好消息。

上证指数分时图如图 2-4 所示。

如图 2-4 所示，2014 年 10 月 15 日上午，国家统计局公布了 2014 年 9 月经济数据。数据显示 CPI 同比仅增 1.6%。这个数据说明国家经济增长缺乏活力，未来股市的发展前景堪忧。受到该数据影响，当日上午大盘受到较大压力，一度下跌 0.5% 左右。直到 10：30 之后才止跌回升。

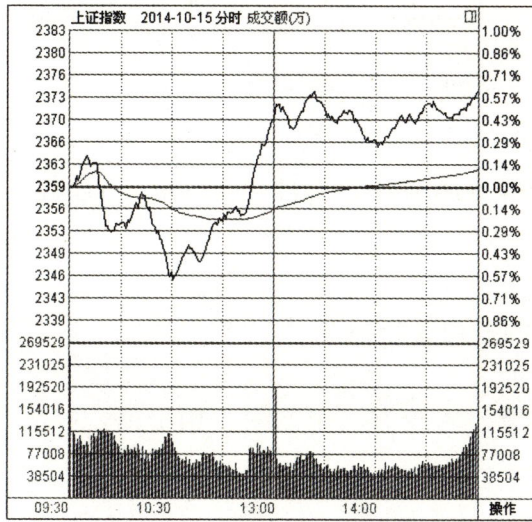

图 2-4　上证指数分时图

三、看其他经济数据选股

除了 GDP、CPI 等重要的经济数据，PMI、PPI、新增贷款余额和新增开户数等数据，也是判断市场行情走向的重要依据。

上证指数日 K 线如图 2-5 所示。

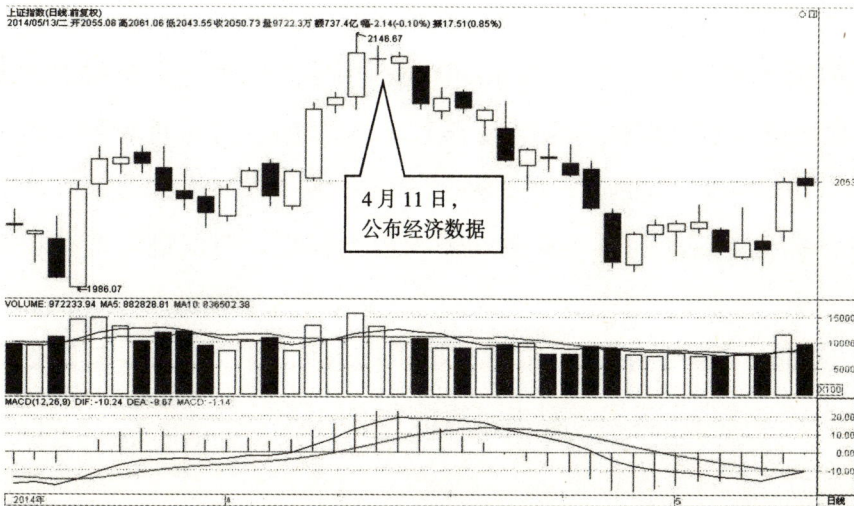

图 2-5　上证指数日 K 线

如图 2-5 所示，2014 年 4 月 11 日，国家统计局公布了 2014 年 3 月经济数据。这份数据中的 PPI 指标同比下降 2.3%，且已连续 25 个月负增长。这样的数据说明经济发展持续疲软，会打击市场上投资者的信心，造成整个市场下跌。当看到这样的消息时，投资者最好不要买入股票。

四、看经济刺激政策选股

经济刺激政策是指政府在短期内，用负债、扩大货币供应量等一系列的方法来刺激经济，从而稳定国家经济，避免经济陷入低谷的一系列方法。

当国家的经济刺激政策公布时，一方面意味着市场上的货币供应将会逐渐宽松，未来将会有更多的资金流入市场，推动股市持续上涨。另一方面，这也会加强投资者对未来经济发展的信心，为股市带来更多投资者。

因此，当国家推出经济刺激政策时，将会对股市形成利好。投资者可以选择在这样的时机买入股票。

上证指数分时图如图 2-6 所示。

如图 2-6 所示，2014 年国庆节前，中国人民银行、中国银监会发出《关于进一步做好住房金融服务工作的通知》，对房贷政策作出了调整。这份通知通过加强对居民购房的金融支持，满足普通家庭的购房需要，有利于前期受政策抑制的需求得到释放，对促进消费有较好的推动作用。

受到这项政策的影响，2014 年国庆后的首个交易日，上证指数持续上涨。这体现了投资者对未来行情发展的信心。

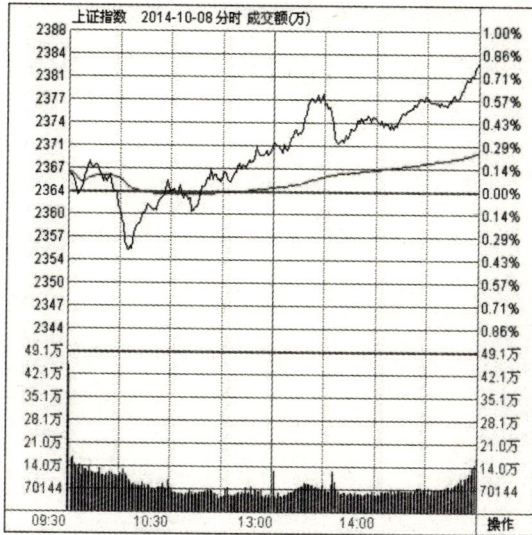

图 2-6 上证指数分时图

五、看利率宏观调控选股

中国人民银行会根据经济发展的情况，适时对存贷款基准利率进行调整。

当利率下调时，会有更多的人向银行贷款、同时会有更多的人选择不把资金存在银行。这将造成整个市场上的资金更加宽裕。对经济发展来说，宽裕的资金将刺激整个经济的发展。而对于股市来说，宽裕的资金则能够带来更多买盘，刺激整个市场上涨。因此当利率下调时，对股市是利好消息。投资者看到这样的消息后可以选择股票买入。

上证指数分时图如图 2-7 所示。

如图 2-7 所示，2012 年 7 月 5 日收盘后，中国人民银行决定，自 2012 年 7 月 6 日起下调金融机构人民币存贷款基准利率。这将给市场上带来更多资金，刺激经济的发展。看到这个消息后，投资者可以选择买入股票。从分时图上可以看出，7 月 6 日开盘后，大盘经过上午的回调整理，下午开始被快速拉升。

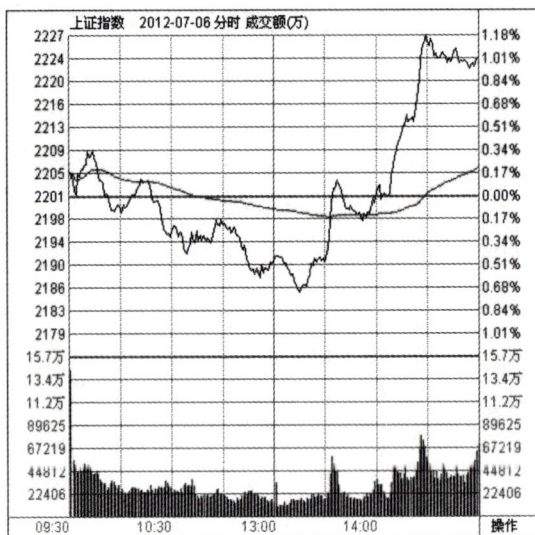

图 2-7　上证指数分时图

相反，当利率上调时，会有更多人将资金存入银行，同时向银行贷款的人也会减少。这将造成整个市场上的资金短缺。对经济发展来说，资金短缺会阻碍经济快速发展，甚至造成经济衰退。对股市来说，资金短缺会造成更多人将股票卖出，给股市上涨造成巨大压力。因此，当利率上调时，对股市是利空消息。看到这样的消息，投资者最好不要买入股票。

上证指数分时图如图 2-8 所示。

如图 2-8 所示，2011 年 7 月 6 日收盘后，中国人民银行决定，自2011 年 7 月 7 日起上调金融机构人民币存贷款基准利率。这个决定将造成市场上的资金短缺，不利于经济发展。看到这个消息，投资者不应该在此时间买入股票。从 7 月 7 日的分时图上可以看出，当天指数虽然高开，但开盘后即开始快速下跌，并且最终以下跌收盘。

六、看区域发展规划选股

区域发展规划是关于一定地区内资源开发利用，环境治理保护，

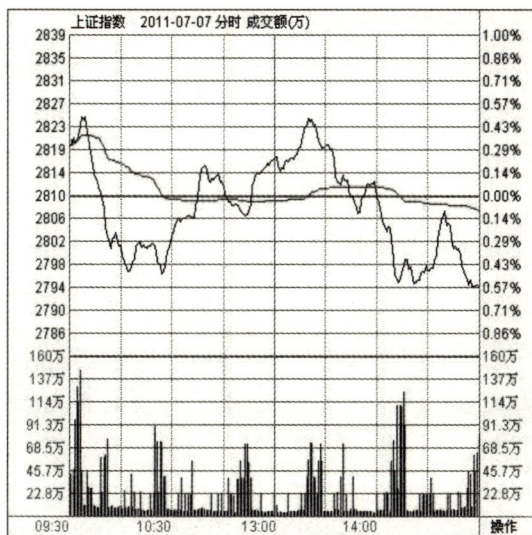

图 2-8 上证指数分时图

生产建设布局，城乡发展以及区域经济、人口、就业政策等的综合性规划。

当某个地区推出区域发展规划时，国家政策就会重点扶持这个区域的发展。该区域内的上市公司也就有望获得超出行业平均水平的利润。因此，一旦有区域发展计划推出，该区域内的上市公司股票就会成为市场关注的重点，有众多投资者买入，股价持续上涨。

外高桥日 K 线如图 2-9 所示。

如图 2-9 所示，2013 年 8 月，国务院正式批准设立中国（上海）自由贸易试验区。上海自贸区是设于上海市的一个自由贸易区，也是中国大陆境内第一个自由贸易区，预计将为上海带来十年发展红利。

该消息公布后，以外高桥（600648）、浦东金桥（600639）、陆家嘴（600663）为代表的上海本地股票成为市场关注的热点，股价均大幅上涨。其中外高桥股价甚至连续涨停，成为整个市场上的明星股。

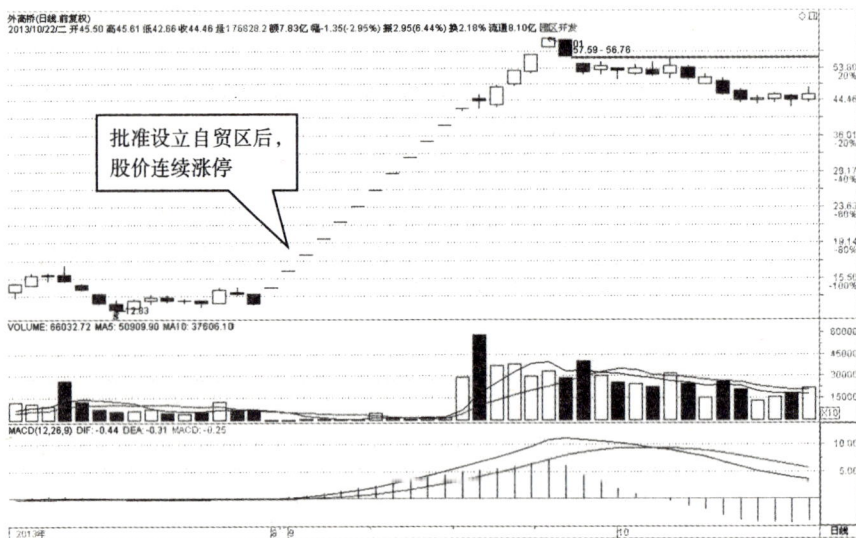

图 2-9 外高桥日 K 线

第二节 根据行业新闻选股

一、选择国家重点扶持的行业

国家会根据经济发展状况，重点扶持一些行业的发展。这些被重点扶持的行业将获得更多的政策支持和更大的关注度，未来将有更好的发展。位于这些行业的上市公司，未来也很有可能获得比市场上其他上市公司更好的盈利能力，给股东带来更高收益。

因此，当国家推出行业发展政策时，该行业的股票会被市场上的投资者重点关注，出现大量资金买入，股价持续上涨。投资者可以选择这类获得国家重点扶持行业的股票买入。

中体产业日 K 线如图 2-10 所示。

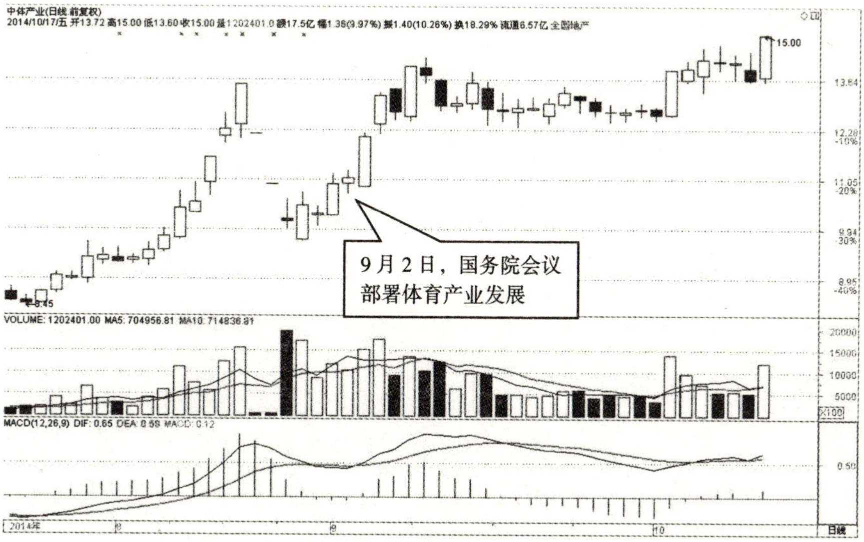

中体产业(日线 前复权)
2014/10/17/五 开13.72 高15.00 低13.60 收15.00 量1202401.0 额17.5亿 幅1.36(9.97%) 振1.40(10.26%) 换18.29% 流通6.57亿 全部地产

9月2日，国务院会议部署体育产业发展

VOLUME: 1202401.00 MA5: 704956.81 MA10: 714838.81

MACD(12,26,9) DIF: 0.65 DEA: 0.58 MACD: 0.12

图 2-10　中体产业日 K 线

如图 2-10 所示，2014 年 9 月 2 日，李克强总理主持召开国务院常务会议，部署加快发展体育产业，促进体育消费大众健身。此次体育产业首次被定位于拉动内需和经济转型升级的"特殊"产业，赋予国家战略性支柱产业地位。

受到这条消息影响，以中体产业（600158）为代表的体育行业股票受到市场关注，成为投资者买入的重点。中体产业的股价在此后持续上涨。

二、选择正在加速发展的行业

在不同的经济环境下，不同行业会有不同的发展契机。当某个行业处于加速发展阶段时，该行业内的上市公司会获得更多的发展盈利机会，未来将会给股东带来更高的收益。如果选择这类股票买入，未来将能够得到更高的收益率。

掌趣科技日 K 线如图 2-11 所示。

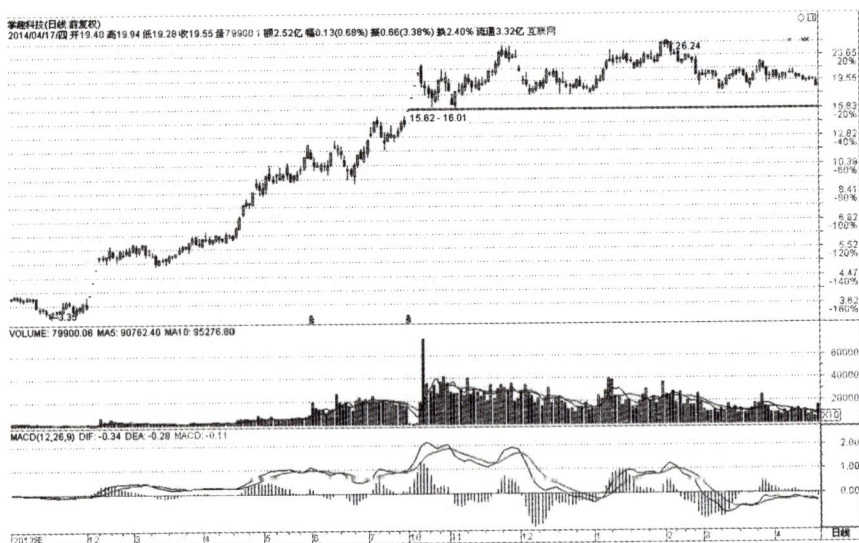

图 2-11　掌趣科技日 K 线

如图 2-11 所示，手机游戏行业在最近几年快速发展。该行业的股票也受到了市场上投资者的普遍关注，股价持续上涨。掌趣科技（300315）作为该行业的龙头股，其股价最近几年一直处于快速上涨行情。

三、选择有加速发展预期的行业

与已经得到快速发展的行业不同，有些行业虽然还没有呈现出快速发展的姿态，但是具备未来能够快速发展的潜质。这类股票同样会受到市场上投资者的普遍关注，股价将因此而上涨。

四环生物日 K 线如图 2-12 所示。

如图 2-12 所示，2014 年秋，埃博拉病毒肆虐。虽然这个病毒还没有影响到我国，也还没有上市公司因此受益，但市场仍高度关注医药、防护等相关行业股票。四环生物（000518）作为医药行业传统的龙头股，成为这段时间内市场上的热点，其股价持续大幅上涨。

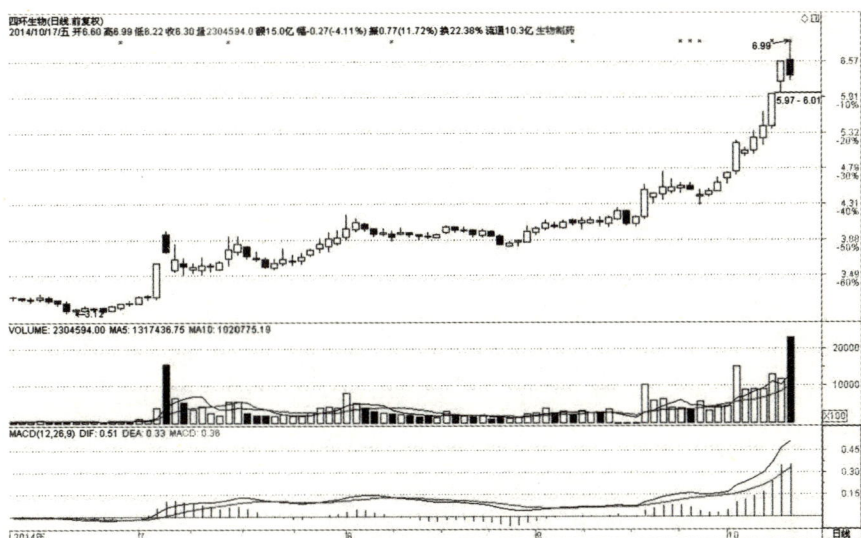

图2-12 四环生物日K线

四、选择持续稳定发展的行业

部分行业虽然盈利能力无法在短期内快速增加，但是胜在持续稳定，多年以来一直保持较高的盈利水平和稳定的盈利增长能力，像这类股票，是投资者长线投资时应该重点考虑的对象。

贵州茅台月K线如图2-13所示。

如图2-13所示，白酒行业就是这种能够持续稳定增长的行业。该行业的盈利能力虽然无法在短时间内出现突发性增长，但是从长期看，行业一直保持稳定增长。这种增长模式带来的是其股价也会在一个比较长的周期内持续稳定的上涨。例如行业内的龙头股票贵州茅台（600519）就是市场上持续增长的典范。

五、选择受关注程度高的行业

某个行业的股票上涨，行业盈利能力只是一个方面的因素，另一个方面的因素是该行业受到的关注度。如果某个行业受关注的程度较

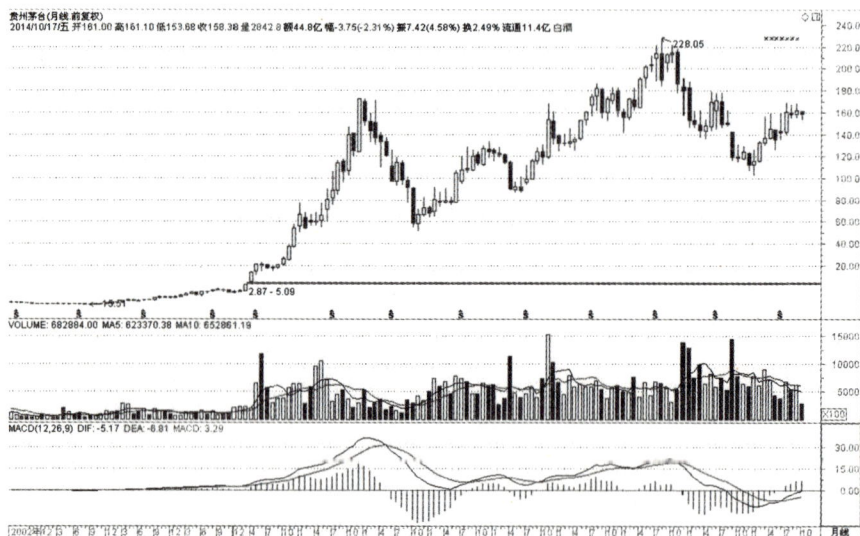

图 2-13　贵州茅台月 K 线

高，就会带来大量投资者关注，伴随而来的则是大量买入资金，推动股价持续上涨。这样的行业往往能比那些虽然有较强盈利能力，但不被市场关注的行业涨幅更大。

股市上，受关注程度较高的行业主要是食品饮料、日用品、商业、汽车及房地产等，市场上的长线牛股多数都集中在这些受关注程度高的行业。相反，采矿、机械制造以及化工等行业投资者日常生活中接触不多，受关注程度也十分有限，即使有利好消息也很难被发现。这类股票也就很难有大幅上涨的机会。

苏宁云商月 K 线如图 2-14 所示。

如图 2-14 所示，苏宁云商（002024）是 A 股市场历史上长线牛股的典范。该股与普通人日常生活的关系十分紧密，相关利好消息很容易在投资者间扩散，其股价也就会有较好的表现。投资者应该选择这样的股票买入。

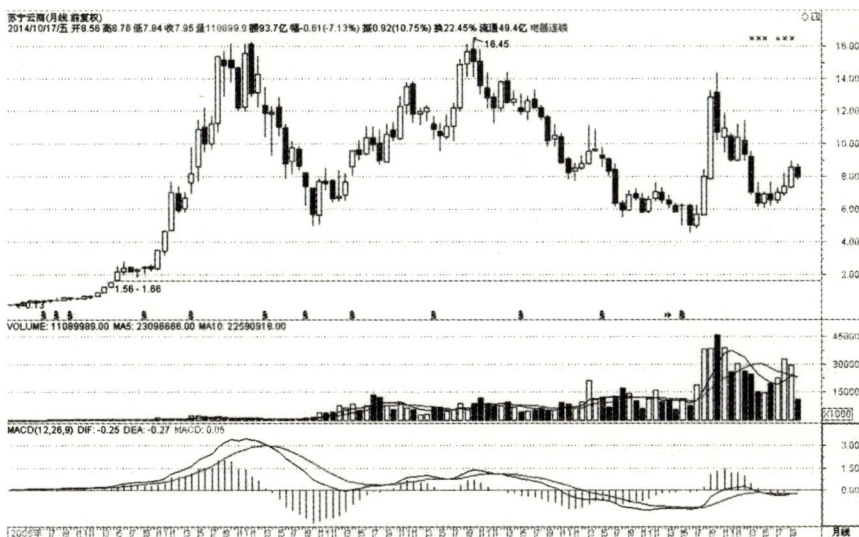

图 2-14 苏宁云商月 K 线

瑞贝卡月 K 线如图 2-15 所示。

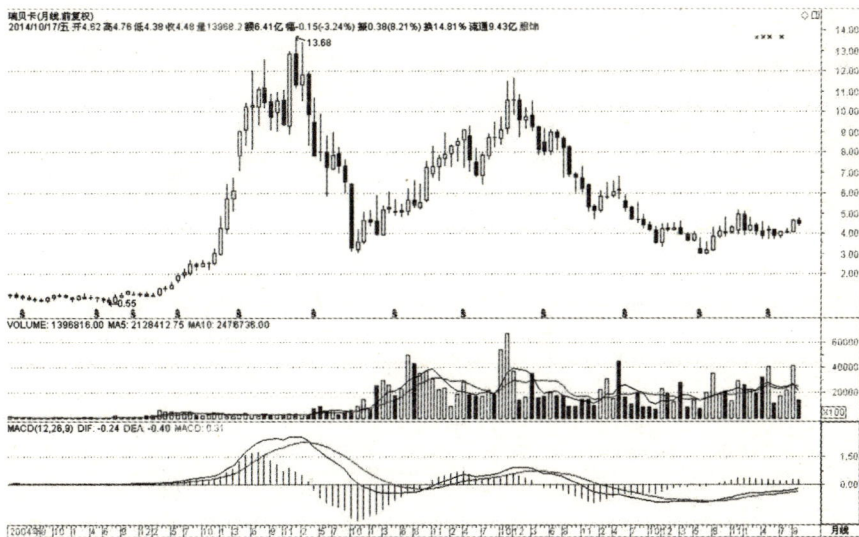

图 2-15 瑞贝卡月 K 线

如图 2-15 所示，瑞贝卡（600439）是一家在世界范围内都有相当竞争力的假发生产企业。不过因为该公司的业务主要集中在国外，国内客户的数量很少，因此受投资者关注的程度也就比较低。该股即使有很强的盈利能力，也很少会获得关注。投资者在选股时最好避开这类股票。

第三节　根据个股新闻选股

一、选择有重组消息的股票

重组是指上市公司剥离劣质资产，获得优质资产的行为。一家上市公司重组后，其盈利能力将会发生质的变化，未来给股东带来的收益必然会大幅增长。因此当股票出现有重组的消息时，其股价多数都会快速上涨，投资者可以选择这类股票买入。

南通科技日 K 线如图 2-16 所示。

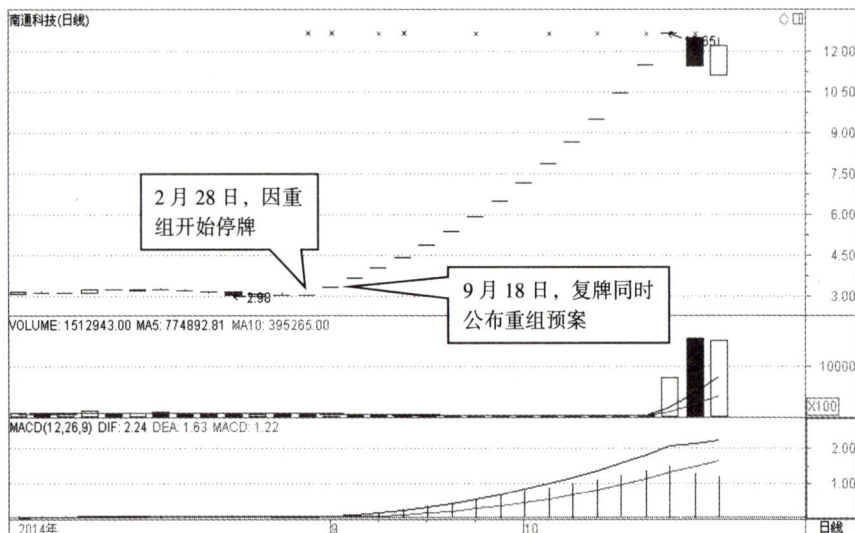

图 2-16　南通科技日 K 线

如图 2-16 所示，2014 年 2 月 28 日，南通科技（600862）股票因为重组而停牌。9 月 18 日，该股复牌并公布了重组预案。这个消息点燃了市场上投资者的热情。该股从这天开始连续涨停。如果投资者能在 2 月市场上有重组消息的时候买入，等重组成功后，将获得巨大收益。

重组成功会给股票带来巨大涨幅，当重组失败时，则会严重打击投资者的信心。即使上市公司不因此而遭受损失，股票的价格也多数都会因此而下跌。

和佳股份日 K 线如图 2-17 所示。

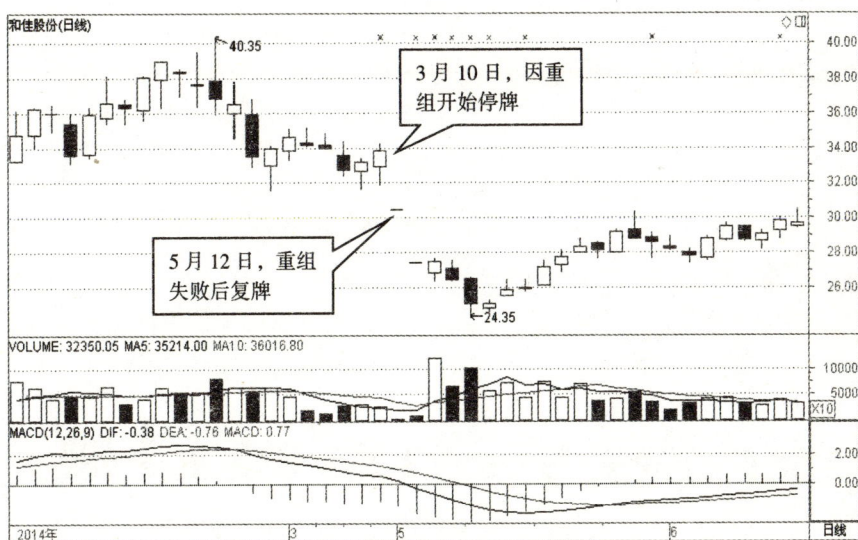

图 2-17 和佳股份日 K 线

如图 2-17 所示，2014 年 3 月 10 日，和佳股份（300273）因为重组而停牌。5 月 12 日，股票复牌同时公布了重组失败的公告。受到该公告影响，该股股价连续两个交易日跌停。如果投资者在重组之前买入，将遭受巨大损失。

综上所述，选择重组股虽然有可能带来巨大收益，但同时也要面临很大的风险。因此投资者在操作这类股票时，最好分仓买入不同的股票。例如把资金分成 10 份，每份资金买入 1 只有重组消息的股票。即使其中有部分亏损，只要有 2~3 只股票能重组成功且估计大幅上涨，就能够挽回其他股票的损失，并带来不错的收益。

二、选择盈利大幅增加的股票

当某家上市公司的盈利大幅增加时，意味着公司能够拿出更多资金回馈给投资者，投资者能够获得更高收益。这样的股票必然会受到投资者的追捧，其股价很可能会大幅上涨。因此，当上市公司公布业绩报告时，投资者可以选择那些盈利大幅增加的股票买入。

中国西电日 K 线如图 2-18 所示。

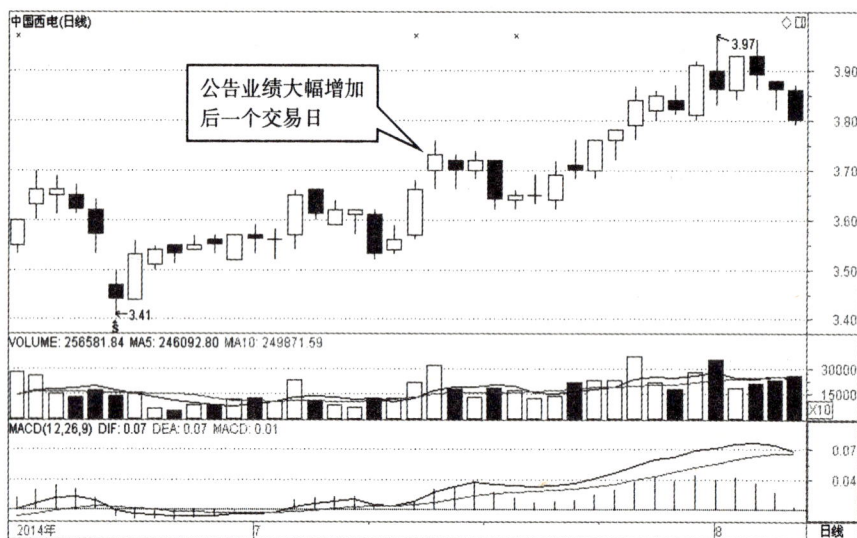

图 2-18　中国西电日 K 线

如图 2-18 所示，2014 年 7 月 12 日，中国西电（601179）公布 2014 年上半年业绩公告。公告显示公司预计上半年净利润 3.42 亿元，同比增长 128%，超出市场预期。受这份公告的影响，该股股价在随后一个交易日大幅高开后持续上涨。并且在随后一段时间，股价一直延续着上涨走势。

除了财务数据外，当其他新闻消息显示出公司未来的盈利能力会大幅增加时，同样会引起投资者的兴趣，导致股价上涨。

龙源技术日 K 线如图 2-19 所示。

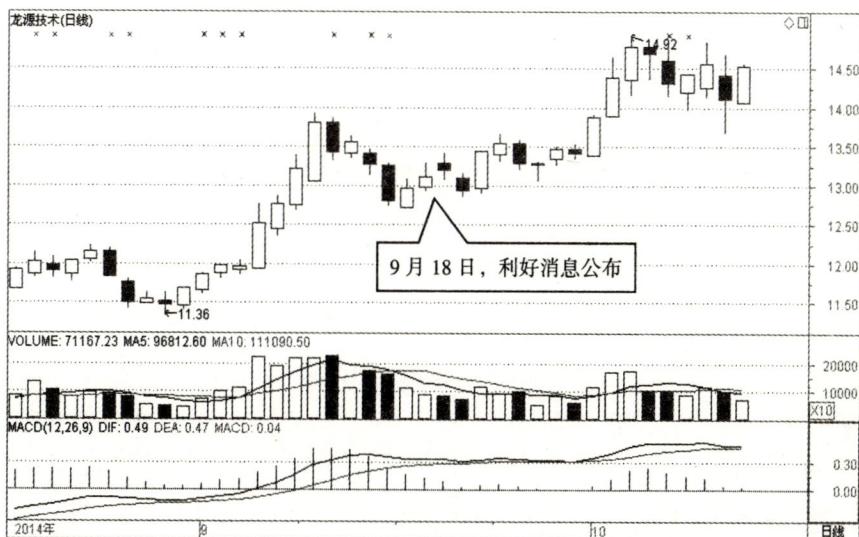

图 2-19 龙源技术日 K 线

如图 2-19 所示，2014 年 9 月 18 日，龙源技术（300105）在最新公布的《投资者关系活动记录表》中透露，该公司在小机组低氮改造方面已有不少工程签约和实施，未来这部分改造的量还将不断增加。这将在未来持续提升公司的盈利能力。该消息公布后，龙源技术的股价持续上涨。

三、选择有突发性利好的股票

当某只股票出现突发性的利好消息时，投资者对该股的估值会迅速发生改变。大量投资者会因此而买入股票，导致股价在短时间内快速上涨。因此看到股票有突发性的利好消息出现时，投资者可以抓紧时间买入股票。

大同煤业分时图如图 2-20 所示。

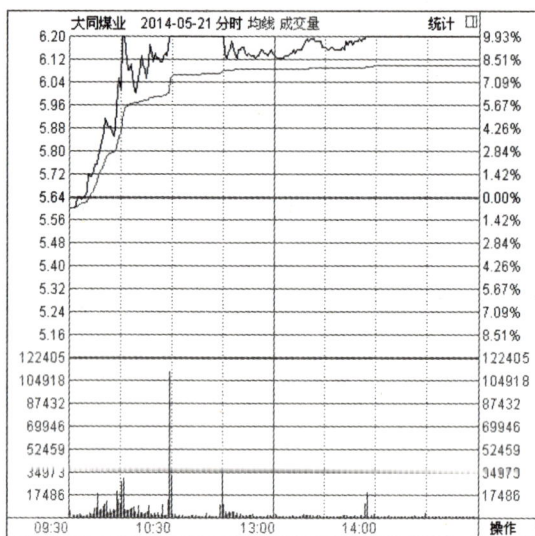

图 2-20　大同煤业分时图

如图 2-20 所示，2014 年 5 月 20 日，国家发改委颁发了《关于深入推进煤炭交易市场体系建设的指导意见》，提出运用市场手段逐步培育建成 2~3 个全国性煤炭交易市场。这对整个煤炭板块都是重要的利好消息。5 月 21 日，以大同煤业（601001）为代表的煤炭板块股票大幅上涨。

四、选择有暂时性利空的股票

当上市公司面临暂时性利空时，其股价很可能会在短期内快速下跌。对于长线投资者来说，当股价在短期内快速下跌时，是选择股票买入的最好时机。

看到有暂时性利空的消息买入股票时，投资者应该注意该利空对股票的影响是长期还是短期。如果对股票只是短期性影响，可以积极买入。但是如果利空对股票的长期盈利能力产生了影响，则股票的长期投资价值会受到影响，这样的股票已经不能再买入。

上海家化日 K 线如图 2-21 所示。

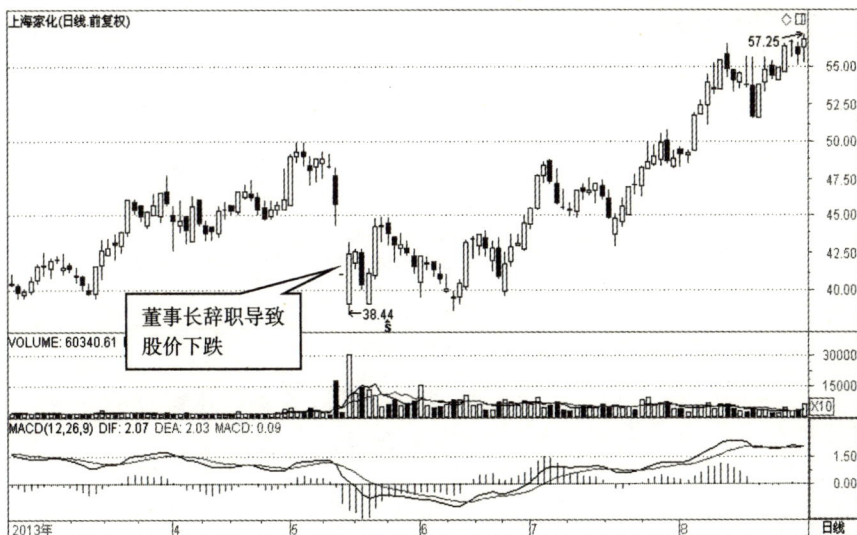

图 2-21　上海家化日 K 线

如图 2-21 所示，2013 年 5 与 13 日，上海家化（600315）证实了公司董事长葛文耀辞职的消息。该消息属于突发性利空，随后一个交易日，该股股价跌停。但是投资者仔细分析就可以知道，董事长辞职前已经选好了接替他的人选并对公司未来发展做了长期规划。这次事件只会对公司产生短期影响。从长期来看，该股票的盈利能力依旧。因此股价因为该消息下跌后，对长线投资者来说，是买入股票的良好机会。

五、选择成为市场关注热点的股票

当某只股票成为市场上所有投资者关注的热点时，即使该股盈利能力没有任何改变，也没有任何相关利好消息，仍然会有大量投资者买入股票，造成股价持续上涨。因此，投资者在选股时，可以重点考虑这类股票。

海伦钢琴日 K 线如图 2-22 所示。

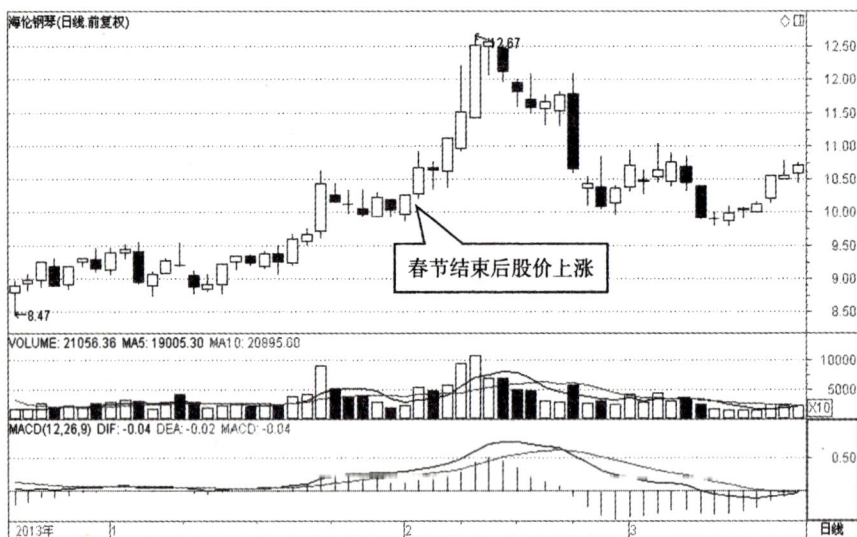

图 2-22　海伦钢琴日 K 线

　　如图 2-22 所示，2014 年春节结束后，海伦钢琴（300329）股价在没有利好刺激的情况下持续上涨。股价的上涨使海伦钢琴成为市场热点，反过来又吸引更多投资者买入，而更多投资者的买入又推动股价继续上涨。因此在春节后的几个交易日内，海伦钢琴的股价虽然没有利好支撑，但仍然持续上涨。对于这种没有实质性利好的热点股票，投资者也可以积极介入。

六、选择社会热点的相关股票

　　有些股票虽然盈利能力没有大幅增加，但是因为所经营的行业与当前市场上的热点相关，自然也就成为市场关注的重点，股价也就会因此而持续上涨。

　　榕基软件日 K 线如图 2-23 所示。

　　如图 2-23 所示，2014 年 9 月底至 10 月初，随着中共中央十八届四中全会召开日程的确定及临近，依法治国逐步成为社会关注的重点。虽然从理论上说，依法治国并不会给股市带来直接好处，但是相关股

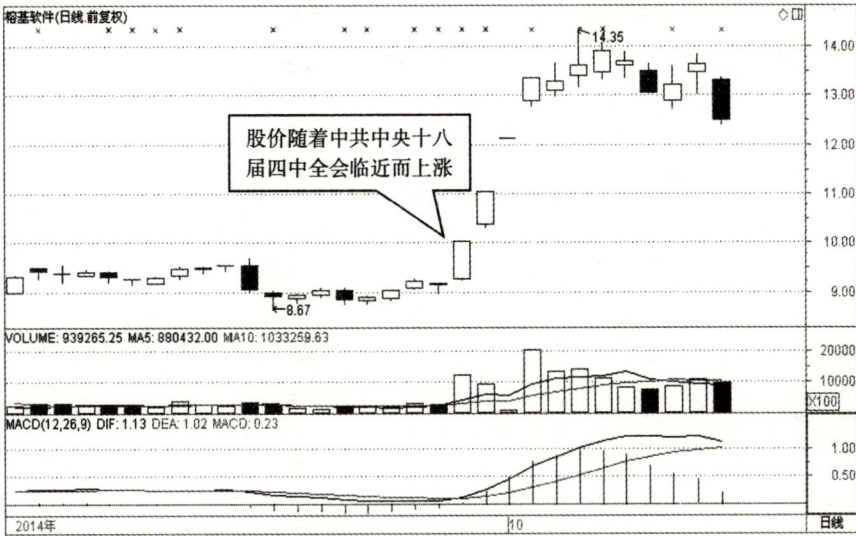

图 2-23 榕基软件日 K 线

票还是引起了投资者的关注，股价大幅上涨。榕基软件（002474）就是这轮依法治国概念股票上涨的龙头。

第三章 根据 K 线走势精选个股

第一节 根据 K 线反转形态选股

一、选择形成大阳线的股票

按照一个交易日内股价涨跌的不同，K 线可以分为阳线和阴线。阳线显示该交易日的收盘价高于开盘价，股价上涨，一般显示为红色或者白色。阴线显示该交易日收盘价低于开盘价，股价下跌，一般显示为绿色或者黑色。无论阳线或者阴线，都可以显示一个交易日的四个价格，分别是开盘价、收盘价、最高价和最低价，阳线和阴线如图 3-1 所示。

在阳线中，如果收盘价比开盘价上涨 5% 以上，就称为大阳线。当 K 线图上出现这样的形态时，说明市场上的多方力量集中爆发，是股价将会持续上涨的信号。如果大阳线出现的同时成交量同时放大，则该形态的看涨信号会更加强烈。

长高集团日 K 线如图 3-2 所示。

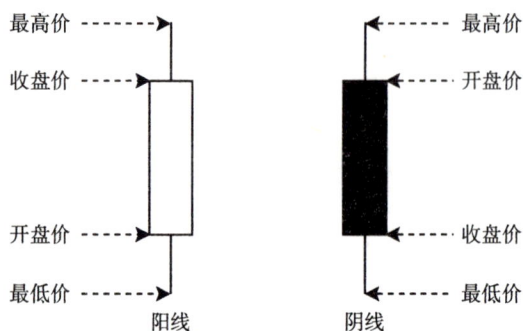

图 3-1　阳线和阴线

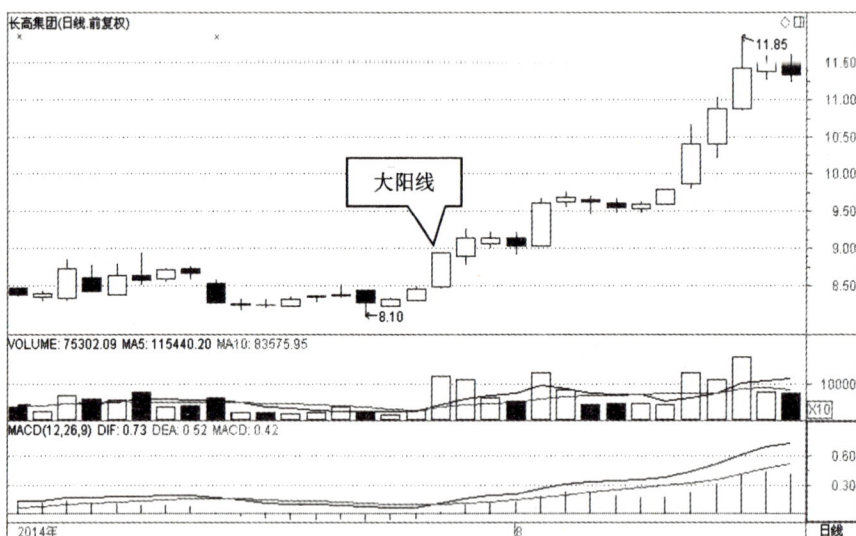

图 3-2　长高集团日 K 线

如图 3-2 所示，2014 年 7 月 29 日，长高集团（002452）股价大幅上涨 5.8%，同时在 K 线图上形成一根大阳线。这个形态说明市场上的多方力量十分强势，是股价会继续上涨的信号。看到这样的形态，投资者可以积极买入股票。

二、选择形成锤头线的股票

锤头线一般出现在一段下跌行情后的底部区域，是一根带有长下影线，但上影线很短的 K 线。其下影线长度是炒股实体长度的 2 倍。

锤头线形态如图 3-3 所示。

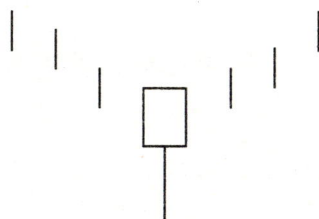

图 3-3 锤头线形态

锤头线表示股价在盘中下跌到一定程度后获得多方较强的支撑。之前由空方主导的单边下跌行情已经结束。多方力量正在逐渐复苏。因此这是一个看涨买入信号。

博彦科技日 K 线如图 3-4 所示。

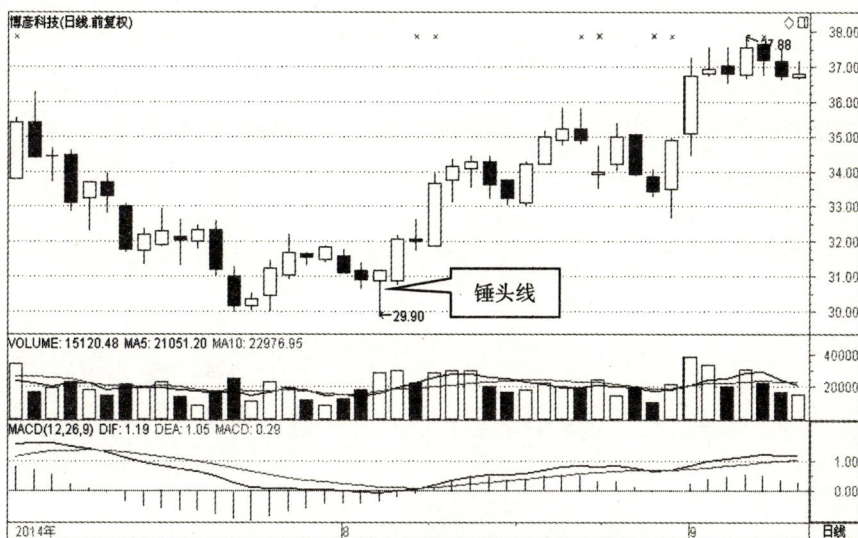

图 3-4 博彦科技日 K 线

如图 3-4 所示，2014 年 8 月 5 日，博彦科技（002649）股价下跌至低位后，形成了锤头线形态。这样的形态出现在下跌行情尾端，说明股价下跌获得支撑，是看涨买入信号。

三、选择形成底部包容形态的股票

底部包容形态出现在一段下跌行情的尾端。当股价下跌一段时间后，先是出现一根小阴线。这根阴线实体部分较短，表示下跌行情虽在继续，但空方杀跌的动能并不强烈。紧跟小阴线之后，股价虽然继续低开，但是开盘后持续上涨。至收盘时收出一根大阳线。这跟大阳线将前一根小阴线完全覆盖。底部包容形态如图 3-5 所示。

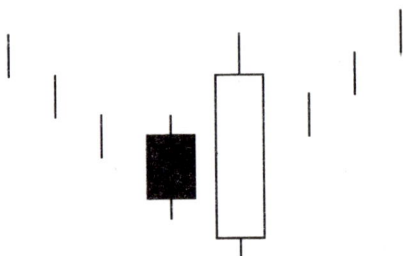

图 3-5　底部包容形态

底部包容形态表示多方力量绝地反击，股价见底反弹。这是一个看涨买入信号。

金智科技日 K 线如图 3-6 所示。

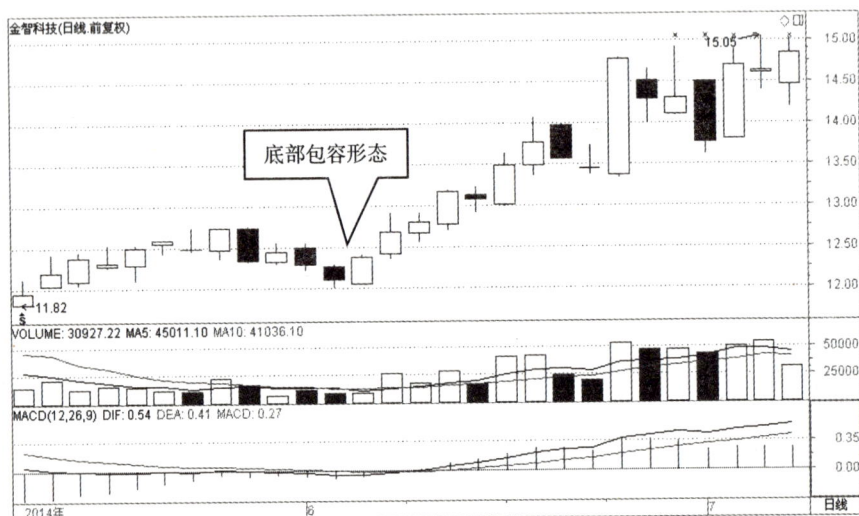

图 3-6　金智科技日 K 线

如图 3-6 所示，2014 年 6 月初，金智科技（002090）股价经过小幅回调后，在低位形成了底部包容形态。这个形态说明股价下跌后获得强烈支撑，多方力量绝地反击。这是一个强烈的看涨买入信号。看到该形态后，投资者可以积极买入股票。

四、选择形成底部孕线形态的股票

底部孕线形态出现在一段下跌行情的尾端。当股价下跌一段时间后，首先出现一根大阴线。这跟阴线表示下跌行情还在继续。之后一个交易日，股价高开高走。收盘时虽然没能补回阴线的跌幅，但也没有继续下跌。这天的 K 线实体完全包含在前一天 K 线的实体内部。底部孕线形态如图 3-7 所示。

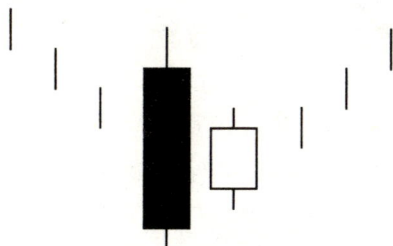

图 3-7 底部孕线形态

这样的形态显示市场上已经由空方完全主导的局面转变为多空僵持状态。未来只要有新的多方力量进入，股价就将持续上涨。因此，底部孕育线是一个看涨买入信号。

英唐智控日 K 线如图 3-8 所示。

如图 3-8 所示，2014 年 7 月底，英唐智控（300131）的股价下跌至低位后形成了底部孕线形态。这样的形态说明股价下跌后获得较强的支撑。未来只要有多方力量进入，股价就将持续上涨。该形态完成后的一个交易日，该股股价大幅上涨。这说明多方力量已经开始强势拉升股价。此时投资者可以积极买入股票。

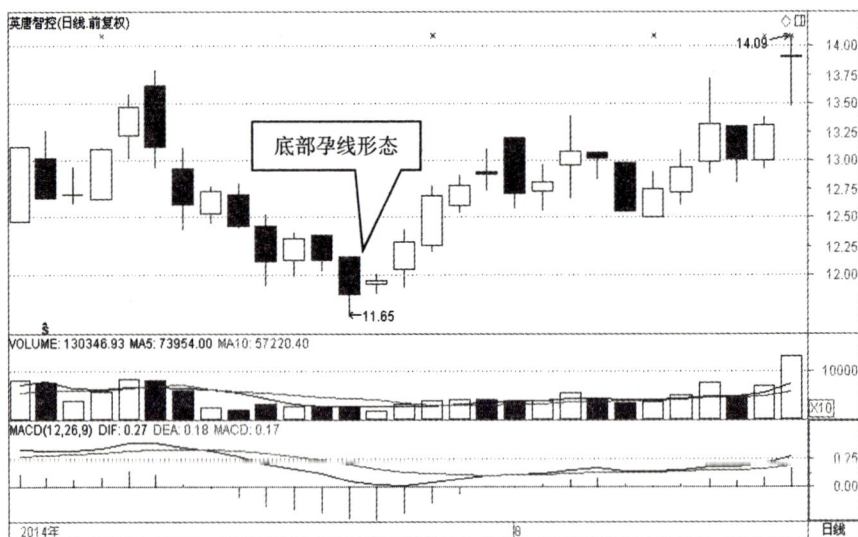

图 3-8　英唐智控日 K 线

五、选择形成曙光初现形态的股票

曙光初现形态出现在下跌行情尾端。当股价下跌一段时间后，首先出现一根阴线。之后一个交易日股价低开高走，收出一根阳线。这根阳线的开盘价虽然低于阴线的收盘价，但是其收盘价已经深入到阴线实体的 1/2 处以上。曙光初现形态如图 3-9 所示。

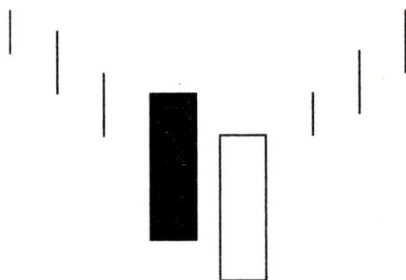

图 3-9　曙光初现形态

曙光初现形态显示股价下跌一段时间后获得多方的强力支撑。未来股价将在多方的推动下持续上涨。因此，这是一个看涨买入信号。

桂林旅游日 K 线如图 3-10 所示。

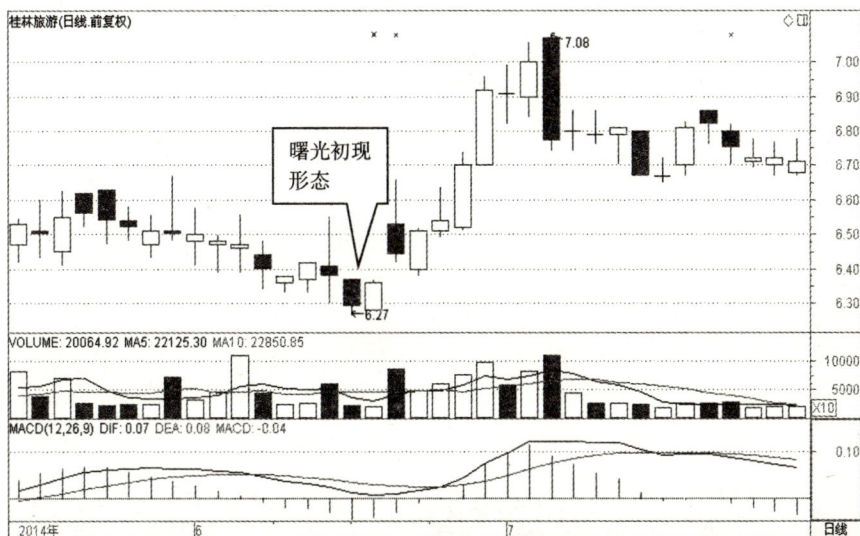

图 3-10 桂林旅游日 K 线

如图 3-10 所示，2014 年 6 月，桂林旅游（000978）的股价经过一段时间缓慢下跌后形成了曙光初现形态。后一根阳线的收盘价深入到前一根阴线实体的 1/2 以上处。这说明股价下跌到当前价位后获得较强支撑，是股价会见底反弹的信号。看到这样的形态，投资者可以积极买入股票。

六、选择形成下跌尽头形态的股票

下跌尽头形态一般出现在一段下跌行情之后的底部区域。股价持续下跌后，首先出现一根带有长下影线的 K 线。随后一个交易日，股价小幅低开后持续小幅整理，整个交易日的股价都在前一交易日 K 线的下影线中运行。下跌尽头形态如图 3-11 所示。

下跌尽头形态说明股价持续下跌后获得较强支撑，继续下跌的动能已经很小。未来只要有做多的动能，股价就将持续上涨。

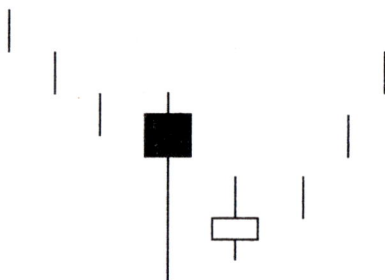

图 3-11　下跌尽头形态

东华测试日 K 线如图 3-12 所示。

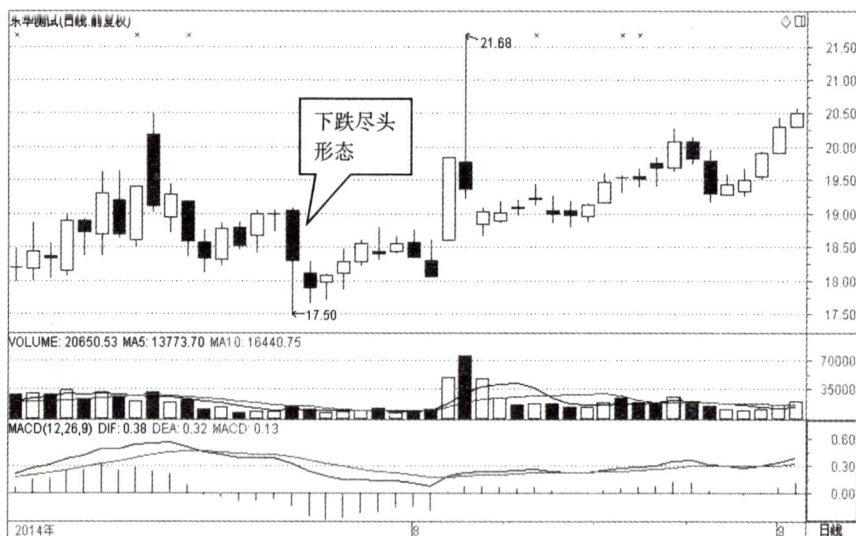

图 3-12　东华测试日 K 线

　　如图 3-12 所示，2014 年 7 月底，东华测试（300354）股价经过一段时间下跌后，形成了下跌尽头形态。后一根 K 线全部依附于前一根 K 线的下影线之内。这样的形态说明股价下跌获得较强支撑，未来只要有多方力量开始买入，股价就将持续上涨。

七、选择形成启明星形态的股票

　　启明星形态出现在一段下跌行情的尾端。当股价下跌一段时间后，首先出现一根阴线。之后一个交易日，股价在前日阴线的收盘价附近反复震荡，最终收出实体很短的十字线。第三个交易日，股价持续上涨，至收盘时已经基本收复了之前那根阴线的跌幅。这样的阴线、十字线和阳线的组合就构成了启明星形态。启明星形态如图 3-13 所示。

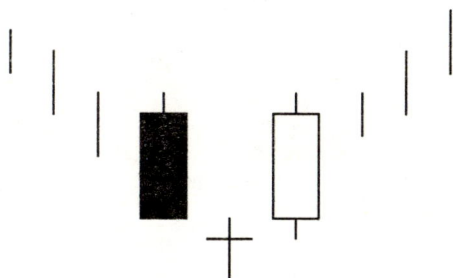

图 3-13　启明星形态

启明星形态中的第一根阴线说明下跌行情还在继续，空方占优势。之后的十字线说明市场进入多空僵持行情。最后一根阳线则说明多方开始占优势。因此，整个启明星形态就说明了一个空方力量持续变弱，多方力量持续增强的过程。这是行情即将由下跌趋势进入上涨趋势的信号。

远光软件日 K 线如图 3-14 所示。

如图 3-14 所示，2014 年 8 月底，远光软件（002063）股价下跌一段时间后形成了启明星形态。这个形态说明多空力量在底部完成转换，是股价将见底上涨的信号。看到这样的信号，投资者可以积极买入股票。

八、选择形成 W 底的股票

W 底形态一般出现在一段下跌行情的尾端。股价下跌一段时间后，出现连续两个最低价基本水平的底部。以第一个底部回调的高点为基础做水平线，就可以得到 W 底形态的颈线。W 底形态如图 3-15 所示。

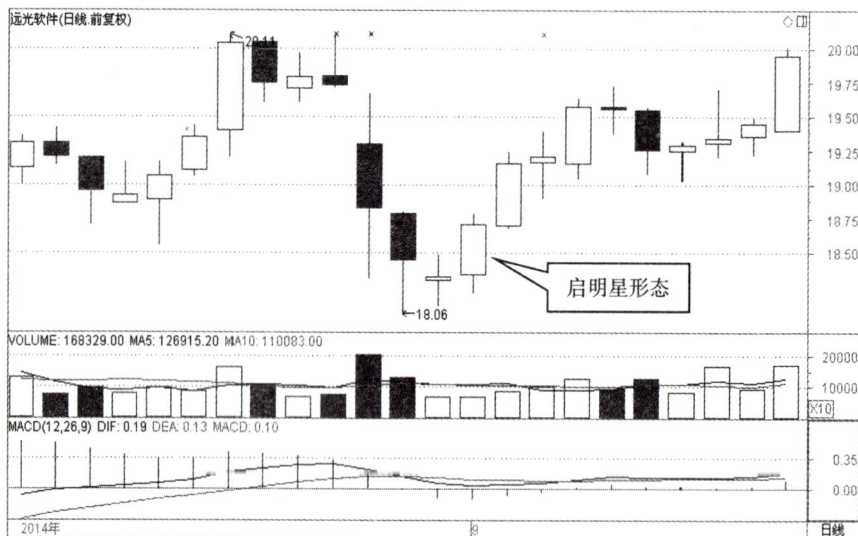

图 3-14　远光软件日 K 线

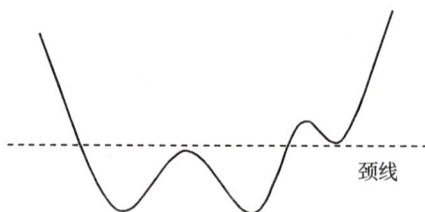

图 3-15　W 底形态

W 底形态说明股价下跌后获得较强支撑。一旦股价突破颈线，就是上涨行情已经开始的信号。此时投资者可以积极买入股票。

金智科技日 K 线如图 3-16 所示。

如图 3-16 所示，金智科技（002090）股价下跌一段时间后，走出了连续两个基本水平的底部，形成 W 底形态。这个形态说明股价下跌后获得强烈支撑。

投资者以第一次回调的高点为基础做水平线，可以得到该形态的颈线。在完成第二个底部之后的上涨行情中，当股价向上突破颈线时，就是上涨行情开始的信号。此时投资者可以积极买入股票。

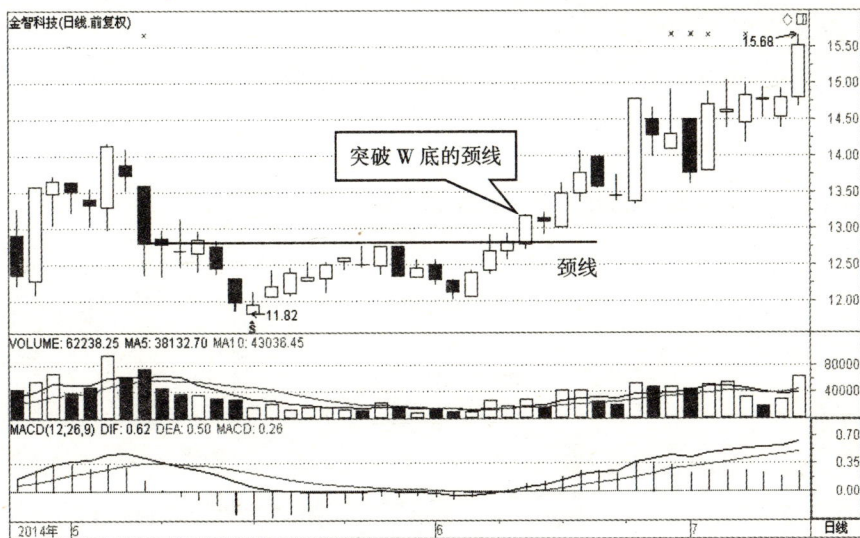

图 3-16　金智科技日 K 线

九、选择形成三重底的股票

　　三重底形态一般出现在一段下跌行情之后。股价下跌一段时间后，获得较强支撑，出现连续三个基本水平的底部，并且前两个底部回调时所形成的高点也基本水平。用直线将股价前两次回调的高点连接起来，可以得到三重底的颈线。与 W 底不同，三重底的颈线并不一定是水平线，有可能有一定的斜度。三重底形态如图 3-17 所示。

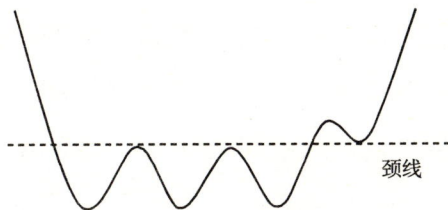

图 3-17　三重底形态

　　三重底形态说明股价下跌后获得较强支撑。随着股价在底部反复波动，原来打压股价的空方力量会逐渐被消耗。一旦股价向上突破颈线，就说明多方已经占据主动，开始将股价向上拉升。此时投资者可以积极买入股票。

股价突破颈线后可能有小幅回抽。但回抽往往不会跌破颈线就再次上涨。这次回抽是投资者加仓买入股票的机会。

航空动力日 K 线如图 3-18 所示。

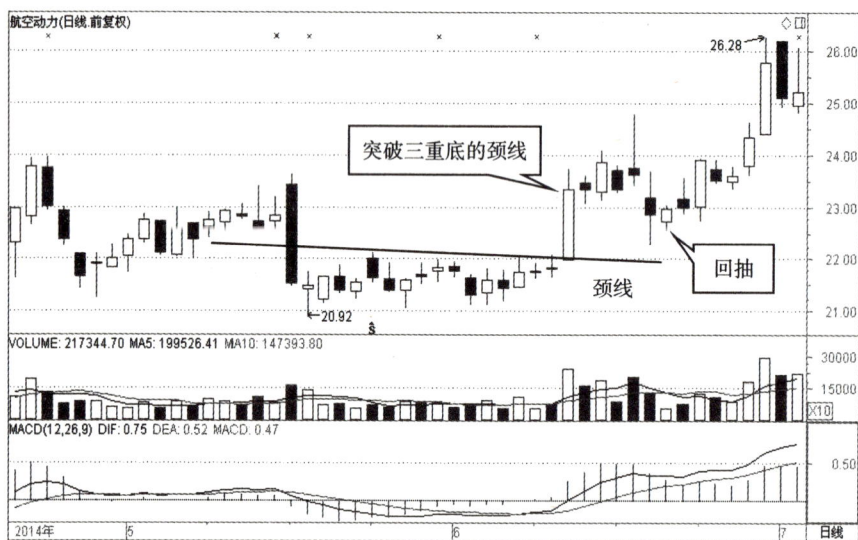

图 3-18　航空动力日 K 线

如图 3-18 所示，2014 年 5 月至 6 月，航空动力（600893）股价下跌至低位后，走出了连续三个基本水平的底部，形成三重底形态。这说明股价下跌后获得较强支撑。

股价向上突破三重底的颈线时，就是多方开始持续拉升股价的信号。此时投资者可以积极买入股票。股价突破后，出现了小幅回抽。但回抽没有跌破三重底的颈线就再次上涨。此时是投资者加仓买入股票的机会。

十、选择形成头肩底的股票

头肩底形态一般出现在下跌行情尾端，由连续三个底部组成。三个底部从左到右依次叫作左肩、头部和右肩。左右两个肩部的最低价基本相同，中间头部的最低价略低。投资者将两次回调的高点用直线连接起来就可以得到该形态的颈线。与三重底类似，头肩底的颈线也可能有一定倾斜。头肩底形态如图 3-19 所示。

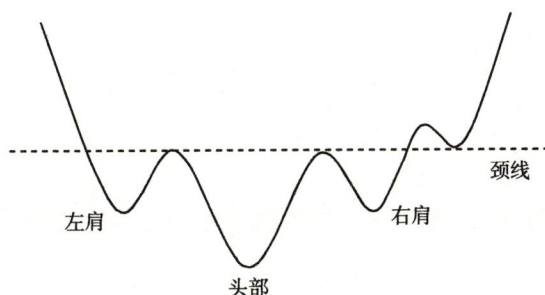

图 3-19　头肩底形态

在头肩底形态中，右肩的低点高于头部说明打压股价的空方力量已经有所减弱。一旦股价突破颈线，则是下跌行情结束，未来股价将被持续拉升的信号。此时投资者可以积极买入股票。

股价跌破颈线后，可能有小幅回抽，但回抽不跌破颈线就会再次上涨。这次回抽是对之前突破形态的确认，也是投资者加仓买入股票的机会。

郑煤机日 K 线如图 3-20 所示。

如图 3-20 所示，2014 年 6 月至 7 月，郑煤机（601717）股价下跌至低位后形成了头肩底形态。这说明股价下跌后获得较强支撑。

当股价向上突破头肩底的颈线时，是多方开始持续拉升股价的信号。此时投资者可以积极买入股票。

十一、选择形成圆弧底的股票

圆弧底形态出现在一段下跌行情之后的底部区域。股价下跌一段时间后，其下跌速度越来越慢，之后逐渐见底反弹。在反弹初期，股价上涨的速度很慢。不过随着时间的推移，其上涨速度越来越快。在

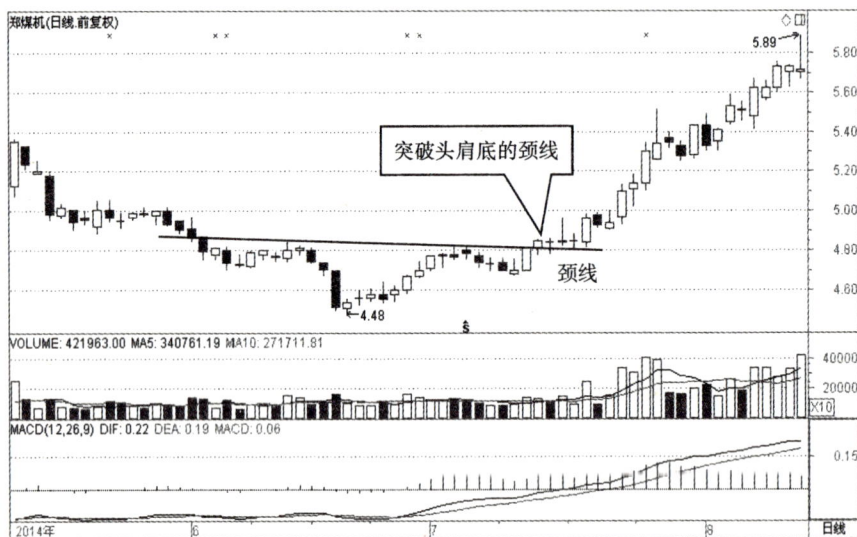

图 3-20　郑煤机日 K 线

底部区域，股价形成了左右两边基本对称的圆弧形状。圆弧底形态如图 3-21 所示。

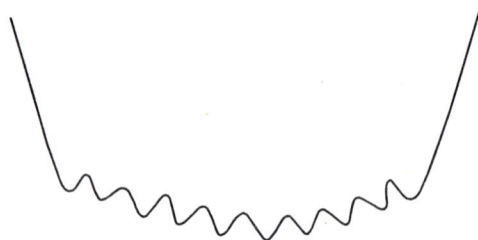

图 3-21　圆弧底形态

圆弧底形态说明了下跌动能越来越弱，上涨动能越来越强的过程。该形态完成后，当股价上涨速度越来越快时，投资者就可以积极追高买入股票。

瑞丰光电日 K 线如图 3-22 所示。

如图 3-22 所示，2014 年 5 月，瑞丰光电（300241）股价下跌至低位后形成了圆弧底形态。这个形态说明多方开始主导行情上涨，是看涨买入信号。当圆弧底形态完成，股价上涨速度越来越快时，投资

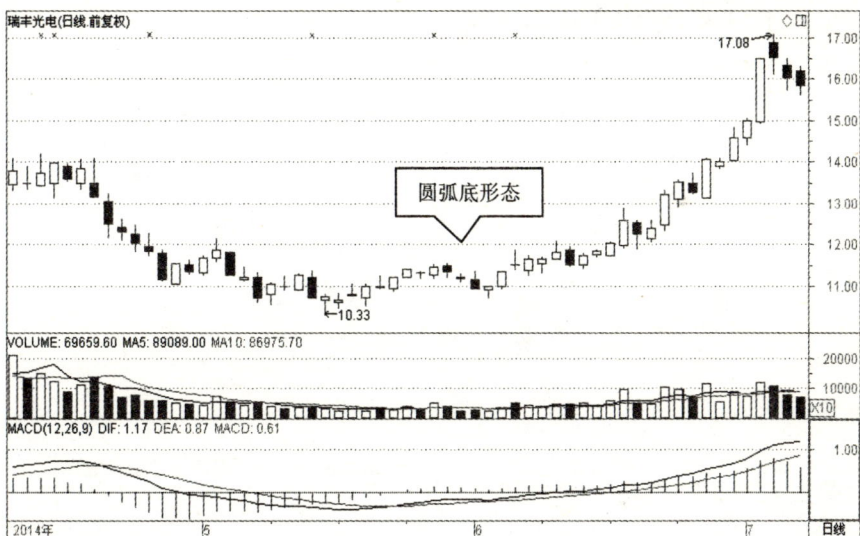

图3-22 瑞丰光电日K线

者可以积极追高买入股票。

十二、选择形成塔形底的股票

塔形底出现在下跌行情中，由一根大阴线、一根大阳线和中间的若干根位置基本水平的小阴小阳线组成。塔形底形态如图3-23所示。

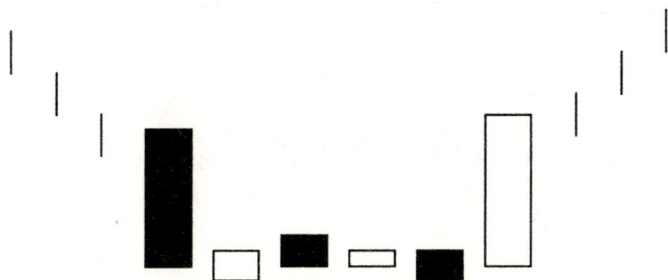

图3-23 塔形底形态

塔形底形态中间的多根小阴线和小阳线在前边大阴线的收盘价附近持续横盘整理，说明市场正在消化前期股价下跌的能量。当最终的大阳线出现时，则说明下跌能量已经完全被消化，股价开始大幅上涨。此时投资者可以积极买入股票。

祁连山日 K 线如图 3-24 所示。

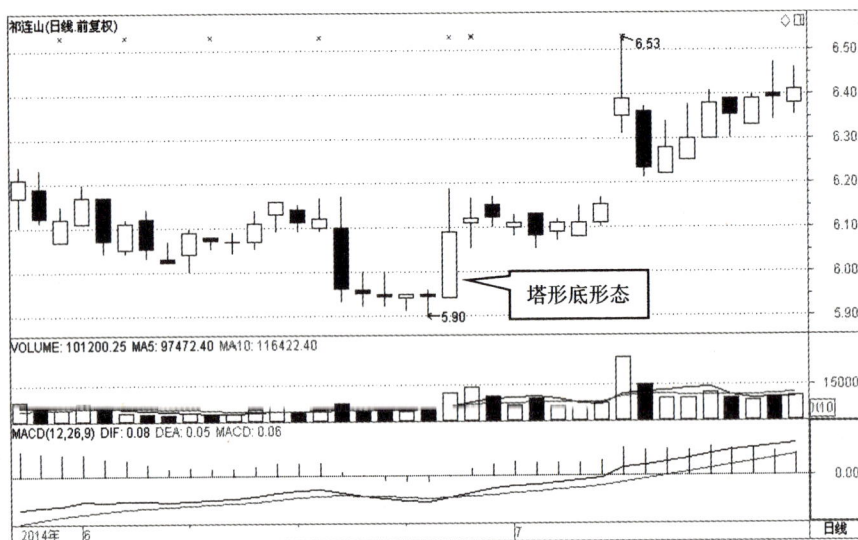

图 3-24　祁连山日 K 线

如图 3-24 所示，祁连山（600720）股价下跌至低位后，形成了塔形底形态。这个形态说明空方力量被逐渐消耗，多方开始将股价向上拉升。当塔形底的最后一根阳线完成，股价大幅上涨时，投资者可以积极买入股票。

第二节　根据 K 线持续形态选股

一、选择形成红三兵的股票

红三兵形态往往出现在横盘整理行情的尾端或者是一段上涨行情的开始阶段。在 K 线图上出现三根连续上涨的红色小阳线或者中阳线，就组成了红三兵形态。红三兵形态如图 3-25 所示。

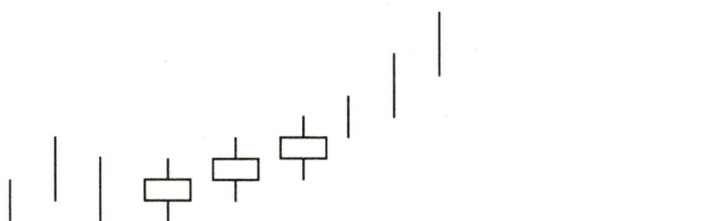

图 3-25 红三兵形态

在红三兵形态的形成过程中，股价的整体涨幅可能并不明显。但这种形态预示着多方正在积攒力量，未来股价可能会持续上涨。红三兵形态是十分强势的看涨信号。

熊猫烟花日 K 线如图 3-26 所示。

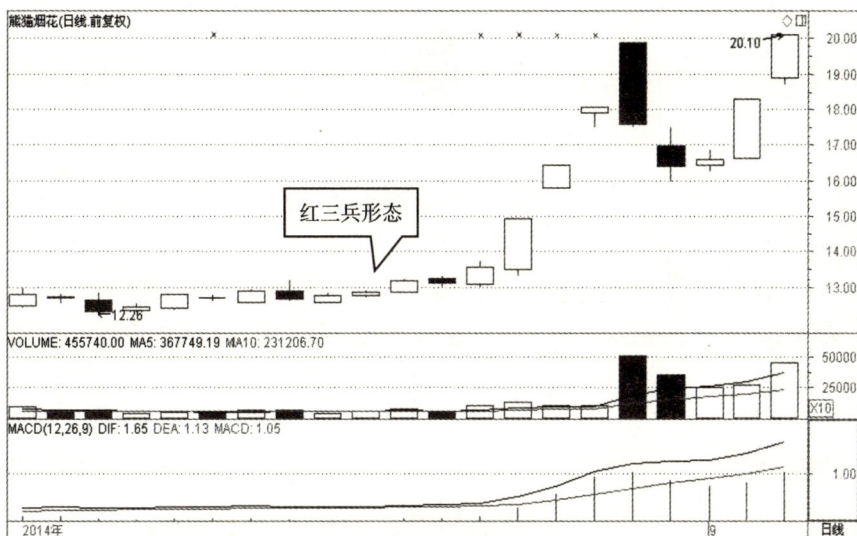

图 3-26 熊猫烟花日 K 线

如图 3-26 所示，2014 年 8 月，熊猫烟花（600599）股价横盘一段时间后在底部形成了红三兵形态。这样的形态说明市场上的多方力量在底部区域逐渐聚集起来，是未来股价会持续上涨的信号。看到这样的信号，投资者可以积极买入股票。

二、选择形成多方炮的股票

多方炮往往出现在一段横盘整理行情的尾端或者上涨行情中。在 K 线图上，首先出现一根阳线。之后一个交易日股价低开低走，收出阴线。这根阴线的实体完全依附在前一根阳线的实体内部。再以后一个交易日，股价低开高走，最终收出阳线。这根阳线将前边的阴线完全覆盖。多方炮形态如图 3-27 所示。

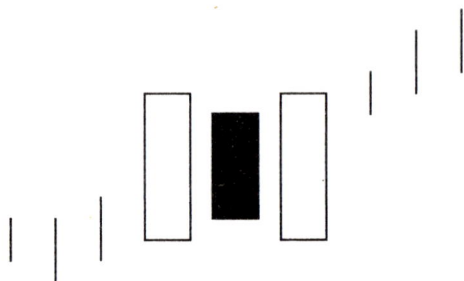

图 3-27　多方炮形态

多方炮形态是主力洗盘的常用手法。在第二个交易日股价下跌，这就会让大量散户看空后市，将手中的股票卖出。而股价在最后一个交易日上涨，之前卖出股票的散户往往不会再买入，此时跟风买入的是一批新的散户。这样主力就成功抬高了市场上散户的平均持股成本，完成洗盘。主力洗盘是为了继续拉升。因此，多方炮是一个看涨买入信号。

星河生物日 K 线如图 3-28 所示。

如图 3-28 所示，星河生物（300143）股价经过一段时间横盘后形成了多方炮形态。这个形态是有庄家在洗盘的信号，说明未来股价还会被庄家继续向上拉升。看到这样的形态，投资者可以积极买入股票。

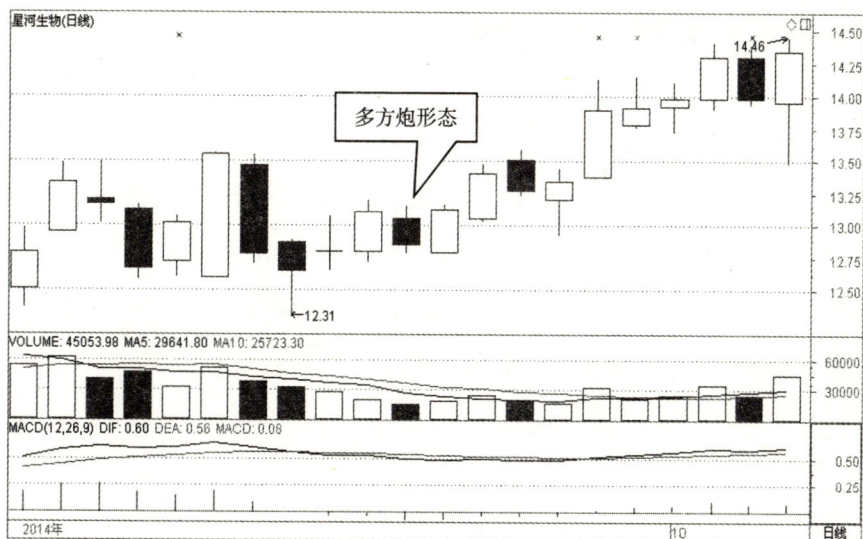

图 3-28　星河生物日 K 线

三、选择突破三角形区间的股票

三角形形态是指股价在一段持续整理行情中，其每次上涨的高点越来越低，低点越来越高。如果投资者将股价波动的高点和低点分别连接起来，就可以得到一个逐渐收敛的三角形形态。收敛三角形形态如图 3-29 所示。

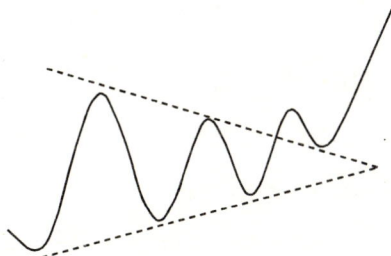

图 3-29　收敛三角形形态

三角形形态说明市场上的多空力量在持续僵持，并且双方力量在僵持过程中都有所消耗。多方无力将股价拉升至更高的位置，空方也无力将股价打压至更低的位置。一旦有新的做多力量或者做空力量进入，双方之间的这种均衡将被打破，未来股价将选择向上或者向下突破。

如果股价向上突破，则说明多方力量开始主导行情，是股价将持续上涨的信号。此时投资者可以积极买入股票。股价突破后，可能小幅回抽，但回抽往往不跌破三角形上边线就会继续上涨。这次回抽是对之前突破形态的确认，也是加仓买入股票的机会。

海特高新日 K 线如图 3-30 所示。

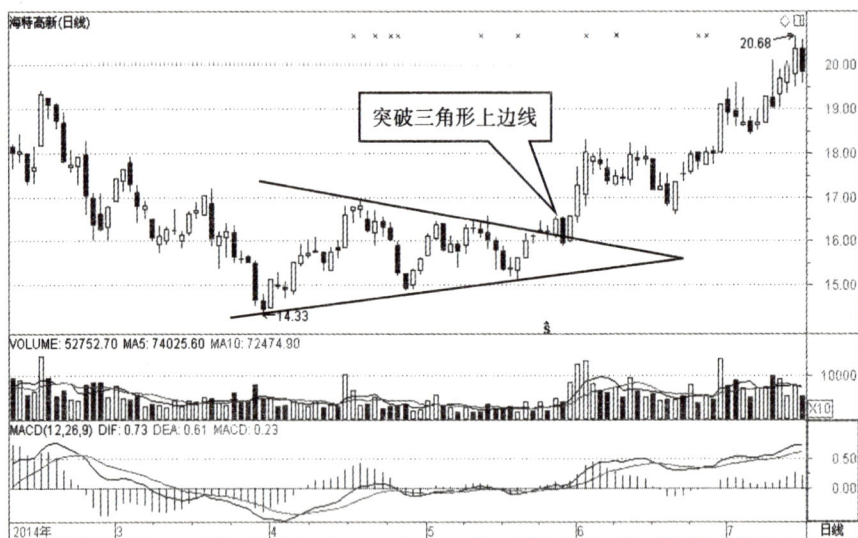

图 3-30　海特高新日 K 线

如图 3-30 所示，2014 年 4 月至 5 月，海特高新（002023）股价下跌至低位后持续横盘整理。整理过程中，其每次上涨的高点越来越低，低点越来越高，形成了收敛三角形形态。这个形态说明多空双方僵持。

当股价向上突破收敛三角形上边线时，就是经过持续僵持行情后多方开始发力向上拉升股价的信号。看到这个信号，投资者可以积极买入股票。

四、选择突破矩形区间的股票

矩形是指在股价持续横盘整理过程中，其最高点点位基本水平，最低点点位也基本水平。投资者可以在 K 线图上画一个矩形，将整个整理区域包括在其内，并且股价最高点在矩形上边线上，股价最低点在矩形下边线上。矩形整理形态如图 3-31 所示。

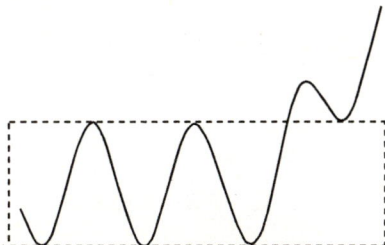

图 3-31 矩形整理形态

矩形整理说明在股价横盘过程中，多空双方持续僵持，任何一方都无法占据绝对的优势。未来一旦有新的多方或者空方力量进入，将打破这种僵持局面，股价也会选择方向突破。

如果股价向上突破，说明多方力量开始持续拉升股价。这是看涨买入信号。股价突破后可能小幅回抽，但回抽不跌破矩形上边线就会再次上涨。这次回抽是对之前突破形态的确认，也是投资者加仓买入股票的机会。

长春一东日 K 线如图 3-32 所示。

如图 3-32 所示，2014 年 8 月至 9 月，长春一东（600148）股价上涨至高位后持续横盘，形成了矩形形态。这样的形态说明多空双方持续僵持。当股价向上突破矩形上边线时，说明多方力量在僵持中胜出，开始将股价持续向上拉升。此时投资者可以积极买入股票。

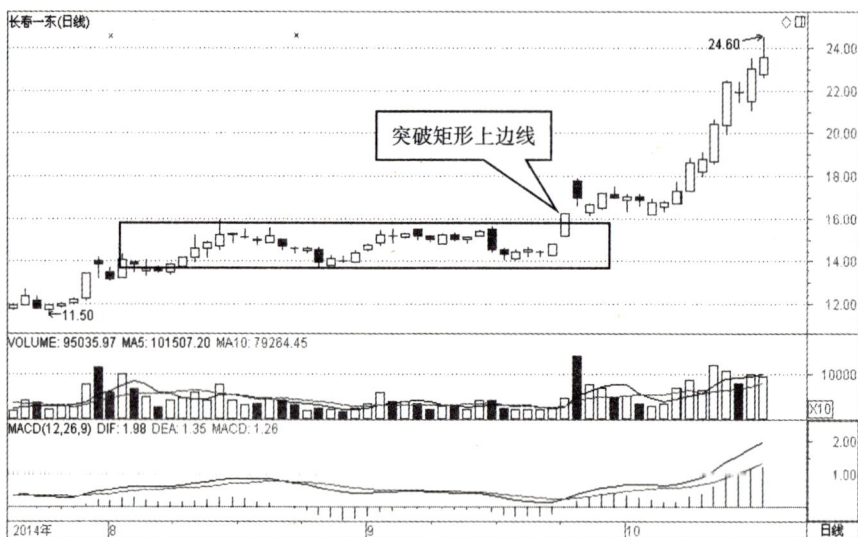

图 3-32　长春一东日 K 线

五、选择突破上升旗形的股票

上升旗形一般出现在持续上涨行情中。股价上涨一段时间后小幅回调整理。投资者将股价回调时的高点和低点分别连接起来，可以得到两条平行线。上升旗形形态如图 3-33 所示。

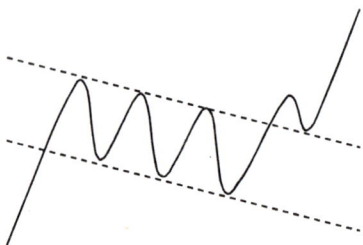

图 3-33　上升旗形形态

上升旗形形态说明股价上涨后遇到较强阻力。不过此时市场上的多方力量依然强势。股价经过小幅回调整理后，将会在多方的拉升下继续上涨。当股价突破旗形的上边线时，投资者可以积极买入股票。

股价突破旗形上边线后，可能出现小幅回抽，但回抽不跌破旗形

上边线就会继续上涨。这次回抽是对之前突破形态的确认。当回抽获得支撑时，投资者可以积极加仓买入股票。

厦门港务日 K 线如图 3-34 所示。

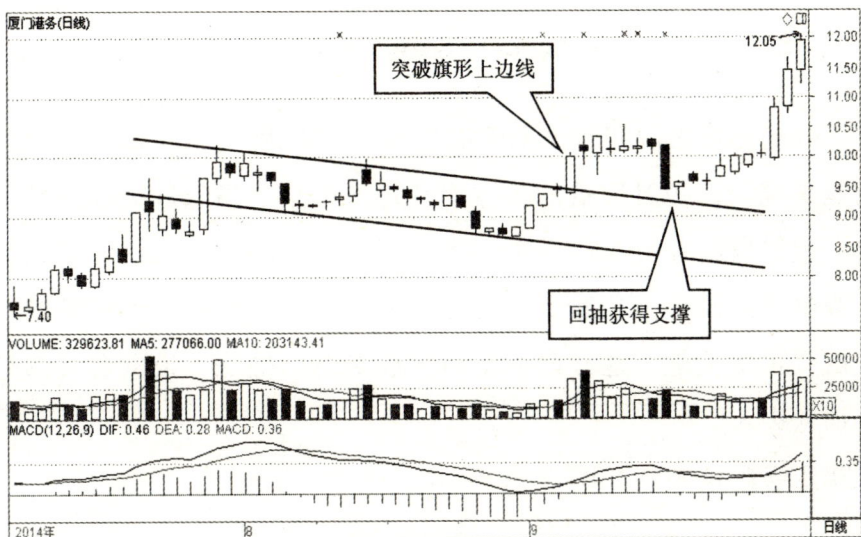

图 3-34　厦门港务日 K 线

如图 3-34 所示，2014 年 7 月底至 8 月，厦门港务（000905）见顶回调过程中，形成了旗形形态。这个形态说明股价上涨遇到阻力，但多方力量依然强势。当股价向上突破旗形的上边线时，就是买入股票的信号。

随后该股股价小幅回抽，但没有跌破旗形的上边线就再次向上。这次回抽是对之前下跌形态的确认，也是另一个买入股票的信号。

六、选择突破下降楔形的股票

下降楔形一般出现在上涨行情中。股价上涨一段时间后遇阻回调。投资者将回调过程中的高点和低点分别连接起来，可以得到两条逐渐收敛的直线。下降楔形形态如图 3-35 所示。

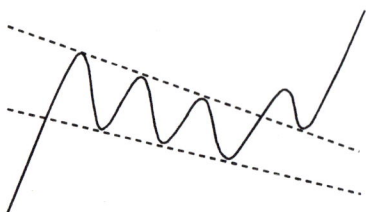

图 3-35　下降楔形形态

下降楔形形态说明股价上涨后遇到较强阻力。不过在回调过程中，阻力越来越弱，拉升股价的多方力量再次聚集。当股价突破楔形上边线时，就是投资者买入股票的机会。

股价突破楔形上边线后，可能有小幅回抽。但回抽不跌破楔形上边线就会再次上涨。这次回抽是对突破形态的确认。投资者可以趁此机会加仓买入。

陕西煤业日 K 线如图 3-36 所示。

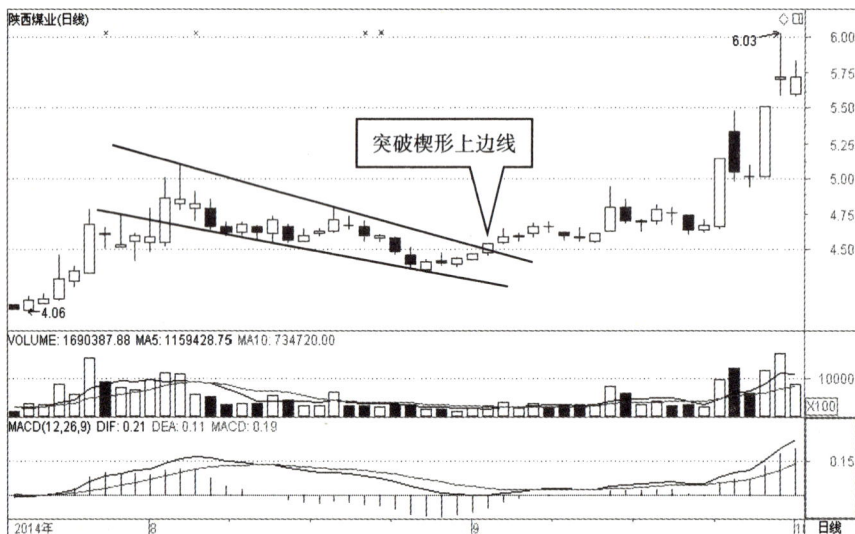

图 3-36　陕西煤业日 K 线

如图 3-36 所示，2014 年 8 月，陕西煤业（601225）股价见顶回调过程中形成了楔形形态。这个形态说明股价虽然遇到阻力，但阻力越来越小，是看涨买入信号。当股价突破楔形上边线时，投资者可以积极买入股票。

七、选择突破菱形形态的股票

当股价震荡横盘时，其反复波动的幅度先是逐渐变大，形成类似发散三角形的形态。当股价波动的幅度增大到一定程度后，又开始逐渐变小，形成类似收敛三角形的形态。这样左边的发散三角形和右边的收敛三角形就组成了菱形形态。菱形形态如图 3-37 所示。

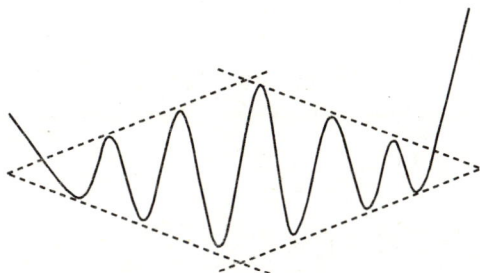

图 3-37　菱形形态

菱形形态说明市场上的多空双方先是汹涌出现，多方大力拉升股价，空方也大力砸盘，导致股价波动幅度越来越大。经过一段时间的疯狂后，多空双方的力量都有所减弱，逐渐进入僵持的局面。股价的波动幅度也逐渐变小。

该形态完成后，一旦股价向上突破，则说明多方在僵持中胜出，未来股价将在多方的拉升下持续上涨。

海虹控股日 K 线如图 3-38 所示。

如图 3-38 所示，2014 年 6 月至 8 月，海虹控股（000503）股价横盘整理过程中，形成了菱形形态。这说明市场上的多空双方经过激烈的争夺后，逐渐进入僵持局面。当股价向上突破菱形的上边线时，说明多方在僵持中胜出，是未来股价会被持续向上拉升的信号。看到

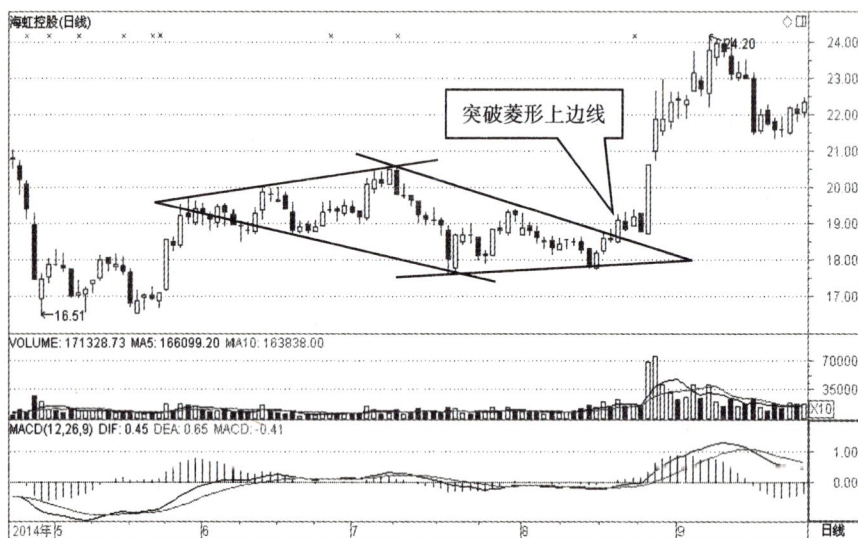

图 3-38　海虹控股日 K 线

这个信号，投资者可以积极买入股票。

八、选择突破前期高点的股票

如果股价在历史上连续多次上涨到同一个位置下跌，说明该价位是股价上涨重要的阻力位，突破前期高点形态。如图 3-39 所示。

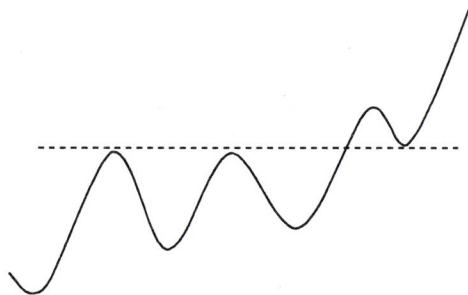

图 3-39　突破前期高点形态

如果股价能够向上突破前期高点，说明多方已经积攒了足够的力量，开始主导行情走向，未来股价将在多方的推动下持续上涨。因此，该形态是看涨买入信号。

珠江控股日K线如图3-40所示。

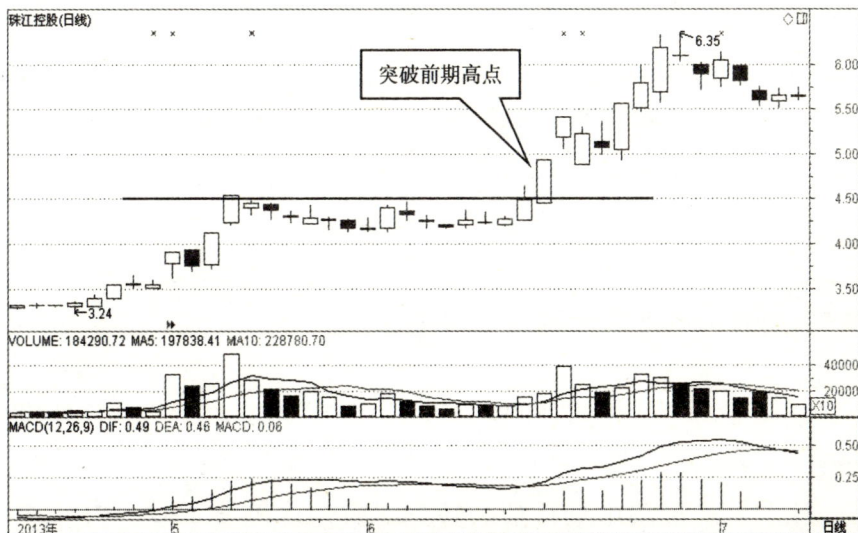

图 3-40　珠江控股日K线

如图 3-40 所示，2014 年 5 月至 6 月，珠江控股 （000505） 股价连续上涨到同一个价位遇到阻力下跌。这说明该价位是股价上涨重要的阻力位。当股价突破该位置时，就是多方开始主导行情上涨的信号。此时投资者可以积极买入股票。

第三节　根据K线缺口形态选股

缺口是指连续两根K线中，较低的一根K线的最高价低于较高一根K线的最低价，从而在K线图上形成的一个价格空白区域。

根据涨跌方向不同，缺口可以分为上升缺口和下降缺口。上升缺口是K线上涨形成的价格空白区域，即后一根K线的最低价高于前一根K线的最高价。这表示市场上的多方力量极强，推动股价快速向上。下降缺口是 K 线下跌形态形成的价格空白区域，即后一根 K 线的最高价低于前一根 K 线的最低价。这表示市场上的空方力量极强，打压股价快速下跌。

上升缺口是投资者在选股操作时需要重点关注的 K 线形态。根据市场含义不同，上升缺口可以分为突破型缺口、持续型缺口和衰竭型缺口三种。

一、选择形成向上突破缺口的股票

当 K 线以缺口的形态上涨，突破之前的阻力位置时，就形成了突破型缺口。突破型缺口表示多方力量经过一段时间的酝酿，将股价迅速向上拉升，并推动市场行情的转变。看到这种形态时，投资者可以积极买入股票。

实际操作中，突破型缺口的特点有两个。

第一，股价强势上涨。形成缺口的 K 线往往能够强势上涨，走出涨幅较大的长阳线。这是对此时市场上多方力量强势的验证。

第二，成交量大幅放大。当多方力量集中爆发时，大量投资者会追高买入股票，造成股价持续上涨。成交量放大是对这种形态的验证。

东江环保日 K 线如图 3-41 所示。

如图 3-41 所示，2014 年 7 月 28 日，东江环保（002672）股价以向上突破型缺口完成对前期横盘整理区间的突破。这次突破说明多方力量集中爆发，预示着未来股价将在多方力量的拉升下持续向上。看到这个形态，投资者可以积极买入股票。

当突破型缺口完成后，缺口位置就会形成对股价强烈的支撑位。未来股价回调时，很可能会在这个位置获得支撑。当股价在前期缺口位置获得支撑时，同样是投资者买入股票的机会。

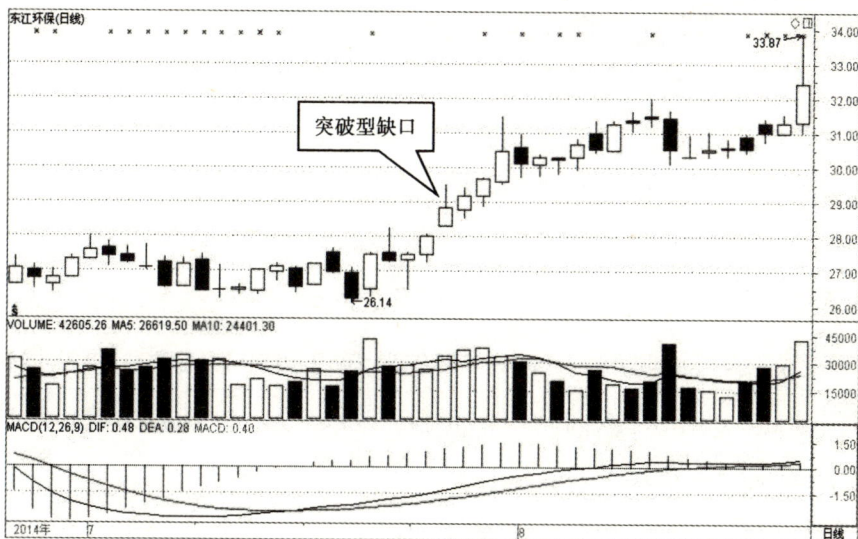

图 3-41 东江环保日 K 线

百利电气日 K 线如图 3-42 所示。

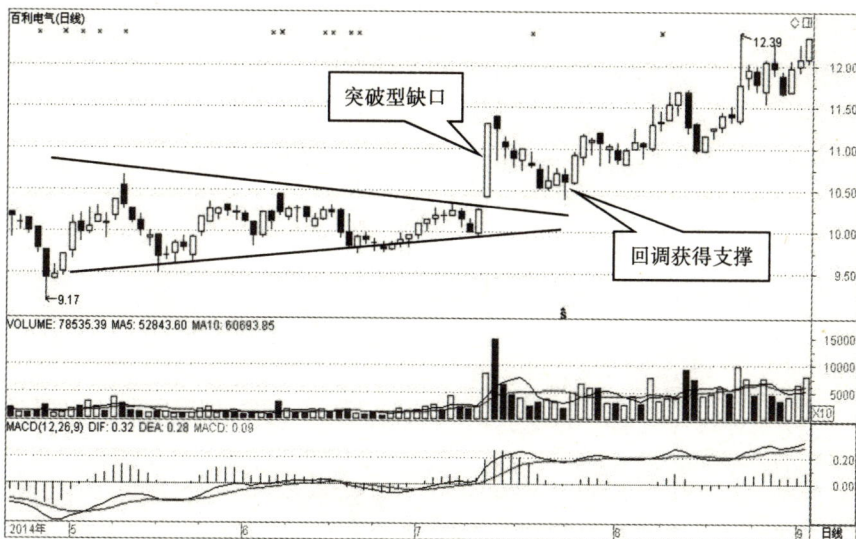

图 3-42 百利电气日 K 线

如图 3-42 所示，2014 年 7 月 11 日，百利电气（600468）股价以向上跳空缺口的形态完成对之前三角形整理形态的突破。当日股价形成涨停的大阳线且成交量大幅放大。这说明市场上的多方力量集中爆发。该形态出现后，投资者可以积极买入股票。

此后，该股股价持续回落。当回落到前期缺口附近时，股价再次获得支撑向上。这次回落证明在前期缺口位置有支撑位存在。此时也是另一个买入股票的时机。

二、选择形成向上持续缺口的股票

为了了解持续型缺口形态，首先要知道回补的概念。回补是指在缺口形成后，股价再次向缺口的价位区间运行，最终填满缺口形成的价格空白区间的形态。

如果股价在上涨趋势中形成上升缺口，且这个缺口出现后，短期内不会被回补，就形成了持续型缺口。持续型缺口表示股价的上涨趋势仍在继续，而且有越来越强的可能。看到这样的形态，投资者可以积极买入股票。

渤海轮渡日 K 线如图 3-43 所示。

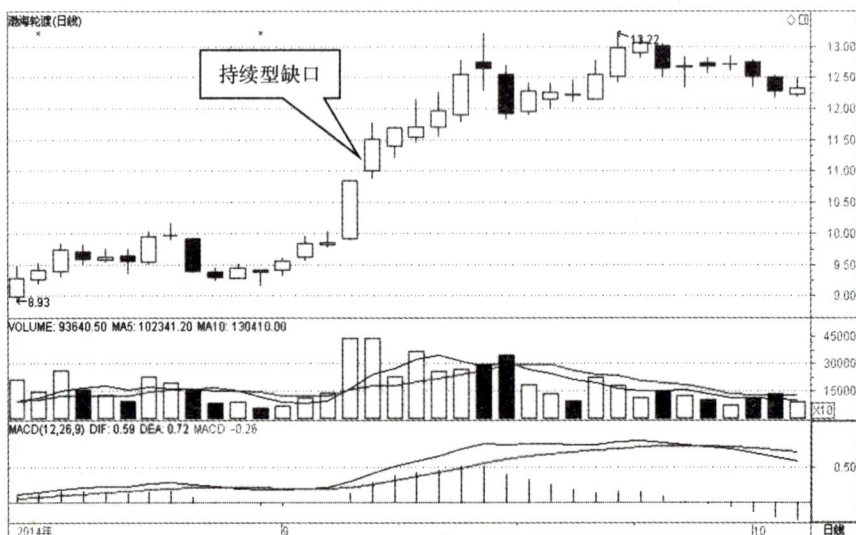

图 3-43　渤海轮渡日 K 线

如图 3-43 所示，2014 年 9 月 5 日，渤海轮渡（603167）股价跳空上涨，形成缺口形态，这个缺口在几个交易日内都没有被回补，因此属于持续型缺口。持续型缺口表示股票的上涨行情还在持续。该形态确定后，投资者可以积极买入股票。

与突破型缺口一样，持续型缺口也会在未来的行情中对股价形成较强的支撑作用。持续型缺口完成后，未来股价出现回调时，很可能在该缺口位置获得支撑上涨。当股价获得支撑时，也是投资者选择股票买入的机会。

方正证券日 K 线如图 3-44 所示。

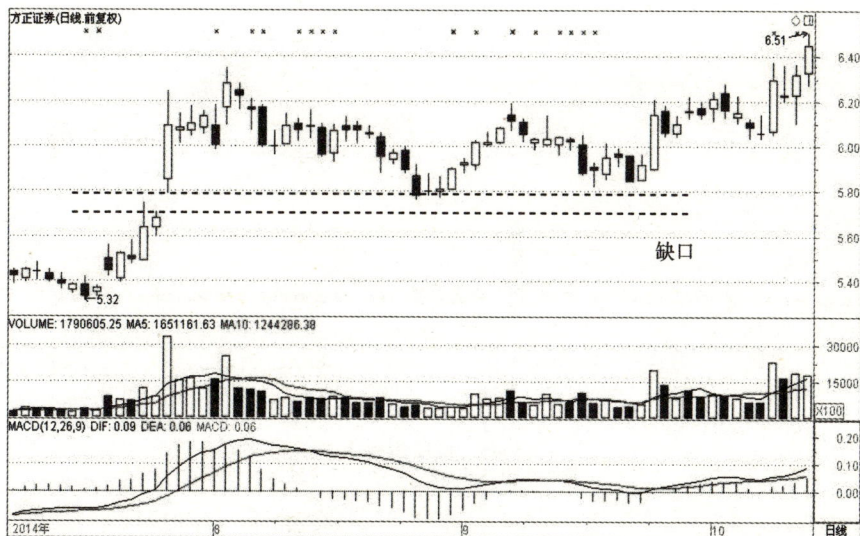

图 3-44　方正证券日 K 线

如图 3-44 所示，2014 年 7 月 28 日，方正证券（601901）股价上涨过程中，形成了持续型缺口。这个缺口预示着股价会继续上涨，是看涨买入信号。

在随后的行情中，这个缺口多次在股价下跌时起到支撑作用。每次股价下跌到缺口附近获得支撑时，都是投资者买入股票的机会。

三、选择形成下跌衰竭缺口的股票

在上涨过程中，如果一个向上跳空缺口形成后很快就被回补，就形成了衰竭型缺口。这样的缺口说明此时股价的上涨行情已经不如之前那么强烈。这时候的股价上涨很可能是该股上涨过程中多方力量的最后冲刺。这是股价即将见顶下跌的信号。

嘉凯城日 K 线如图 3-45 所示。

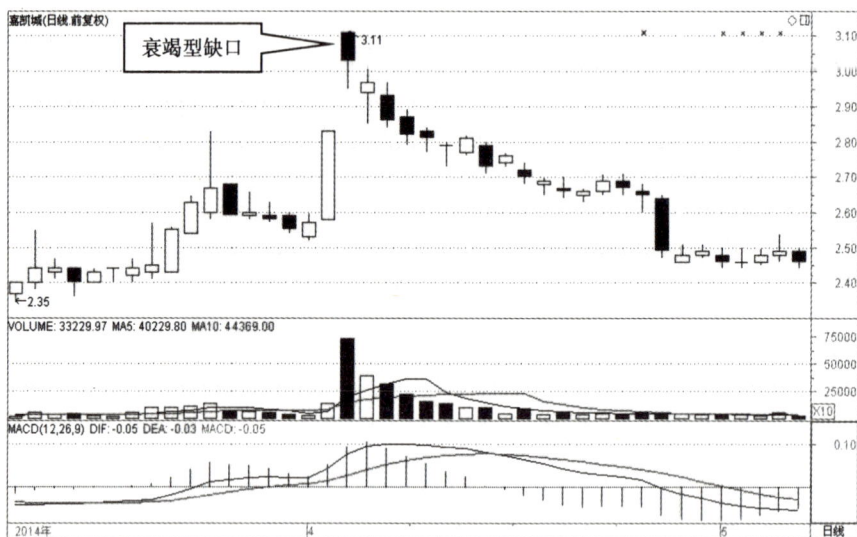

图 3-45　嘉凯城日 K 线

如图 3-45 所示，2014 年 4 月 3 日，嘉凯城（000918）股价上涨至高位后形成了向上跳空缺口。这个缺口在随后的几个交易日内就被回补，是一个衰竭型缺口。该形态说明股价的上涨动能已经衰竭，未来将会见顶下跌。

向上跳空的衰竭型缺口是股价上涨到高位即将见顶下跌的信号。看到这个形态，投资者应该尽快卖出股票。与之相反，如果 K 线图中出现向下跳空缺口，几个交易日内就被回补，则形成了向下跳空的衰竭型缺口。这样的缺口说明股价持续下跌的行情即将结束，未来会见底反弹。看到这样的缺口时，投资者可以积极买入股票。

南都电源日 K 线如图 3-46 所示。

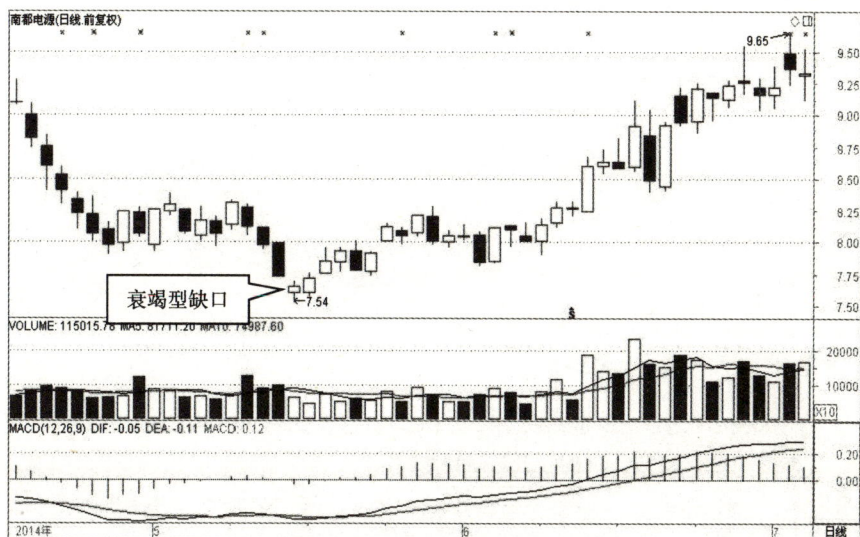

图 3-46 南都电源日 K 线

如图 3-46 所示，2014 年 5 月 16 日，南都电源（300068）形成向下跳空缺口后，很快就被回补。这个形态说明打压股价下跌的空方力量已经衰竭，下跌行情已经接近尾端，未来将会进入持续的上涨行情。看到这样的形态，投资者可以积极买入股票建仓。

第四节 根据 K 线的趋势线选股

一、选择在上升趋势线获得支撑的股票

在股价上涨过程中，如果将连续两个或者多个回调的低点用直线连接起来，就可以得到一条上升趋势线。在未来的上涨行情中，这条

上升趋势线会持续对股价起到支撑作用。当股价回调到上升趋势线附近获得支撑时，就是对其支撑作用的验证。看到这样的形态，投资者可以积极买入股票。

润和软件日 K 线如图 3-47 所示。

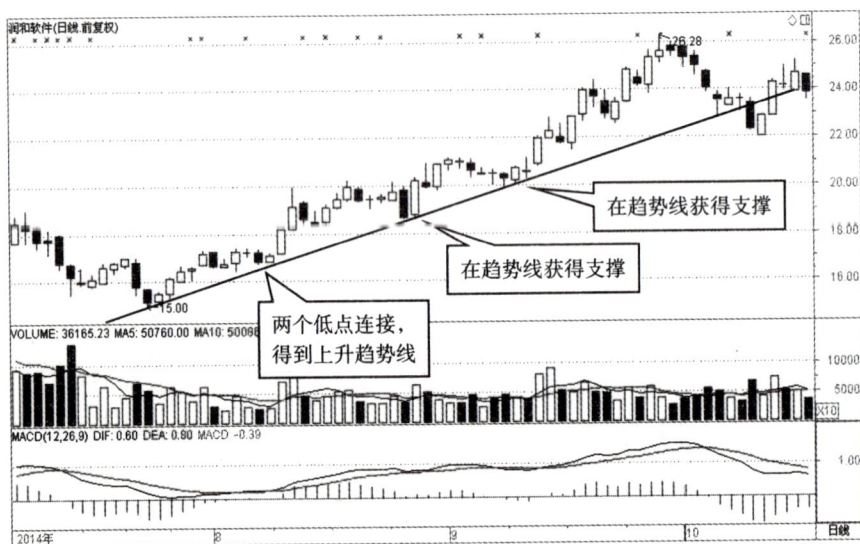

图 3-47　润和软件日 K 线

如图 3-47 所示，2014 年 7 月至 8 月，润和软件（300339）股价持续上涨。将这段上涨行情中的连续两个低点用直线连接起来，就可以得到该股的上升趋势线。

二、选择突破下跌趋势线的股票

在股价持续下跌的过程中，将连续两个下跌的高点用直线连接起来，就能得到一条下跌趋势线。与上升趋势线相对，下跌趋势线会在未来的下跌行情中持续对股价的上涨形成阻力作用。

如果股价上涨到下跌趋势线附近遇到阻力，就是看跌卖出信号。相反，如果股价上涨到下跌趋势线附近，能够突破阻力位继续向上，则说明下跌趋势被打破，股价即将见底反弹，未来可能会进入上涨行情。这时是投资者买入股票的机会。

中电环保日 K 线如图 3-48 所示。

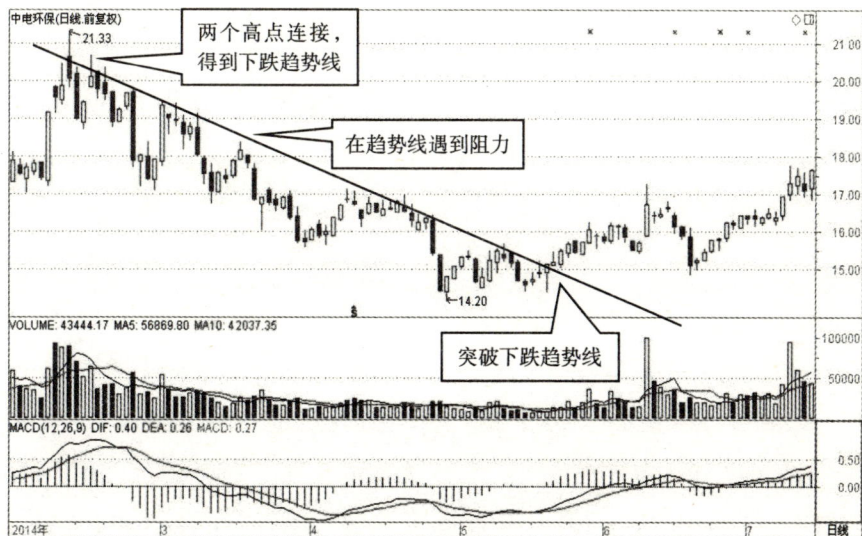

图 3-48　中电环保日 K 线

如图 3-48 所示，2014 年 2 月至 5 月，中电环保（300172）股价持续下跌，在下跌过程中形成了一条下跌趋势线。股价连续多次上涨到这条趋势线附近时，都遇阻下跌。

直到 5 月底，该股股价才完成对下跌趋势线的突破。这个突破形态说明持续下跌的行情已经结束，股价将见底反弹，开始上涨行情。当突破完成时，投资者可以积极买入股票。

三、选择阻力线变成支撑线的股票

下跌趋势线被突破后并不会完全失去作用。在未来的行情中，如果股价下跌至该趋势线附近，有可能会获得支撑上涨。当股价在原来的下跌趋势线附近获得支撑时，投资者同样可以积极买入股票。

西部证券日 K 线如图 3-49 所示。

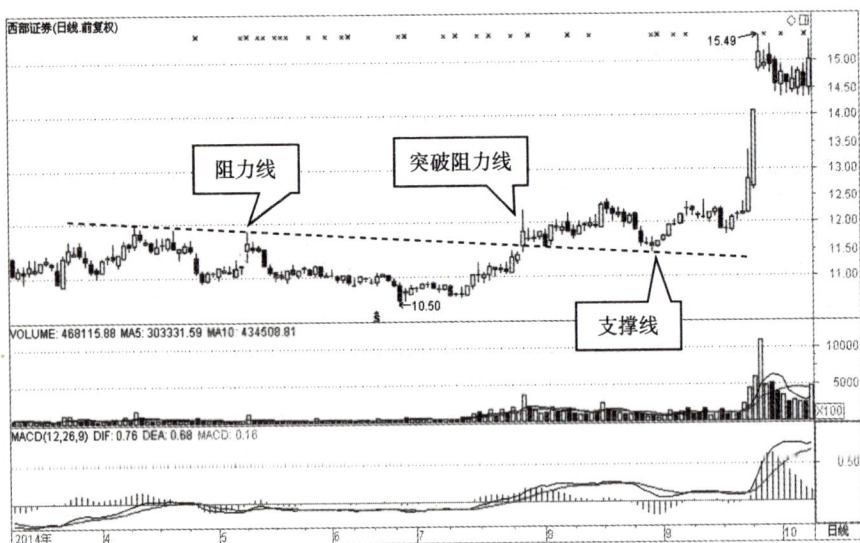

图 3-49　西部证券日 K 线

如图 3-49 所示，2014 年 4 月至 5 月，西部证券（002673）股价
持续下跌。将下跌过程中的两个高点连接起来，可以得到一条下跌趋
势线。

7 月底，股价完成对下跌趋势线的突破。这是股票见底反弹，即
将进入上涨趋势的信号。看到这个信号，投资者可以积极买入股票。

8 月底，股价下跌至趋势线附近获得支撑。这个形态说明之前的
下跌趋势线已经由阻力线变为支撑线。这个形态出现时，是另一个买
入该股票的时机。

第五节　根据叠加大盘走势选股

投资者分析股价走势，不能只看个股 K 线图，还应该结合大盘的
走势作出判断。在炒股软件中，投资者可以把个股走势和对应的大盘

走势叠加在一起，将两者进行对比。

一、选择涨势强于大盘的股票

如果某只股票和大盘一起上涨，并且个股的上涨幅度和速度要明显强于大盘，则说明该股是市场上的热点股票，受到更多投资者的关注。这种关注程度能够保证该股的持续上涨。因此看到这样的形态时，投资者可以积极买入股票。

北新建材日 K 线如图 3-50 所示。

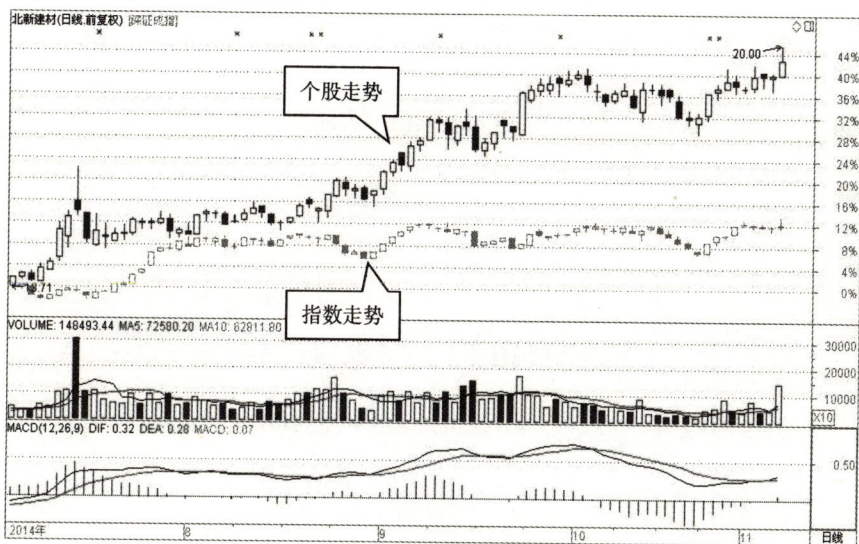

图 3-50　北新建材日 K 线

如图 3-50 所示，2014 年 7 月至 10 月，北新建材（000786）和深证成指虽然都处于上涨行情中，但北新建材的上涨幅度要明显高于深证成指。这说明该股票吸引了市场上更多投资者的关注，未来这种强势上涨行情有望持续较长时间。看到这样的股票，投资者可以积极追高买入。

二、选择跟涨不跟跌的股票

如果在大盘上涨时，股票跟大盘一起上涨；在大盘下跌时，股价不跟随大盘一起下跌，反而横盘整理或者持续上涨，则说明该股的市场人气较高，无论大盘上涨还是下跌，都会有投资者持续买入该股。这类股票是在投资选股买入时可以重点关注的品种。

迪森股份日 K 线如图 3-51 所示。

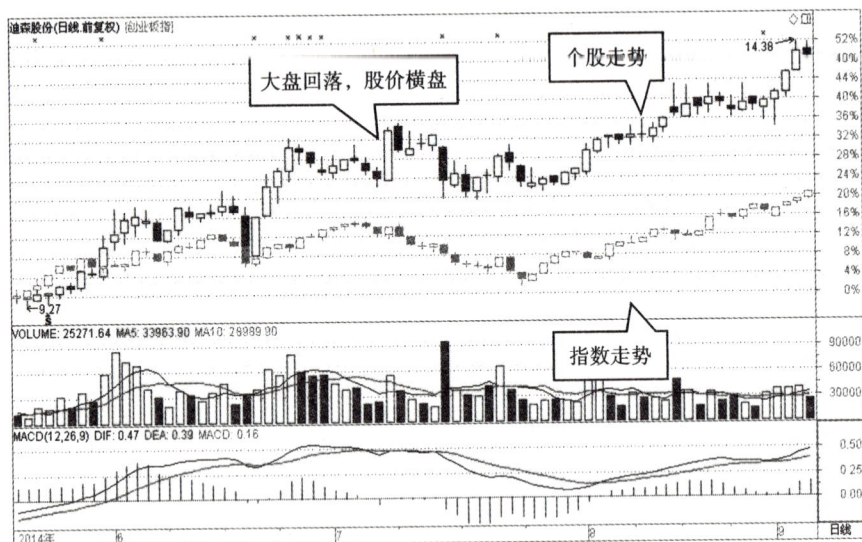

图 3-51　迪森股份日 K 线

如图 3-51 所示，2014 年 5 月至 8 月，迪森股份（300335）股价在创业板指数上涨时能够跟随其一起上涨，在创业板指数回调时能够保持横盘。这样的形态说明该股的走势整体强于指数，在市场上具备较高的人气。看到这样的股票，投资者可以积极买入并持有。

三、选择先于大盘见底的股票

当大盘由下跌行情进入上涨行情时，如果个股能够先于大盘见底，则说明该股票的走势要强于整个大盘。这样的股票在随后的上涨行情

中，将有比整个大盘更强的走势。因此，投资者可以在大盘底部反转时，选择那些已经完成底部，开始上涨的股票买入。

常山药业日 K 线如图 3-52 所示。

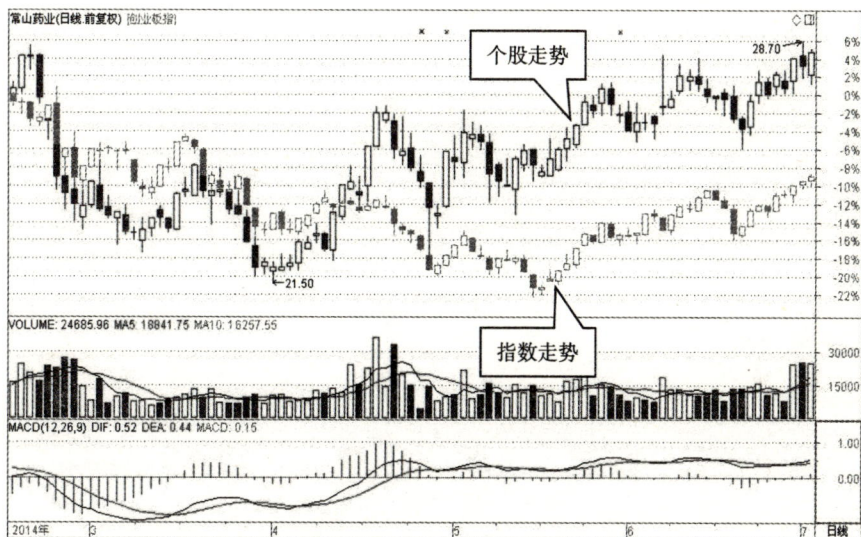

图 3-52　常山药业日 K 线

如图 3-52 所示，2014 年 5 月，创业板指数见底反弹。在此前大约两个月，常山药业（300255）的股价就已经见底，并且到大盘见底时已经进入了稳健的上涨行情中。这个形态说明常山药业的涨势强于整个大盘，在随后大盘的上涨行情中也将会取得更好的表现。看到这样的形态，投资者可以积极买入股票。

第四章 根据成交量精选个股

第一节 根据量价关系选股

一、选择放量上涨的股票

当股价持续上涨的同时，如果股票的成交量也持续放大，说明当前的市场行情得到了大多数投资者的认可。越来越多的投资者看到股价上涨而买入股票，他们的买入推动股价上涨，又带来更多投资者买入。股票的上涨就进入了良性循环，未来将会持续上涨。因此看到股票行情上出现这样的形态时，投资者可以选择股票买入。

利达光电日 K 线如图 4-1 所示。

如图 4-1 所示，2014 年 9 月，利达光电（002189）股价上涨过程中，成交量持续放大。这个形态说明股价已经进入了良性上涨阶段。看到这样的形态，投资者可以积极买入股票。

二、选择缩量调整的股票

当股价在上涨过程中出现回调整理时，如果成交量持续萎缩，说

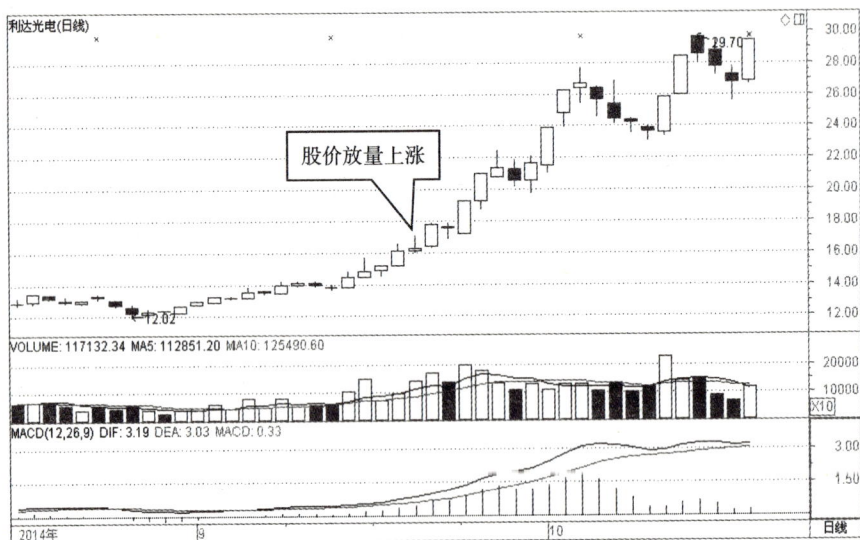

图 4-1　利达光电日 K 线

明市场上的投资者普遍认为股价还会上涨，因为下跌而抛出股票的投资者越来越少。因此，该形态预示着未来股价的上涨行情还将继续。看到这样的形态，投资者可以逢低买入股票。

中视传媒日 K 线如图 4-2 所示。

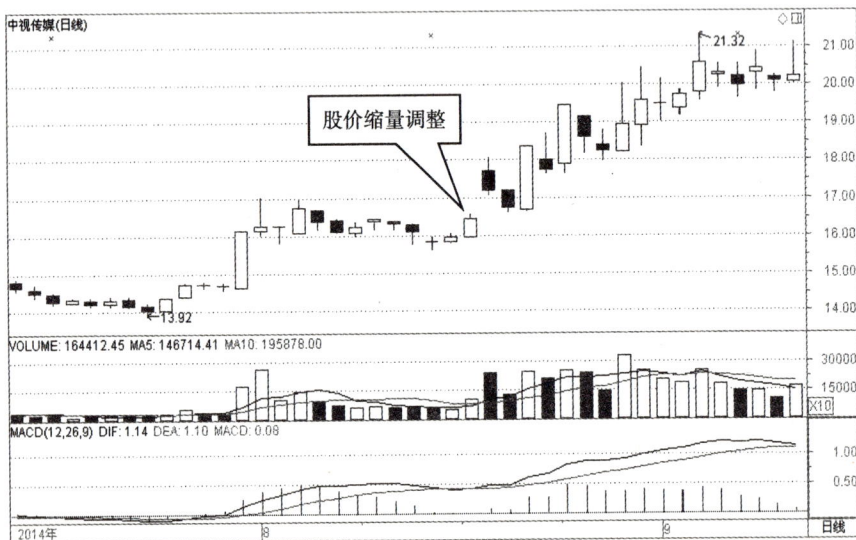

图 4-2　中视传媒日 K 线

如图 4-2 所示，2014 年 8 月，中视传媒（600088）股价在上涨之后的回调整理过程中，成交量持续萎缩。这个形态说明投资者普遍认为股价还会继续上涨。未来股价受到的打压力量会十分有限，相反会有大量投资买入股票，推动股价上涨。看到这样的形态，投资者可以积极买入股票。

三、选择放量底部横盘的股票

当股价在底部横盘整理过程中，如果成交量持续放大，则说明有投资者认为股价未来会上涨，开始在底部建仓买入股票。当买入股票的投资者积累到一定数量时，股价将会开始上涨。因此当投资者看到有股票在底部横盘过程中成交量持续放大时，可以积极买入股票。

深圳能源日 K 线如图 4-3 所示。

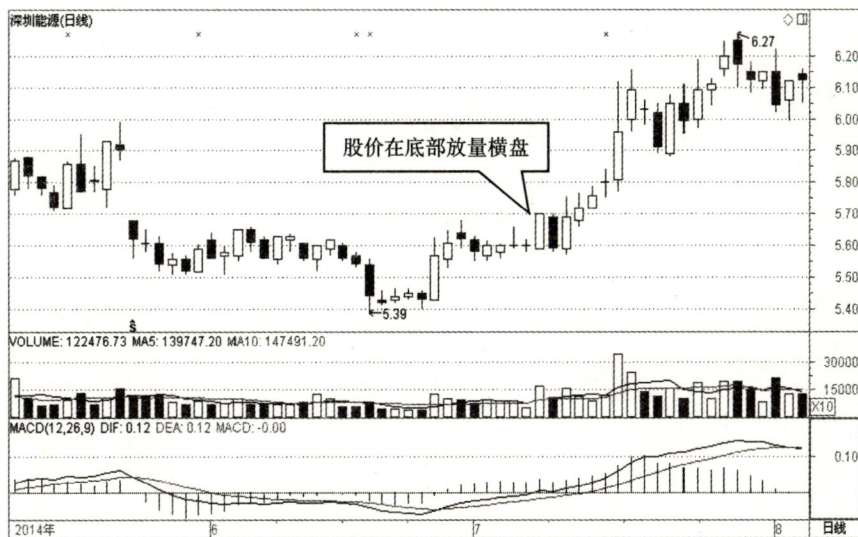

图 4-3　深圳能源日 K 线

如图 4-3 所示，2014 年 6 月至 7 月，深圳能源（000027）股价在底部横盘整理过程中，成交量逐渐放大。这个形态说明有投资者在低位建仓买入，是未来股价将会上涨的信号。看到这个信号，投资者可以积极买入股票。

四、选择缩量止跌的股票

当股价下跌一段时间后，如果成交量萎缩且下跌趋势逐渐减缓，说明投资者普遍认为股价已经下跌到了比较低的位置，因为股价下跌而抛出股票的投资者越来越少。随着抛压减小，股价的下跌速度越来越慢，而这又会使更多投资者认为股价即将止跌，不再抛出股票。因此，当该形态出现时，说明股价很快就要见底，投资者可以适当买入股票建仓。

中国天楹日 K 线如图 4-4 所示。

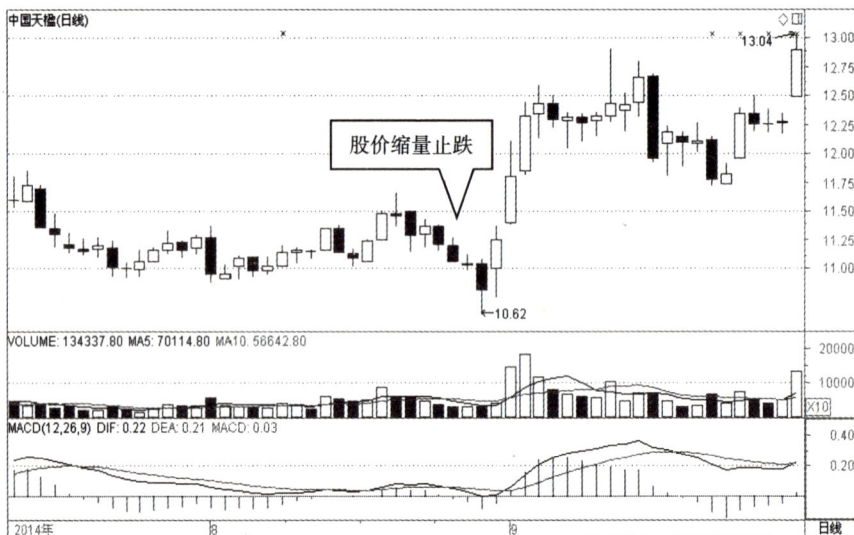

图 4-4 中国天楹日 K 线

如图 4-4 所示，2014 年 8 月底，中国天楹（000035）股价下跌过程中，成交量持续萎缩，这是该股股价即将止跌反弹的信号。看到该信号，投资者可以积极买入股票。

五、选择放量大涨的股票

当成交量快速放大时，如果股价也同步快速上涨，说明该股在短期内出现重大利好消息，引发大量投资者关注，未来这种快速上涨行情很有可能还会继续。看到这样的行情，投资者可以短线追高买入股票。

中集集团日 K 线如图 4-5 所示。

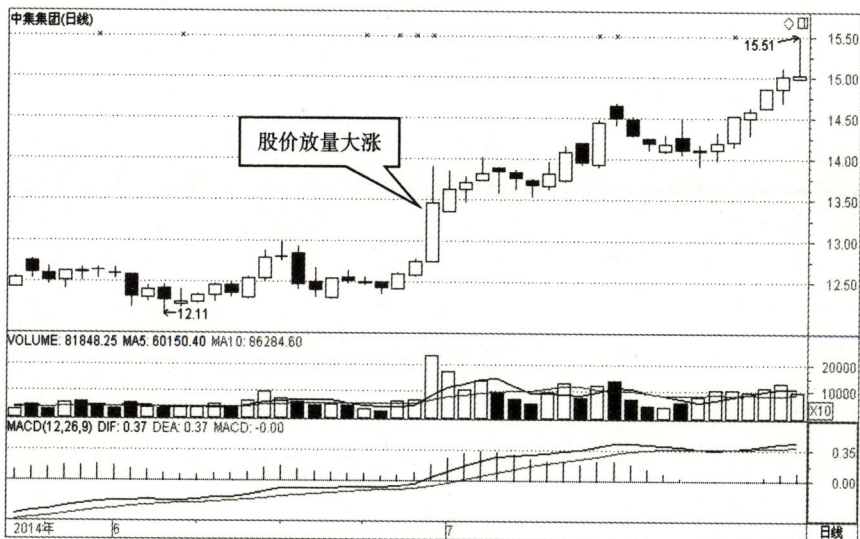

图 4-5　中集集团日 K 线

如图 4-5 所示，2014 年 6 月 30 日，中集集团（000039）股价在大幅上涨的同时，成交量也大幅放大。这个形态说明市场上有突发性的利好消息，未来股价还有很大可能会继续上涨。看到这样的形态，投资者可以积极买入股票。

六、选择底部放量杀跌的股票

当股价下跌一段时间后，如果成交量突然大幅放大造成股价快速下跌，则很有可能是完成下跌之后的最后一跌。该形态完成后，股价即将止跌，未来可能会见底反弹。看到这个形态，投资者可以适当买入股票建仓。

德赛电池日 K 线如图 4-6 所示。

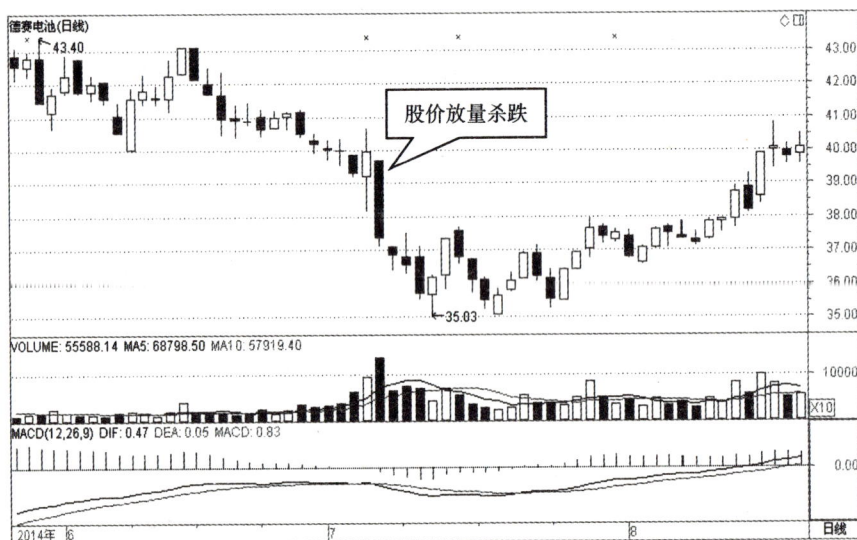

图 4-6　德赛电池日 K 线

如图 4-6 所示，2014 年 7 月 7 日，德赛电池（000049）股价在巨大成交量的打压下大幅下跌。该形态完成了股价下跌过程中的最后一跌，未来股价就逐渐见底反弹。看到这样的形态，投资者可以适当买入股票建仓。

第二节　根据成交量突然变化选股

一、选择天量创新高的股票

天量是指股价达到一段时间内的最大成交量水平。当出现天量的

同时股价创出新高时，说明投资者对上涨行情普遍认可，未来股价将会继续上涨。而且在天量创出新高的价位上，将会形成重要的支撑位，未来股价如果下跌到这个位置，还有很大的可能会获得支撑。

巨轮股份日 K 线如图 4-7 所示。

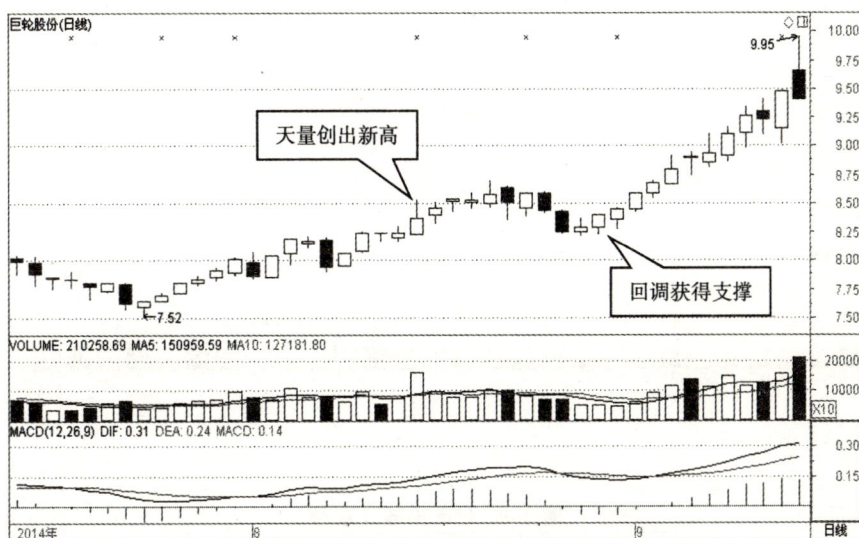

图 4-7 巨轮股份日 K 线

如图 4-7 所示，2014 年 8 月 14 日，巨轮股份（002031）的成交量放出天量，同时股价创出新高。这个形态预示着未来股价会继续上涨，是看涨买入信号。

未来的行情中，当股价回调到该价位附近时，再次获得支撑上涨，此时是另一个买入该股的时机。

二、选择倍量涨停的股票

倍量是指成交量超过前一交易日成交量的两倍，并且达到一段时间以来最大成交量的情况。如果股价横盘一段时间后，出现倍量，同时股价涨停。说明该股有重大利好消息出现，投资者开始大量买入股票。这样的股票未来往往能继续上涨，甚至再次出现涨停的行情。因此看到有倍量涨停的股票，投资者可以积极在涨停板上挂单，排队等待买入。

亿晶光电日 K 线如图 4-8 所示。

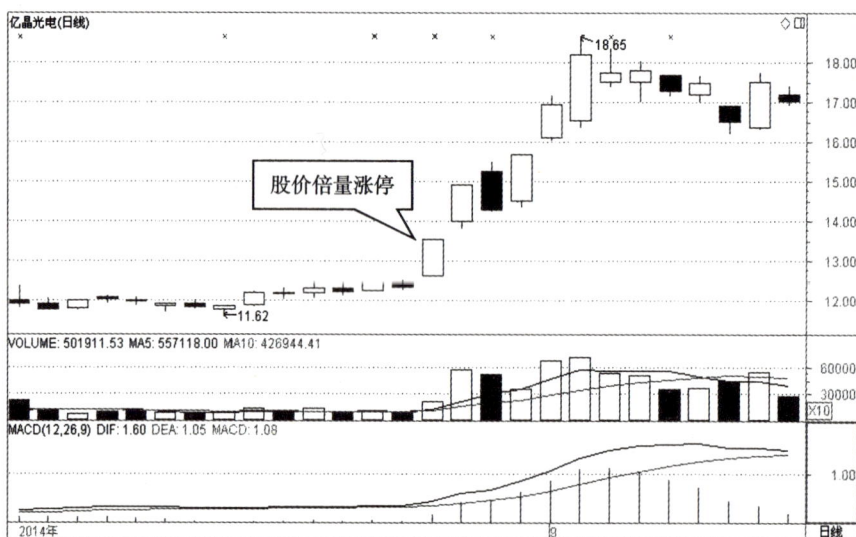

图 4-8　亿晶光电日 K 线

如图 4-8 所示，2014 年 8 月 26 日，亿晶光电（600537）股价涨停，同时成交量超过前一交易日的 2 倍。这个形态说明股价上涨十分强势，未来会继续上涨。看到这样的形态，投资者可以积极买入股票。

三、选择突破天量价位的股票

当股价在某个交易日出现天量，随后持续下跌时，则该日天量创出的价位上往往会聚集大量的套牢盘。以后股价上涨时，这个价位会成为股价上涨的重要阻力。一旦未来股价能够突破这个价位，则说明多方力量强劲，股价被强势拉升，未来该股很可能还会延续这种强势走势。因此当股价放量上涨时，投资者可以积极买入股票。

京山轻机日 K 线如图 4-9 所示。

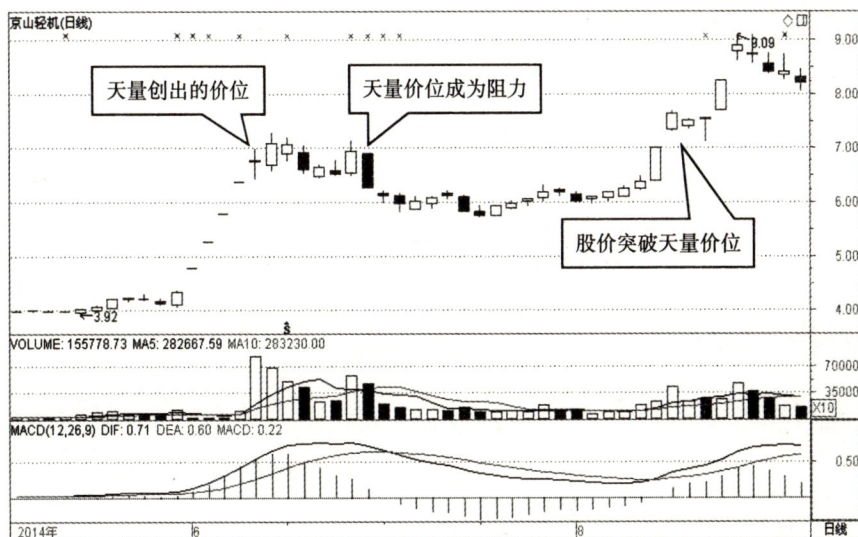

图4-9 京山轻机日 K 线

如图 4-9 所示，2014 年 7 月 4 日，京山轻机 （000821）成交量创出天量后，股价开始回调。天量时的价位上有大量套牢盘存在，成为日后股价上涨的阻力。

8 月 11 日，当股价结束调整，向上突破天量创出的价位时，说明多方开始强势将股价向上拉升，前期套牢盘的压力都未能改变这种拉升的趋势。未来股价有持续上涨的可能。此时投资者可以积极买入股票。

四、选择地量见地价的股票

地量是指一段时间内的成交量达到极低的水平，地价是指股价下跌到一段时间内的最低点。当出现地量的同时股价也跌到地量，说明市场行情已经疲弱到极点，未来很难继续下跌。而且只要有多方力量开始买入，估计就会被大幅拉升。因此看到该形态时，投资者可以适当买入股票建仓。

黑化股份日 K 线如图 4-10 所示。

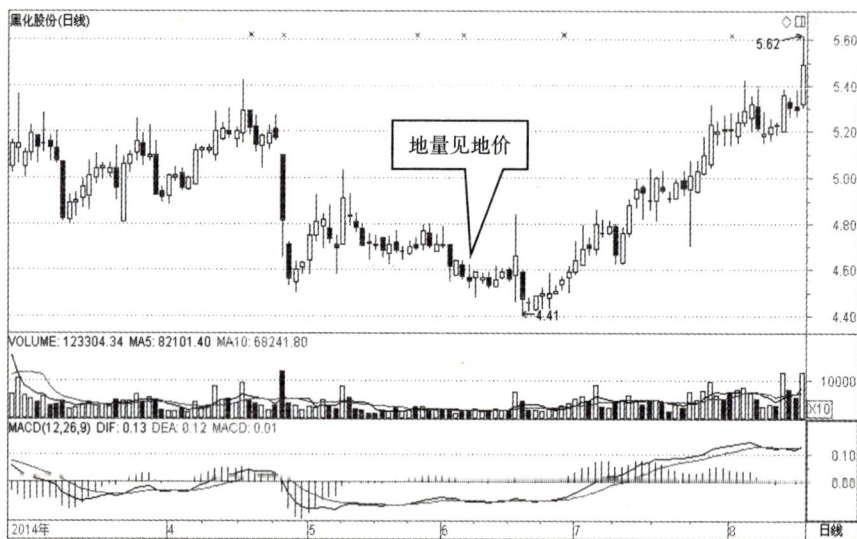

图 4-10　黑化股份日 K 线

如图 4-10 所示，2014 年 5 月至 6 月，黑化股份（600179）成交量萎缩到极点，同时股价也下跌到很低的水平。这样的形态说明未来股价很难再继续下跌，而且随时可能会上涨。看到这样的形态，投资者可以适当建仓买入股票。

第五章 根据技术指标精选个股

第一节 根据均线选股

移动平均线简称均线或者 MA，是统计一段时间内平均股价的技术指标。根据统计周期的不同，均线可以分为 5 日均线、10 日均线、30 日均线、60 日均线和 120 日均线等。不同周期的均线可以表示不同统计周期内股价的涨跌情况。

在判断行情走向时，短线投资者可以选择短周期的均线，中长线投资者可以选择中长期均线。

一、选择突破均线压力的股票

当股价在某条均线位置遇阻下跌时，就验证了该均线是股价上涨重要的阻力线。如果未来股价再次上涨时能够突破该均线的阻力，则说明上涨行情十分强势，多方正在持续地拉升股价。此时投资者可以积极买入股票。

股价突破均线后可能有小幅回抽，但回抽不跌破均线就会再次上涨。这次回抽是对之前突破行情的确认，也是投资者加仓买入股票的机会。

浙江世宝日 K 线如图 5-1 所示。

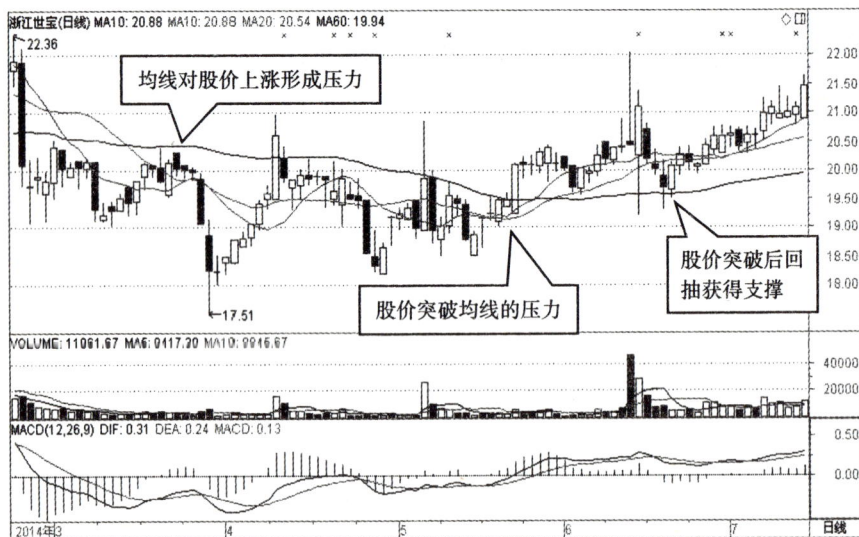

图 5-1　浙江世宝日 K 线

如图 5-1 所示，2014 年 3 月至 5 月，浙江世宝（002703）股价连续多次上涨到 60 日均线附近遇到阻力下跌。这说明 60 日均线是股价上涨重要的阻力位。

5 月 23 日，当股价向上突破 60 日均线的阻力时，说明多方开始强势拉升。此时投资者可以积极买入股票。

随后该股股价小幅回抽，但是没有跌破 60 日均线就再次上涨。这次回抽是对之前突破行情的确认，也是投资者加仓买入股票的机会。

二、选择股价在均线获得支撑的股票

均线会在股价下跌时起到较强的支撑作用。均线可以近似地代表一段时间内的平均股价。当股价下跌到均线附近时，也就是接近了一段时间内买入该股投资者的平均成本。此时股价会获得较强的支撑，并且未来将在均线上方持续上涨。当投资者看到股价在均线附近获得支撑时，可以积极买入股票。

良信电器日 K 线如图 5-2 所示。

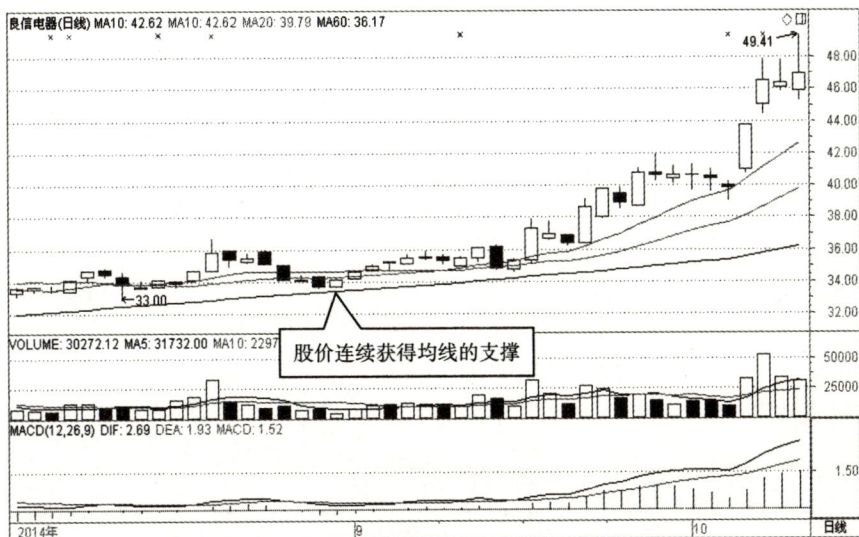

图 5-2 良信电器日 K 线

如图 5-2 所示，2014 年 8 月底至 9 月，良信电器（002706）股价连续两次下跌到 60 日均线位置获得支撑。这是未来股价会持续上涨的信号。看到这个信号，投资者可以积极买入股票。

三、选择均线形成金叉的股票

均线可以表示一段时间内的平均股价，短期均线表示短期内的平均股价，长期均线表示长期内的平均股价。当短期均线向上突破长期均线时，说明短期内的平均股价已经超过了长期内的平均股价，股价进入上涨趋势。该形态被称为均线的金叉形态。

当均线完成金叉形态时，投资者可以积极买入股票。

在选择组成金叉形态的均线周期时，短线投资者可以选择 10 日均线和 30 日均线组合，中长线投资者可以选择 60 日均线和 120 日均线的组合。投资者选择的均线周期越长，其涨跌信号就会越可靠，但相应的信号及时性会比较差。

扬子新材日 K 线如图 5-3 所示。

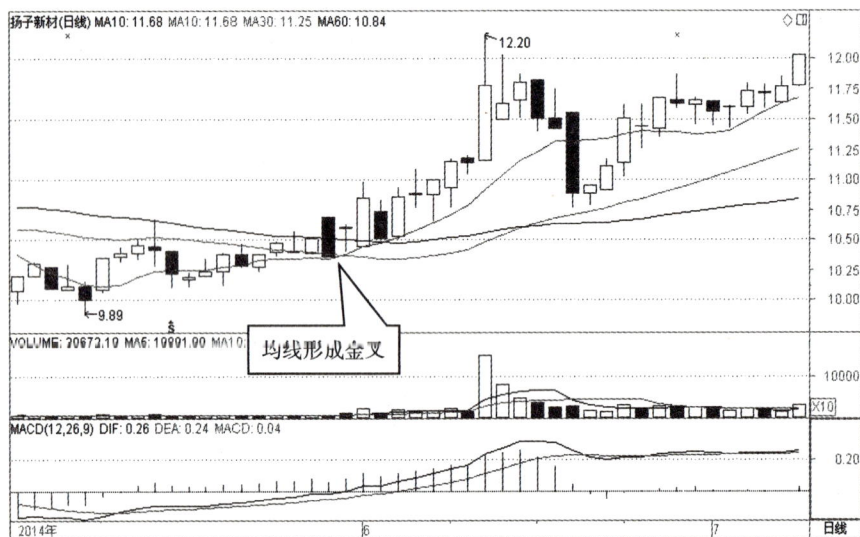

图 5-3　扬子新材日 K 线

如图 5-3 所示，2014 年 5 月 30 日，扬子新材（002652）的 10 日均线突破了 30 日均线，形成了金叉形态。这个形态说明 10 个交易日内的平均股价已经超过 30 个交易日内的平均股价，是该股进入短期上涨行情的信号。此时投资者可以积极追高买入股票。

四、选择均线多头排列的股票

如果股票的短期均线在中期均线上方，中期均线在长期均线之上，就形成了多头排列形态。多头排列形态说明股票短期内的平均股价高于中期平均股价，中期平均股价又高于长期平均股价。通过这个形态，投资者可以认定股价处于持续上涨的行情中。一旦均线形成这样的形态，投资者就可以积极买入股票。

国兴地产日 K 线如图 5-4 所示。

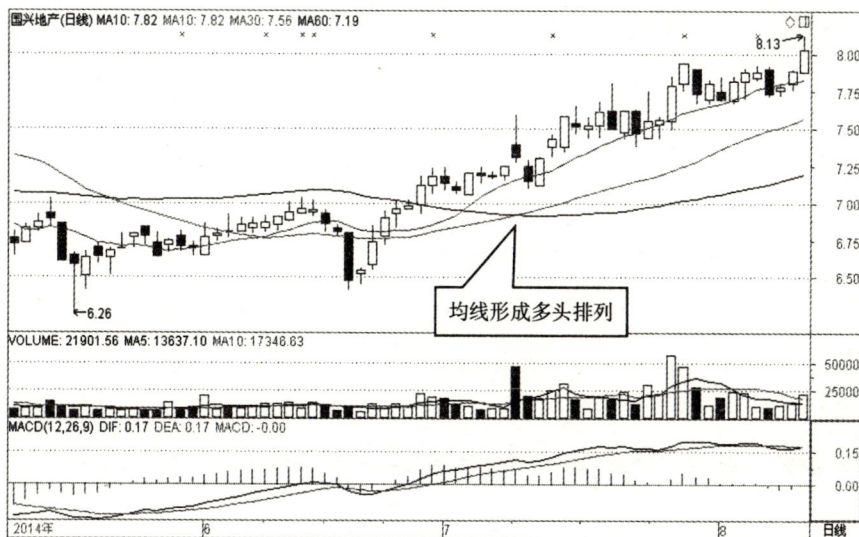

图 5-4　国兴地产日 K 线

如图 5-4 所示，2014 年 6 月至 7 月初，国兴地产（000838）的 10
日均线连续突破了 30 日均线和 60 日均线，7 月 9 日，30 日均线又突
破了 60 日均线。最终三条均线形成多头排列形态。这个形态说明股价
已经进入上涨行情。此时投资者可以积极买入股票。

五、选择均线形成黄金谷的股票

投资者可以使用三根均线组成的连续金叉形态来判断市场行情走
向，增加判断准确率。

如果 5 日均线连续突破 10 日均线和 30 日均线，而 10 日均线也突
破 30 日均线，就形成了均线的黄金谷形态。该形态是十分可靠的看涨
信号，说明股价已经有持续下跌行情经过整理后进入上涨行情，是看
涨买入信号。

该形态中的黄金谷是指三个连续金叉形态中间围成的三角形区域。
在未来股价运行过程中，这个三角形所处的价位会成为股价下跌时的
重要支撑区。

苏泊尔日 K 线如图 5-5 所示。

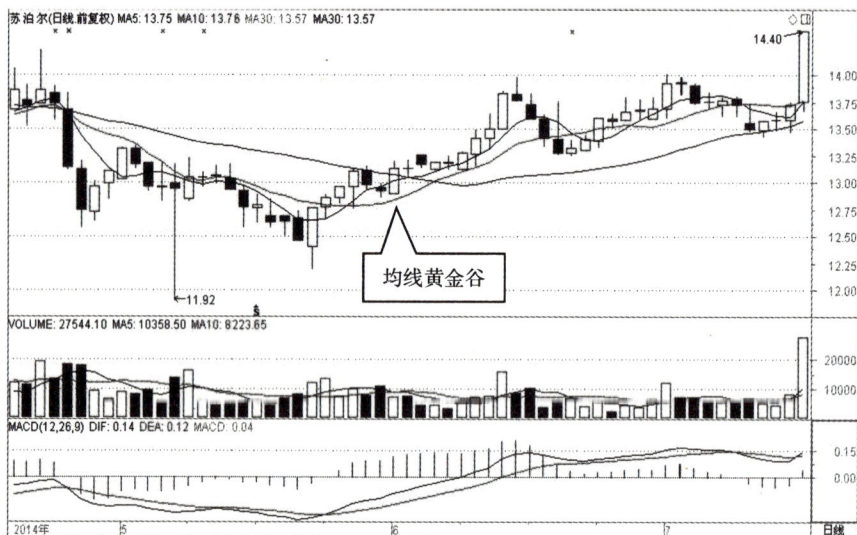

图 5-5　苏泊尔日 K 线

如图 5-5 所示，2014 年 5 月底至 6 月初，苏泊尔（002032）的 5 日均线连续突破其 10 日均线和 30 日均线，随后 10 日均线也突破 30 日均线。三个连续金叉中间围成的三角形区域就构成了均线的黄金谷形态。这个形态说明该股已经进入较强的上涨行情。未来股价下跌至这个位置时，还会获得支撑上涨。因此看到这样的形态时，投资者可以积极买入股票。

六、选择一阳穿多线的股票

当股价横盘整理一段时间后，其多条不同周期的移动平均线会纠缠在一起。此时如果能出现一根长阳线，连续突破多根均线，则说明多方力量在大幅拉升股价。这是十分强烈的看涨信号。

股价突破均线后，原来纠缠在一起的多根均线会逐渐发散开，形成短期均线在上、中期均线在中间、长期均线在下的多头排列形态。这是对之前看涨信号的再次确认。

招商证券日 K 线如图 5-6 所示。

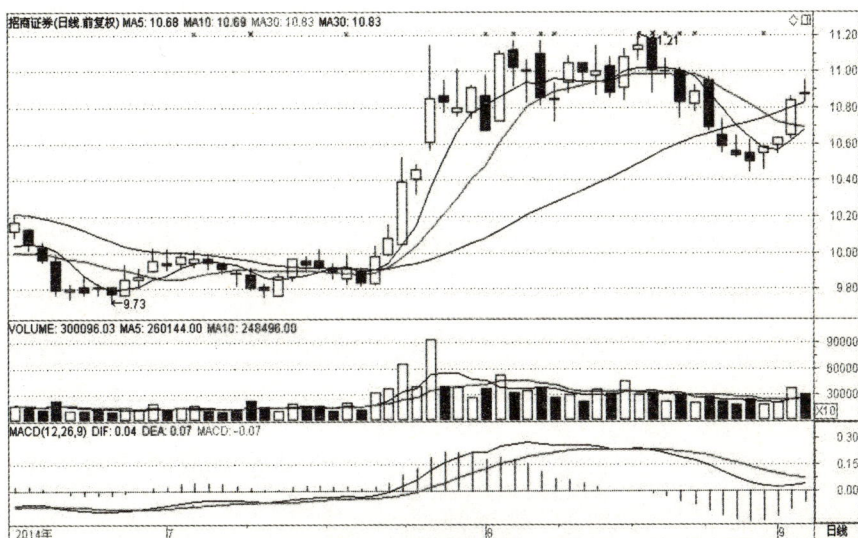

图 5-6　招商证券日 K 线

如图 5-6 所示，2014 年 7 月，招商证券（600999）股价持续横盘整理一段时间后，其 5 日均线、10 日均线和 30 日均线纠缠在一起。7 月 22 日，出现一根大阳线，同时突破了这三条均线。这个形态说明此时的上涨行情十分强势。看到这样的形态，投资者可以积极买入股票。

第二节　根据 MACD 指标选股

MACD 指标是统计股价运行趋势的技术指标。该指标由两条指标线和一组柱线组成。其中波动较快的曲线是 DIFF 线，表示股价短期内的涨跌速度；波动较慢的曲线是 DEA 线，表示股价在较长时间内的涨跌速度；柱线是 MACD 线，表示股价涨跌的加速度。

一、选择 MACD 指标金叉的股票

如果 DIFF 线向上突破 DEA 线，就形成了 MACD 金叉形态。MACD 金叉出现在零轴上方和零轴下方表示不同的市场含义。

当 MACD 金叉出现在零轴下方时，说明股价处于下跌过程中，但是短期内的下跌速度已经小于长期下跌速度，即下跌速度有减缓趋势。未来股价可能会见底反弹。

当 MACD 金叉出现在零轴上方时，说明股价处于上涨行情中，短期内的上涨速度已经超过长期上涨速度，股价上涨有加速趋势。

无论是零轴上方还是零轴下方金叉，都是看涨买入信号。金叉位置越接近零轴，其看涨信号就越强烈。

海默科技日 K 线如图 5-7 所示。

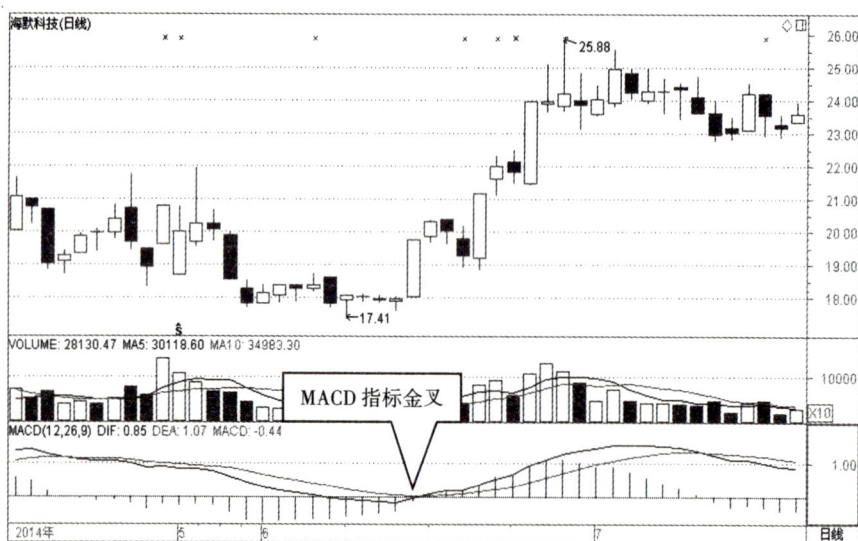

图 5-7　海默科技日 K 线

如图 5-7 所示，2014 年 6 月 17 日，海默科技（300084）MACD 指标中的 DIFF 线向上突破 DEA 线，在零轴附近形成 MACD 指标的金叉形态。这个形态说明股价正在由下跌行情进入上涨行情，并且上涨

速度有越来越快的趋势。看到这样的形态，投资者可以积极买入。

二、选择 MACD 指标线背离的股票

在股价连续下跌，创出新低的同时，如果 MACD 指标的 DIFF 线没有创新低，形成一底比一底高的走势，就形成了股价和 DIFF 线的底背离形态。这样的底背离说明股价虽然还在下跌，但是其下跌速度越来越慢，是未来股价将见底反弹的信号。

合肥城建日 K 线如图 5-8 所示。

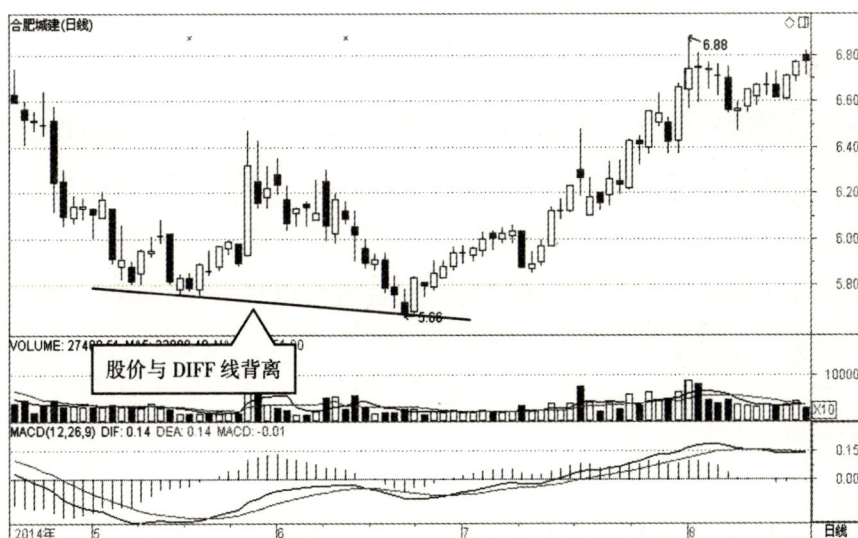

图 5-8　合肥城建日 K 线

如图 5-8 所示，2014 年 5 月至 6 月，合肥城建（002208）股价在下跌过程中创出新低的同时，其 MACD 指标的 DIFF 线并没有下跌，反而形成一底比一底高的形态。两者形成底背离。这个形态说明股价虽然还在下跌，但下跌的速度已经越来越慢，未来有见底反弹的趋势。看到这样的形态，投资者可以逢低买入股票建仓。

三、选择 MACD 柱线背离的股票

MACD 指标中的 MACD 柱线是由 DIFF 线减 DEA 线之差再乘以 2 得到的。因为 DIFF 线和 DEA 线分别代表股价在短期和长期内的速度，所以 MACD 柱线可以代表股价涨跌的加速度。投资者也可以将其理解为推动股价涨跌的内在动能。

当 MACD 柱线值大于零时，显示为零轴上方的红色柱线。MACD 红色柱线越长，说明推动股价上涨的多方动能越强。当 MACD 柱线值小于零时，显示为零轴下方的绿色柱线。MACD 绿色柱线越长，说明打压股价下跌的空方动能越强。

当股票价格持续下跌，连续创出新低时，如果 MACD 的绿色柱线没有变长，反而逐渐变短，就形成了 MACD 柱线与股价的底背离形态。这样的形态说明虽然股价持续下跌，但是其下跌动能正在减弱，未来有见底反弹的迹象。这样的形态完成后，投资者可以积极抄底买入股票。

运盛实业日 K 线如图 5-9 所示。

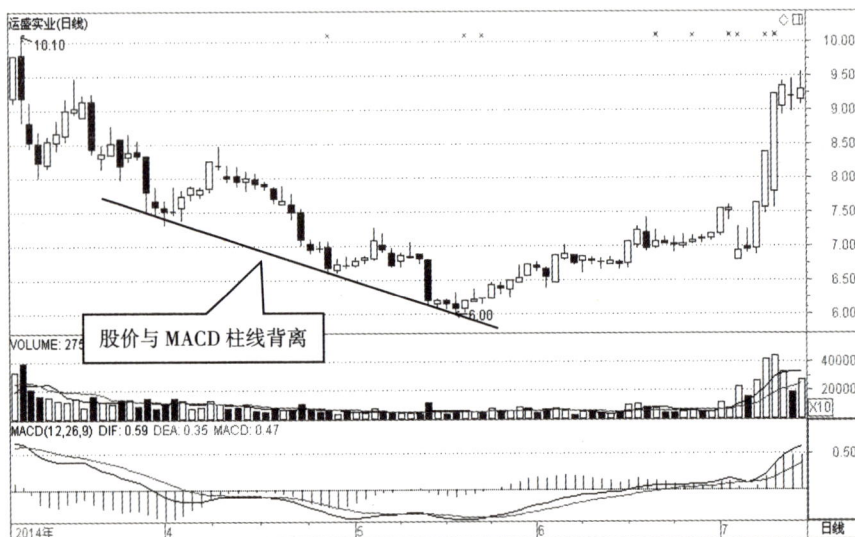

图 5-9　运盛实业日 K 线

如图 5-9 所示，2014 年 3 月至 5 月，运盛实业（600767）的股价与其 MACD 柱线形成底背离形态。这个形态说明虽然股价还在下跌，但是打压股价下跌的内在动能越来越大。未来股价有见底反弹的可能。看到这个形态，投资者可以积极买入股票。

第三节　根据 BOLL 指标选股

BOLL 指标是统计股价运行通道的技术指标。该指标由三条曲线组成，由上到下依次是上轨、中轨和下轨。其中上轨和下轨之间的区域被称为 BOLL 带。在正常的行情中，股价都会在 BOLL 带之间运行。一旦股价突破 BOLL 上轨或者跌破 BOLL 下轨，就说明市场已经进入了极度强势的上涨或下跌行情。

一、选择股价沿中轨上涨的股票

如果股价在 BOLL 上轨和中轨的通道中稳健上涨，每次上涨都不突破 BOLL 上轨，下跌都不跌破 BOLL 中轨，说明股票的上涨趋势十分稳健。未来很有可能还会延续这种稳健上涨的趋势。看到这样的形态，投资者可以积极买入股票。

海泰发展日 K 线如图 5-10 所示。

如图 5-10 所示，2014 年 6 月至 8 月，海泰发展（600082）股价沿其中轨与上轨间的通道上稳健上涨。该形态说明股票的上涨行情十分稳健，未来还会有继续上涨趋势。在这个过程中，投资者可以买入股票。

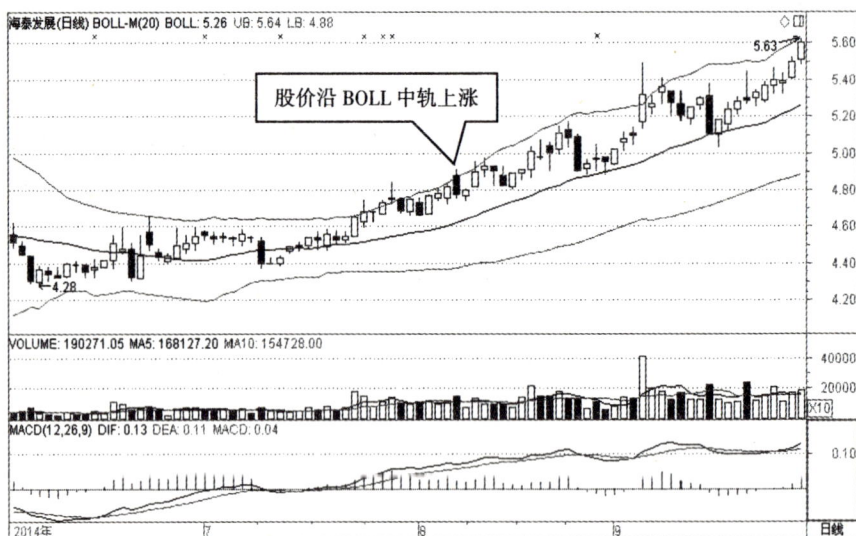

图5-10　海泰发展日K线

二、选择BOLL指标开口的股票

BOLL带的宽度与市场上股价的波动幅度有关。股价波动的幅度越大，BOLL带就越宽。

当BOLL指标的上轨向上移动，下轨向下移动时，就形成了BOLL指标开口的形态。该形态说明股价的波动幅度有变大的趋势，一轮大幅上涨或者下跌的行情正在酝酿中。对于未来股价具体上涨还是下跌，投资者可以借助BOLL中轨和股价的位置来判断。

如果BOLL指标开口的同时股价突破BOLL中轨，说明市场进入强势行情，未来股价将继续上涨；如果BOLL指标开口的同时股价跌破BOLL中轨，说明市场进入弱势行情，未来股价将持续下跌。

北京文化日K线如图5-11所示。

如图5-11所示，2014年1月22日，北京文化（000802）的BOLL指标开口的同时，其股价也刚刚突破BOLL指标中轨。这个形态说明市场进入强势行情，未来股价将继续上涨。看到这个形态，投资者可

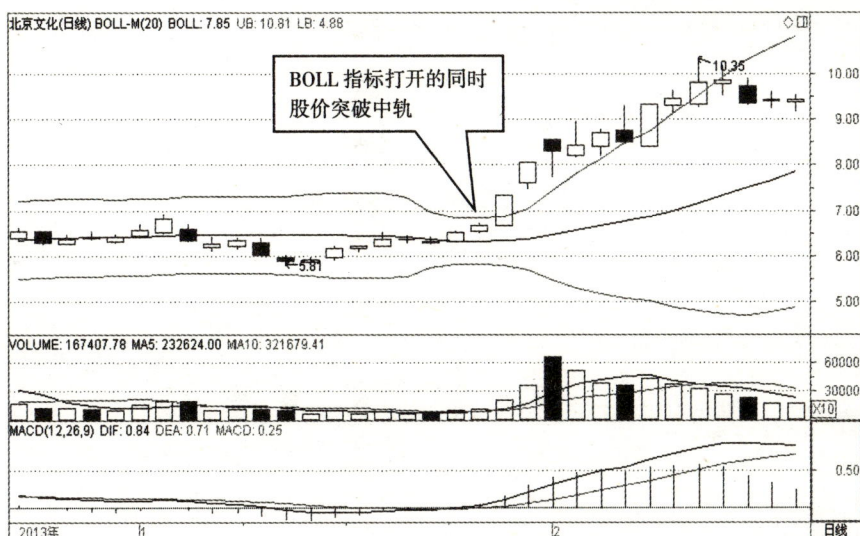

图 5-11　北京文化日 K 线

以积极买入股票。

三、选择股价突破上轨的股票

BOLL 上轨表示正常情况下股价运行的上限。当股价突破 BOLL 上轨时，说明市场已经进入极度强势的上涨行情。此时喜欢短线操作的投资者可以追高买入股票。买入股票后，投资者应该尽量控制风险。一旦股价跌回 BOLL 通道内部就说明强势上涨行情已经结束。此时投资者应该将手中的股票卖出。

博雅生物日 K 线如图 5-12 所示。

如图 5-12 所示，2014 年 9 月 4 日，博雅生物（300294）股价突破 BOLL 上轨。这个形态说明市场进入极度强势的上涨行情。看到这个形态，投资者可以追高买入股票，寻找短线操作机会。

当股价跌回 BOLL 带之内时，说明这种强势上涨行情结束，此时投资者应该尽快卖出股票，回避风险。

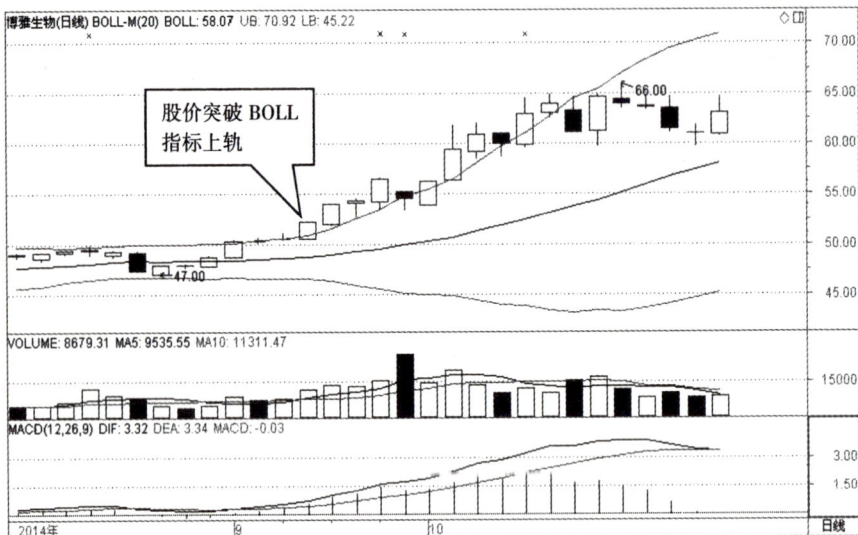

图 5-12　博雅生物日 K 线

四、选择股价跌破下轨的股票

BOLL 指标的下轨代表正常情况下股价运行的下限。当股价跌破 BOLL 下轨时，说明该股已经进入极度弱势的下跌行情中，不过这种行情通常很难持续太长时间。一旦股价再次突破 BOLL 下轨，回到 BOLL 通道内，就说明下跌行情已经结束，股价即将见底反弹。

三泰电子日 K 线如图 5-13 所示。

如图 5-13 所示，2014 年 6 月 24 日，三泰电子（002312）股价跌破 BOLL 指标下轨。这说明股价进入极度弱势的下跌行情，不过这种下跌行情很难持续太长时间。6 月 27 日，股价突破 BOLL 下轨，回到 BOLL 通道内。这说明下跌行情已经结束，股价即将见底反弹。此时投资者可以试探性地买入股票建仓。

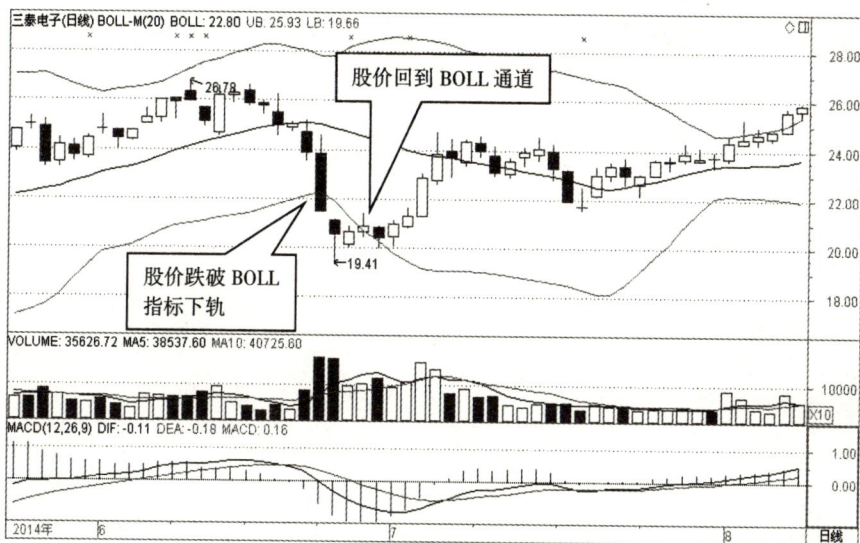

图 5-13　三泰电子日 K 线

第四节　根据 KDJ 指标选股

KDJ 指标可以统计较短时间内市场上买卖能量的强弱。该指标由三条指标线组成，J 线的波动最快，K 线的波动次之，D 线的波动最慢。

一、选择指标低位金叉的股票

KDJ 指标中的 K 线代表短期内市场上的买卖能量，D 线代表中期内市场上的买卖能量。指标线的位置越高，代表市场上买方力量越强。

当 K 线向上突破 D 线时，就形成了 KDJ 指标的金叉形态。KDJ 指标金叉说明市场上短期内的买方能量有变强的趋势，未来股价将持续上涨。此时投资者可以积极买入股票。

KDJ 指标金叉出现的位置越低，意味着未来股价的上涨空间越大，看涨信号的强度也就越强。当金叉出现在 20 下方低位时，其看涨信号最强。

舒泰神日 K 线如图 5-14 所示。

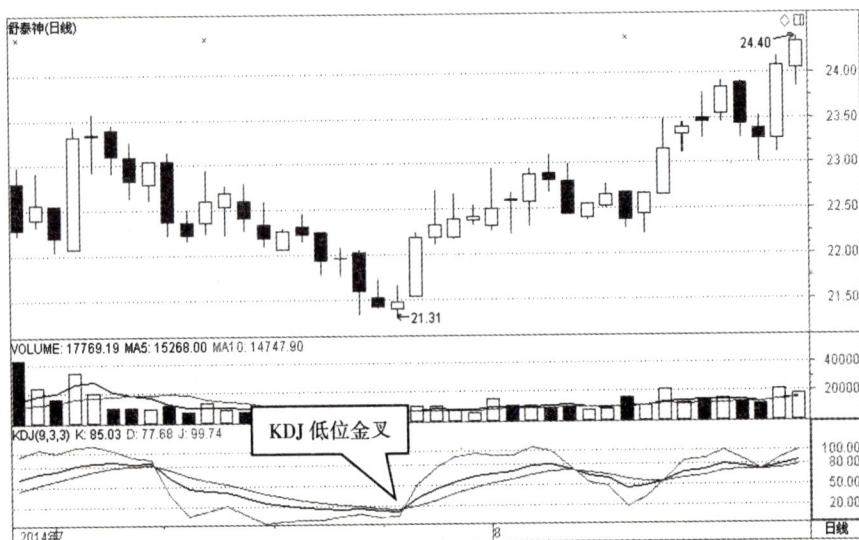

图 5-14　舒泰神日 K 线

如图 5-14 所示，2014 年 7 月 28 日，舒泰神（300204）的 KDJ 指标在 20 以下的低位形成了金叉形态。这个形态预示着未来股价将持续上涨，并且有巨大的上涨空间。看到这个形态，投资者可以积极买入股票。

二、选择指标线超卖的股票

当 KDJ 指标中的 K 线下跌到 20 以下的低位时，说明市场上的卖方力量极度强势，股价在其打压下持续下跌。不过这种大幅下跌的行情已经超出了正常的范围。这种下跌行情可能不会持续太长时间，未来股价有见底反弹的趋势。该形态被称为 K 线的超卖形态。

当 K 线在底部反弹突破 20 时，说明卖方极度强势的行情已经结束，反弹行情开始。此时投资者可以积极买入股票。如果 K 线结束超

卖的同时与 D 线在低位形成金叉，则该形态的看涨信号会更加强烈。

厦门港务日 K 线如图 5-15 所示。

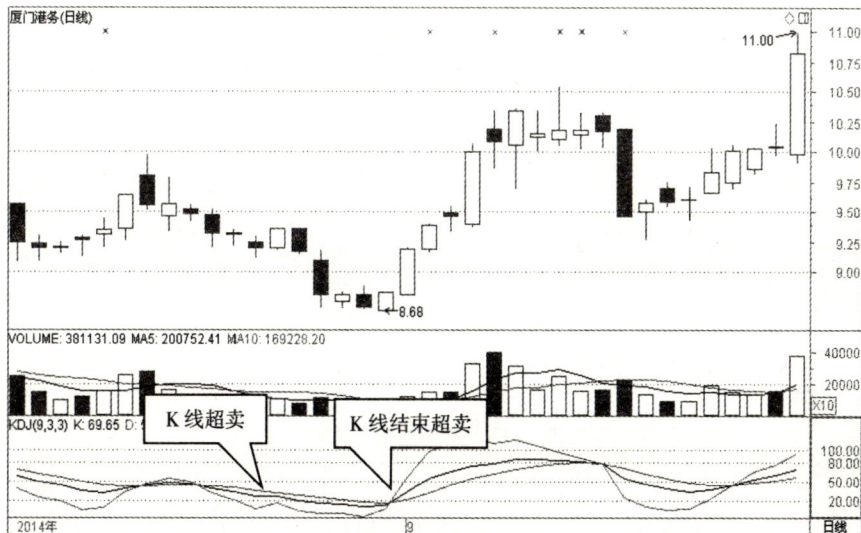

图 5-15　厦门港务日 K 线

如图 5-15 所示，2014 年 8 月底，厦门港务 （000905） KDJ 指标中的 K 线跌破 20，形成超卖信号。这个信号说明下跌行情已经过度强势，未来将有见底反弹的可能。9 月 1 日，K 线突破 20，结束超卖状态，同时也突破了 D 线，形成金叉。这个形态标志着下跌行情结束，上涨行情开始。此时投资者可以积极买入股票。

三、选择指标线背离的股票

在股价连续下跌，创出新低的同时，如果 KDJ 指标的 K 线没有创新低，形成一底比一底高的走势，就形成了股价和 KDJ 指标的底背离形态。这样的底背离说明股价虽然还在下跌，但打压股价下跌的卖方力量已经越来越弱，是未来股价将见底反弹的信号。

运盛实业日 K 线如图 5-16 所示。

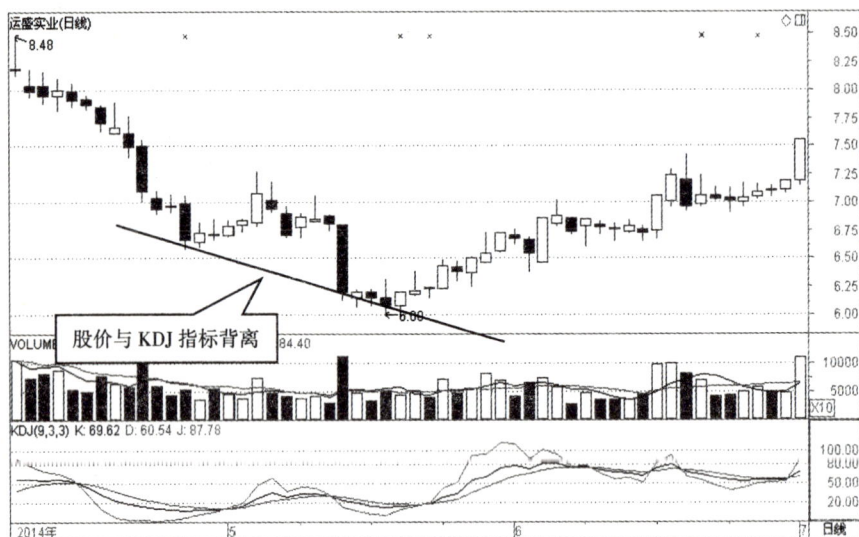

图 5-16 运盛实业日 K 线

如图 5-16 所示，2014 年 4 月至 5 月，运盛实业（600767）股价与其 KDJ 指标中的 K 线形成了底背离形态。这个形态说明股价虽然下跌，但是下跌的能量越来越弱，未来股价即将见底反弹。看到这个形态，投资者可以建仓买入股票。

第五节　根据 RSI 指标选股

RSI 曲线代表当前市场上买卖方力量的强弱对比情况。指标中的三条指标线分别是 6 日 RSI 线、12 日 RSI 线和 24 日 RSI 线。

一、选择指标线超卖的股票

当 6 日 RSI 指标线跌破 20 时，说明股价在短期内已经进入了卖方极度强势的超卖行情。这种强势下跌行情很难持续太长时间。未来股价将出现见底反弹的趋势。

当 6 日 RSI 指标线从 20 下方回升并突破 20 时，说明卖方极度强势的下跌行情已经结束，股价已经出现上涨迹象。此时投资者可以积极买入股票。

喜临门日 K 线如图 5-17 所示。

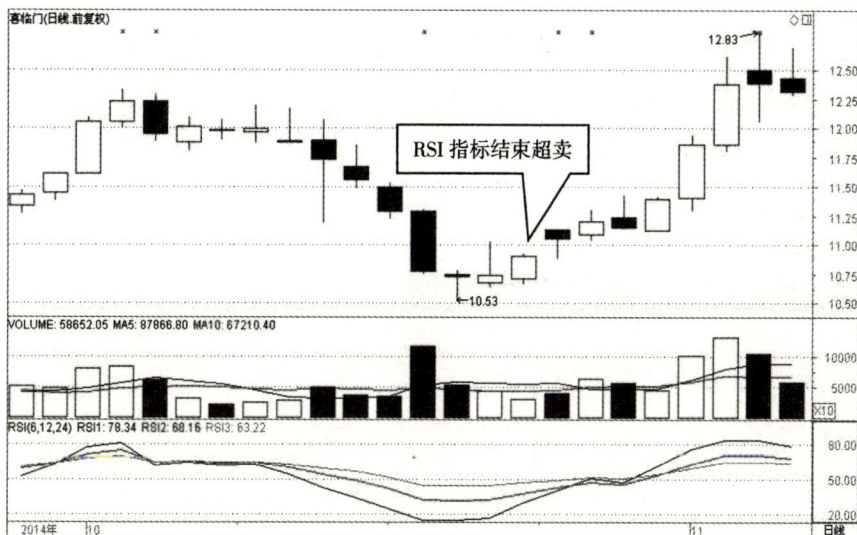

图 5-17 喜临门日 K 线

如图 5-17 所示，2014 年 10 月，喜临门（603008）股价经过持续下跌后，其 6 日 RSI 指标跌至 20 以下。这个形态说明此时市场上的卖方力量极度强势，已经超出了正常水平。这种强势很难持续，未来卖方力量很快将会萎缩，股价也将见底反弹。

10 月 27 日，6 日 RSI 指标线突破 20。这说明卖方力量已经开始变弱。此时是投资者买入该股的机会。

二、选择指标底背离的股票

当股价在持续下跌行情中连创新低的同时，如果 6 日 RSI 指标线没有创新低，反而出现了一底比一底高的形态，就形成了 6 日 RSI 指标和股价底背离的形态。这样的形态说明虽然股价处于下跌行情中，但是其下跌的动能正在减弱。未来股价有见底反弹的趋势。

盛路通信日 K 线如图 5-18 所示。

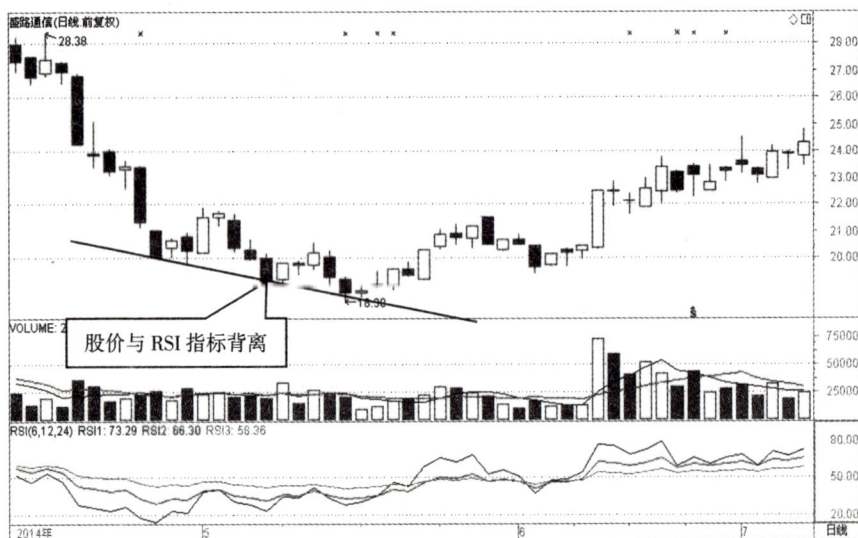

图 5-18　盛路通信日 K 线

如图 5-18 所示，2014 年 4 月至 5 月，盛路通信（002446）股价持续下跌，连续创出新低的同时，其 6 日 RSI 指标线却持续上涨，形成了一底比一底高的形态。两者形成底背离。这个形态说明股价虽然还在下跌，但下跌的力量越来越弱，未来将会见底反弹。看到这样的形态，投资者可以积极买入股票。

三、选择指标低位金叉的股票

当 6 日 RSI 指标向上突破 12 日 RSI 指标线时，就形成了 RSI 指标的金叉形态。当金叉形态出现在 50 下方时，就形成了低位金叉。RSI 指标的低位金叉形态说明股价虽然没有强势上涨，但是其上涨速度越来越快。这是看涨买入信号。

北京城建日 K 线如图 5-19 所示。

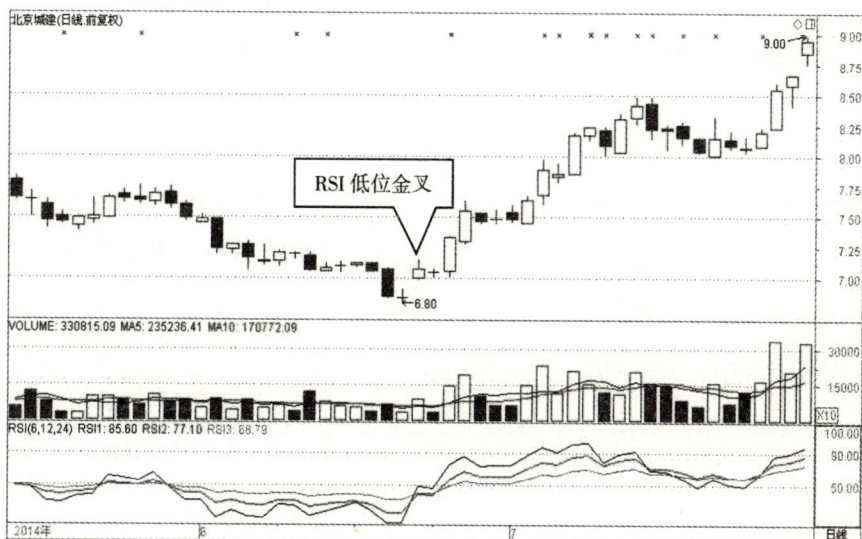

图5-19　北京城建日 K 线

如图 5-19 所示，2014 年 6 月 23 日，北京城建（600266）的 6 日 RSI 指标在 50 以下的低位突破其 12 日 RSI 线，形成金叉形态。这个形态说明股价已经由跌势进入涨势，并且上涨速度有越来越快的趋势。看到这个形态，投资者可以积极买入股票。

第六节　根据 OBV 指标选股

OBV 指标可以统计一段时间内市场上涨跌能量的强弱。当一个交易日股价上涨时，以前日 OBV 指标加当日成交量可以得到当日 OBV 值，当一个交易日股价下跌时，以前日 OBV 指标减去当日成交量可以得到当日 OBV 值。

一、选择 OBV 曲线持续上涨

当 OBV 指标持续上涨时，说明一段时间内上涨周期的成交量超过下跌周期的成交量，市场上多方强势。如果 OBV 指标线在一段时间内持续上涨，就说明市场上的多方力量持续强势。这样的情况下，是投资者选择股票买入的良好时机。

永安林业日 K 线如图 5-20 所示。

图 5-20　永安林业日 K 线

如图 5-20 所示，2014 年 7 月至 10 月，永安林业（000663）股价持续上涨的同时，其 OBV 指标也持续上涨。这说明在这段时间内，市场上的多方力量持续强势，此时的上涨行情非常稳固。在这种强势上涨的过程中，投资者可以积极买入股票。

二、选择 OBV 曲线突破平台的股票

当 OBV 指标在较长时间里构筑了一个横盘整理平台时，说明市场上的多空力量正在持续僵持。未来一旦 OBV 曲线突破平台，就说明多

方已经在僵持中胜出，股价开始放量上涨。此时是投资者买入股票的机会。

三钢闽光日 K 线如图 5-21 所示。

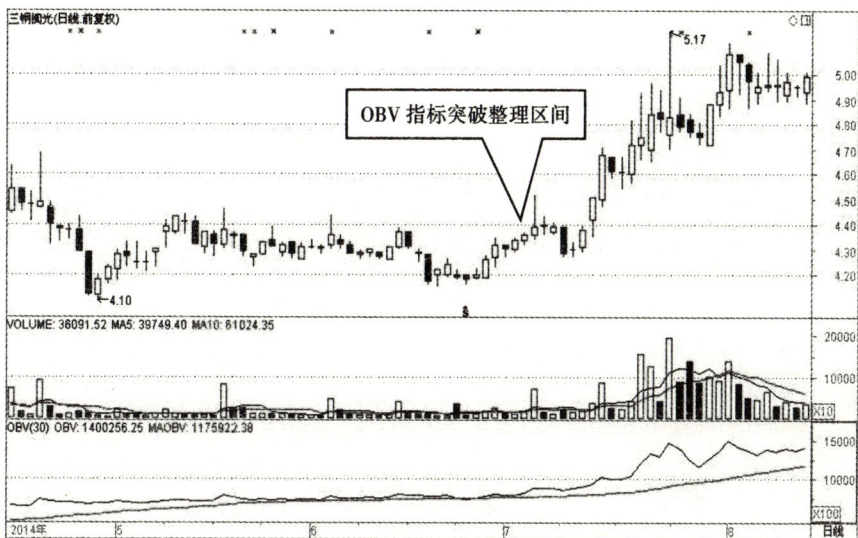

图 5-21 三钢闽光日 K 线

如图 5-21 所示，2014 年 4 月至 6 月，三钢闽光（02110）的 OBV 指标持续横盘整理。这说明这段时间内上涨周期的成交量水平和下跌周期的成交量水平基本持平，市场上的多空双方力量在这段时间内持续僵持。

7 月初，OBV 指标突破横盘整理区间。这个形态说明多方力量在之间双方僵持的行情中胜出，未来股价将会被多方力量持续向上拉升。看到这样的形态，投资者可以积极买入股票。

三、选择指标底背离的股票

当股价持续下跌，连创新低时，如果 OBV 指标没有创新低，反而形成了一底比一底高的上涨走势，两者就形成了底背离形态。OBV 指标的底背离说明虽然股价持续下跌，但是在下跌过程中，股价下跌时成交量萎缩，股价反弹时成交量放大。这是股价即将见底反弹的信号。底背离形态完成后，投资者可以积极买入股票。

思达高科日 K 线如图 5-22 所示。

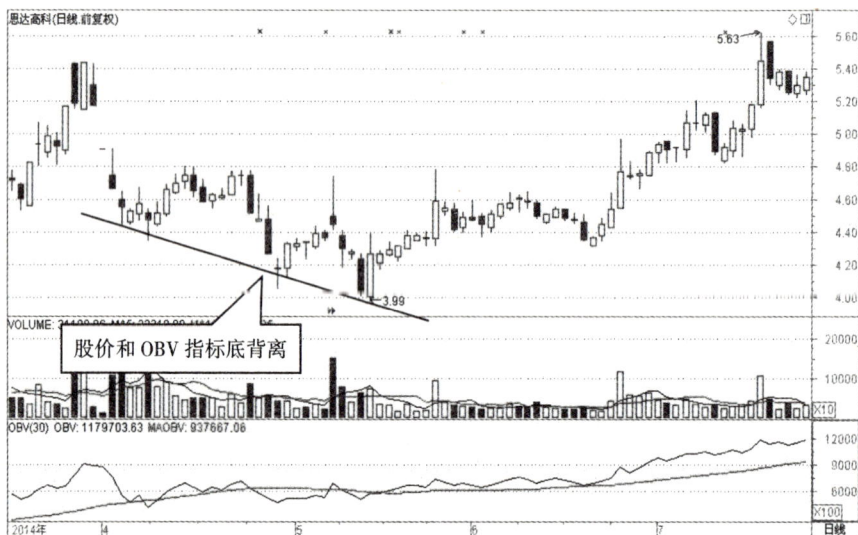

图 5-22　思达高科日 K 线

如图 5-22 所示，2014 年 4 月至 5 月，思达高科（000676）股价在持续下跌过程中，其 OBV 指标却持续上涨。这个形态说明股价虽然下跌，但在下跌过程中上涨周期的成交量要超过下跌周期的成交量，即打压股价的力量越来越弱，拉升股价的力量越来越强。这是股价将会见底反弹的信号。看到这样的信号，投资者可以积极选择股票买入。

第七节　根据宝塔线指标选股

宝塔线指标由多根红色柱线、绿色柱线和上红下绿的柱线组成。其中红色柱线表示市场上多方力量强势，柱线越长，则多方力量越强；

绿色柱线表示市场上空方力量强势，柱线越长，则空方力量越强；上红下绿的柱线代表市场上多空力量僵持。

一、选择三平底翻红的股票

三平底翻红形态一般出现在一段下跌行情的尾端，由三根低点基本水平的宝塔线组成。其中前两根宝塔线为绿色，且第一根长于第二根，第三根为红色的宝塔线。

宝塔线三平底翻红形态说明市场上的空方力量逐渐减弱，多方力量增强，是股价将见底反弹的信号。该形态完成后，如果出现红色宝塔线，则投资者可以积极买入股票。

神州信息日 K 线如图 5-23 所示。

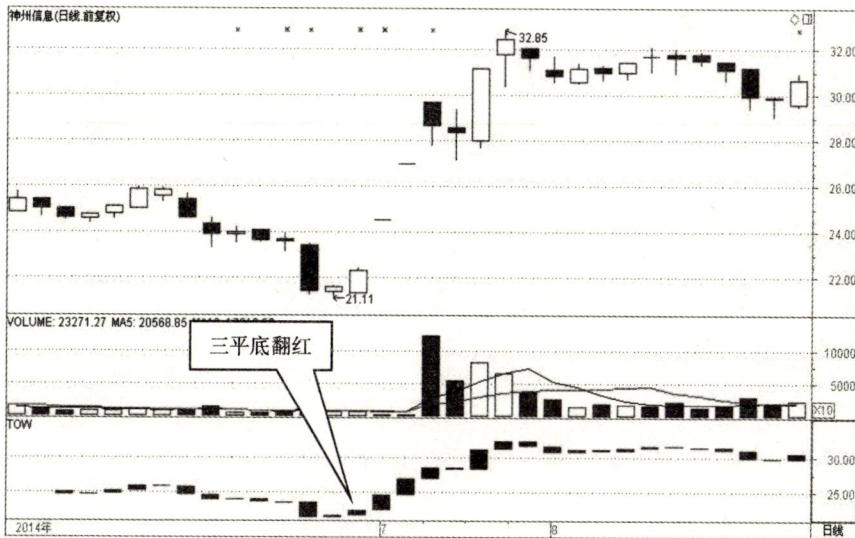

图 5-23 神州信息日 K 线

如图 5-23 所示，2014 年 4 月 30 日，神州信息（000555）股价下跌至低位后反弹。当日的宝塔线与之前两个交易的宝塔线共同构成了三平底翻红形态。这样的形态说明市场上的空方力量变弱，多方力量变强，是股价即将见底反弹的信号。看到这个形态，投资者可以选择该股积极买入。

二、选择长绿短绿一线绿的股票

在股价下跌一段时间后的底部区域，如果出现连续多根绿色宝塔线，且每根宝塔线都逐渐变短，先形成长的绿色宝塔线，再形成短的绿色宝塔线，最后逐渐变成"一"字形绿色宝塔线，则形成了长绿短绿一线绿的宝塔线形态。这样的形态说明市场上打压股价的买方力量越来越弱，是下跌行情已经见底的信号。

西陇化工日 K 线如图 5-24 所示。

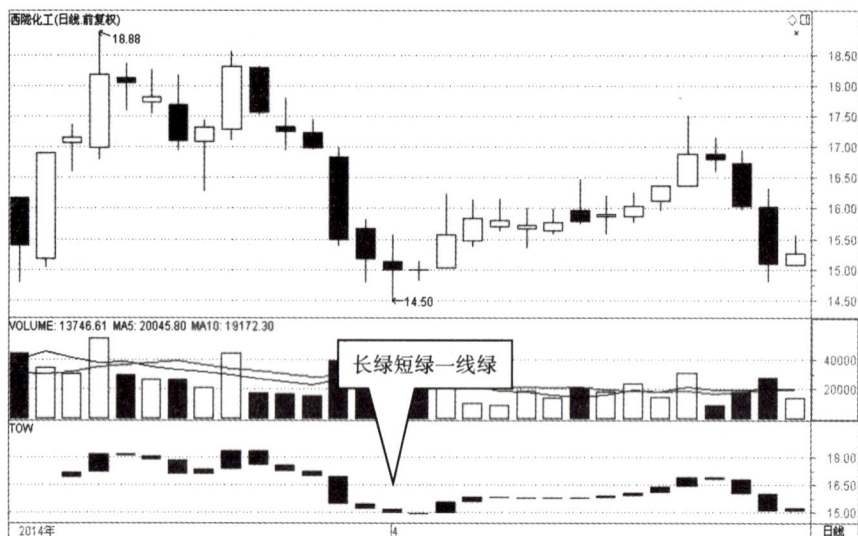

图 5-24　西陇化工日 K 线

如图 5-24 所示，2014 年 3 月底至 4 月初，西陇化工 （002584） 的宝塔线持续下跌至低位后，先是形成长绿线、之后形成短绿线、最后形成"一"字形绿线，组成了长绿短绿一线绿的形态。这个形态说明股价下跌趋势逐渐减缓，未来将见底反弹。

4 月 3 日，股价见底反弹，同时宝塔线形成红色柱线。这说明上涨行情已经开始，此时投资者可以积极买入股票。

第八节 根据筹码分布指标选股

筹码分布指标由一组横向的柱线组成，统计最近一段时间内每个价位的成交情况。投资者可以用这个指标来统计每个价位上投资者的分布情况。

某个价位区间的柱线越长，说明近期内该价位上发生了越多的交易。当前市场上以该价位为成本持有股票的投资者也就越多。这样的区间就被称为密集成交区。

一、选择密集成交区获得支撑的股票

当股价在密集成交区上方持续下跌，下跌到密集成交区附近时如果能获得支撑，说明投资者普遍看好后市走向，不等到股价调整至前期建仓的价位就再次买入股票。未来股价将在大量投资者的拉升下持续上涨。因此，当股价在密集成交区获得支撑时，是未来股价会见底反弹的信号。

皇台酒业日 K 线如图 5-25 所示。

如图 5-25 所示，2014 年 6 月至 8 月，皇台酒业（000995）股价持续横盘整理。在整理过程中，其筹码分布指标形成了一个密集成交区。

8 月中旬，股价结束横盘整理开始上涨。但上涨时间不长就开始回落。9 月初，当股价回落至密集成交区附近时获得支撑。这个形态是未来股价会见底反弹的信号。看到这个形态，投资者可以积极买入股票。

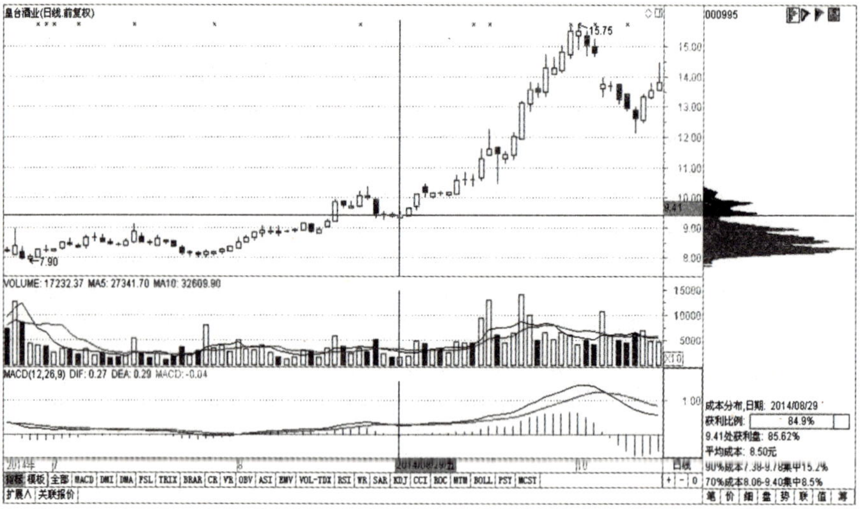

图 5-25　皇台酒业日 K 线

二、选择突破密集成交区的股票

当密集成交区在当前股价上方时，说明在该区域内有大量投资者被套牢。未来股价上涨到该价位附近时，会有大量解套的投资者抛出，对股价形成较强的阻力。不过一旦股价能够成功突破该密集成交区，则说明上涨行情十分强势。这是股价会继续上涨的信号。

另外，当密集成交区被突破后，原来该位置的套牢盘就会变成获利盘。未来股价再次下跌到该区域附近时，还有可能会获得支撑，继续上涨。

初灵信息日 K 线如图 5-26 所示。

如图 5-26 所示，2014 年 6 月底至 7 月初，初灵信息（300250）股价在顶部横盘过程中形成了一个密集成交区。随后股价回调整理。虽然这次整理时间较长，但是在之前密集成交区内被套牢的资金并没有被完全消化。

8 月 19 日，股价放量向上突破密集成交区。这个形态说明上涨行情十分强势。看到这样的形态，投资者可以积极买入股票。

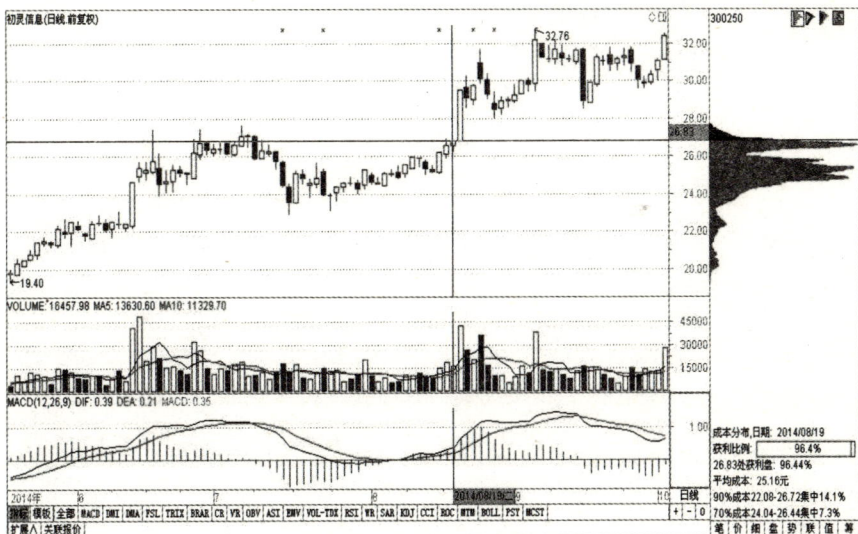

图 5-26　初灵信息日 K 线

第六章 根据基本面精选个股

第一节 根据公司基本情况选股

一、选择能持续发展的公司

对于长线投资者来说，选择一家能够持续发展的公司投资非常重要。对于上市公司来说，能够持续发展包括两个方面的因素。

第一是公司的稳定性很好，未来能够稳定发展，经营过程中不会出现巨大风险。

第二是公司的发展空间很大，未来盈利能力有持续增长的趋势。

如果公司同时具备了这两个优点，投资者就可以积极买入，作为长线投资长期持有。

比亚迪日 K 线如图 6-1 所示。

如图 6-1 所示，比亚迪（002594）是这种能持续发展的公司的代表。该公司不仅发展稳定，而且公司所经营的电动汽车业务未来还会有巨大的发展空间。像是这种股票，是投资者可以关注的重点品种。

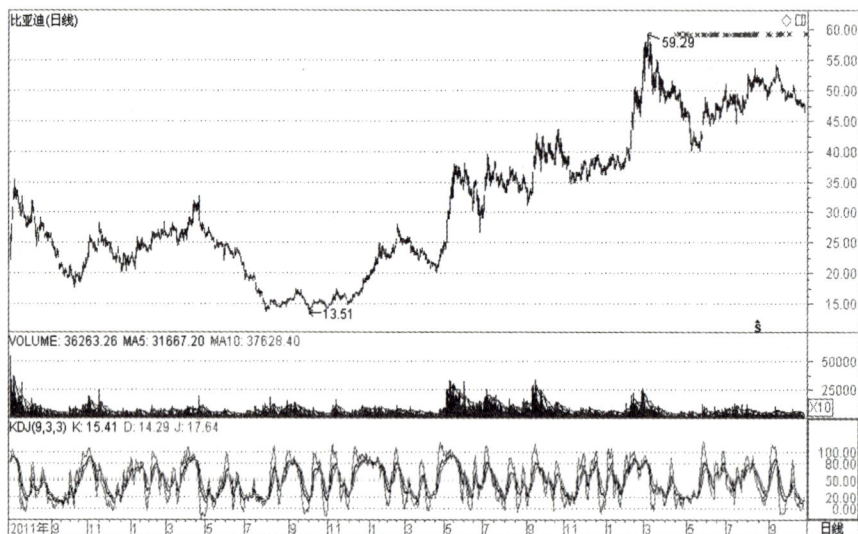

图 6-1　比亚迪日 K 线

二、选择有竞争优势的公司

投资者选择长期投资标的的另一个标准是有竞争优势。这种竞争优势一方面要被投资者接受，为公司带来超过行业平均水平的利润。另一方面要难以被复制，几乎不可能被其他公司超越。如果公司具备这种竞争优势，就能在未来的竞争中长期胜出，为股东带来巨大收益。其股价必然也会持续走高。因此这样的公司同样是投资者进行长线投资应该考虑的重点。

云南白药日 K 线如图 6-2 所示。

如图 6-2 所示，云南白药（000538）是拥有竞争优势公司的代表。该公司的竞争优势可以保证其获得超过行业平均水平的盈利能力，并且这种盈利能力很难被复制。拥有这种优势的股票，是投资者进行长期投资的良好选择。

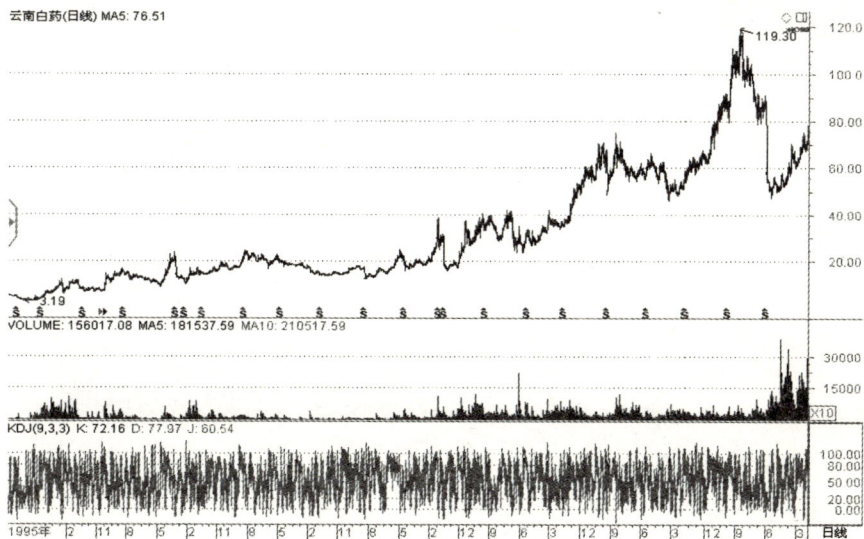

图 6-2　云南白药日 K 线

三、选择拥有优秀管理团队的公司

优秀的管理团队是上市公司能够持续盈利的重要保证。对投资者来说，优秀的管理团队包括三层含义：第一是管理团队能力优秀，可以带领公司取得良好的业绩；第二是管理团队稳定，能够长期经营公司，带领公司不断取得成功；第三是管理团队毫不吝啬，愿意将经营中获得的受益与股东分享，给股东带来实质的好处。

一旦上市公司的管理团队满足以上几点，就成为了股价能够持续上涨的保证。

碧水源日 K 线如图 6-3 所示。

如图 6-3 所示，上市公司碧水源（300070）拥有一个出色的管理层。

自上市开始，该公司就通过一系列合资、收购的方式，在多地完成了布局。这说明该公司的管理层有出色的能力。

同时，2013 年 5 月，碧水源与参股 49% 的云南水务 29 名员工签

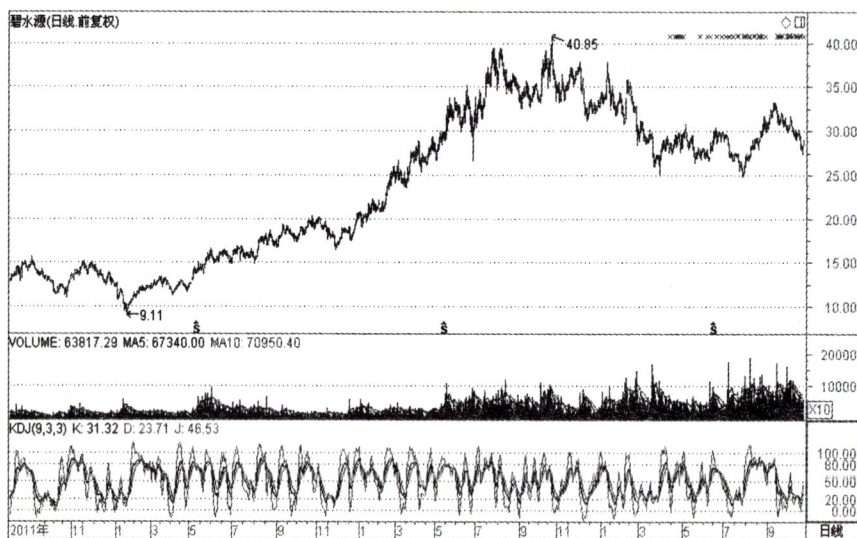

图 6-3 碧水源日 K 线

署《股权转让协议》，拟将其所持有的云南水务 4.9% 的股权，以 7243 万元的价格转让给后者。通过这次股权转让，碧水源调动了管理层和骨干员工积极性，提升了公司的核心竞争力。

此外，在"2013 年中国上市公司口碑榜"评选活动中，碧水源荣获"最佳管理团队上市公司"奖项。这也说明了该公司拥有非常出色的管理层。

对于这类股票，投资者可以买入进行长期投资。而碧水源上市之后的股价表现也证明了这一点。

四、选择业务简单的公司

上市公司的业务是否简单也是投资者衡量上市公司能否取得成功的依据之一。

对于上市公司来说，业务越简单，该公司就越能够专精于这项业务，也就越容易在竞争中胜出，为投资者带来更高的收益。

对于投资者来说，上市公司的业务越简单，投资者就越容易对该公司进行调查和研究，能够更加清楚地知道上市公司是否优秀，因而可以更加大胆地进行投资。

因此，上市公司的业务越简单，就越容易获得高收益，同时也越容易获得更多投资者投资，其股价将因此而上涨。这类股票是投资者进行长线投资时的良好选择。

丽江旅游主营业务构成如图 6-4 所示。

【2.主营构成分析】				
【截止日期】2014-06-30				
项目名	营业收入（万元）	营业利润（万元）	毛利润（%）	占主营业务收入比例（%）
旅游业（行业）	29734.15	23171.94	77.93	90.84
其他业务（补充）（行业）	2997.33	1118.86	37.33	9.16
合计（行业）	32731.49	24290.80	74.21	100.00
索道运输（产品）	13223.84	11235.85	84.97	40.40
酒店经营（产品）	4365.83	2561.72	58.68	13.34
印象演出（产品）	12144.48	9374.37	77.19	37.10
其他业务（补充）（产品）	2997.33	1118.86	37.33	9.16
合计（产品）	32731.49	24290.80	74.21	100.00
丽江（地区）	29734.15	23171.94	77.93	90.84
其他（补充）（地区）	2997.33	1118.86	37.33	9.16
合计（地区）	32731.49	24290.80	74.21	100.00

图 6-4 丽江旅游主营业务构成

如图 6-4 所示，从丽江旅游（002033）2014 年半年年报的主营业务构成情况可以看出，该上市公司经营的业务十分简单，有超过 90% 的收入来自丽江地区的旅游业。这种业务简单的公司，是投资者进行长线投资的良好选择。

五、选择生产易耗品的公司

生产易耗品的公司可以凭借自己的竞争优势持续销售自己的产品，不断获得收益。因此这类公司更容易取得高收益，也就更容易给股东带来分红，受到更多投资者的青睐，股价更容易上涨。

例如有两家公司，都是行业内的龙头。一家生产电饭锅，另一家生产一次性剃须刀。消费者对电饭锅的日常消费很少。生产电饭锅的公司即使积累了良好的口碑，也很难对同一个消费者实现重复销售，获得更多利润。而生产一次性剃须刀的公司一旦被消费者认定，就会在这个消费者的一生中不断获得销售收入，取得利润。

因此，生产剃须刀这种易耗品的公司要比生产电饭锅这种耐用品的公司更容易取得成功。

目前市场上常见的生产易耗品的公司主要集中在以下几个行业。

第一，个人护理品行业，例如生产口腔护理品、护发品、个人清洁品、化妆品、纸巾、鞋护理品和剃须用品等的上市公司。

第二，家庭护理品行业，例如生产洗衣皂、合成清洁剂、清洁剂、地板清洁剂、洁厕剂、空气清新剂、杀虫剂、驱蚊器和磨光剂等的上市公司。

第三，品牌包装食品饮料行业，例如生产健康饮料、软饮料、烘烤品、巧克力、冰淇淋、咖啡、肉菜水果加工品、乳品、瓶装水以及米面糖等调味品的上市公司。

第四，烟酒行业。

海天味业主营业务构成如图 6-5 所示。

如图 6-5 所示，海天味业（603288）主营业务是生产酱油等调味品，属于低值易耗品。该公司在所属行业内有明显的竞争优势，同时因为所生产的是易耗品，所以公司能够重复对同一个消费者实现销售，持续获得收益。这类公司是投资者在长线投资时应该选择的重点品种。

六、选择消费垄断型的公司

消费垄断是指一家公司的品牌本身对消费者形成了垄断优势。消

【2.主营构成分析】

【截止日期】2014-06-30

项目名	营业收入（万元）	营业利润（万元）	毛利润（%）	占主营业务收入比例（%）
食品制造业（行业）	498711.96	205576.91	41.22	99.21
其他业务（补充）（行业）	3967.71	1496.26	37.71	0.79
合计（行业）	502679.67	207073.17	41.19	100.00
酱油（产品）	320136.48	136900.90	42.76	63.69
调味酱（产品）	85662.09	35154.62	41.04	17.04
蚝油（产品）	63378.19	22472.18	35.46	12.61
其他（产品）	29535.20	11049.21	37.41	5.88
其他（补充）（产品）	3967.71	1496.26	37.71	0.79
合计（产品）	502679.67	207073.17	41.19	100.00
东都区域（地区）	115728.02	—	—	23.02
南部区域（地区）	114851.95	—	—	22.85
中部区域（地区）	84823.65	—	—	17.47
北部区域（地区）	140641.56	—	—	27.98
西部区域（地区）	39666.78	—	—	7.89
其他（补充）（地区）	3967.71	—	—	0.79
合计（地区）	502679.67			100.00

图 6-5　海天味业主营业务构成

费者即使付出更高的代价（如更高的价格或者更多购物时间），也愿意购买该品牌的产品。俗话说"酒香不怕巷子深"，就是对消费垄断优势的形象说明。

消费垄断优势可以帮助公司以更高的价格卖出更多商品，取得超过行业正常水平的盈利能力。此外，公司一旦取得消费垄断优势，短期内很难被其他公司复制，这将保证公司长期获得盈利。

东阿阿胶日 K 线如图 6-6 所示。

如图 6-6 所示，东阿阿胶（000423）就是具备消费垄断优势的上市公司的典型代表。对于大多数消费者来说，即使要支付更高价格，也更愿意购买东阿牌的阿胶产品。这种经过历史沉淀的消费垄断优势短期内很难被取代，能够长期为该公司带来较高的利润水平。这类公司同样是投资者进行长期投资应该重点考虑的对象。

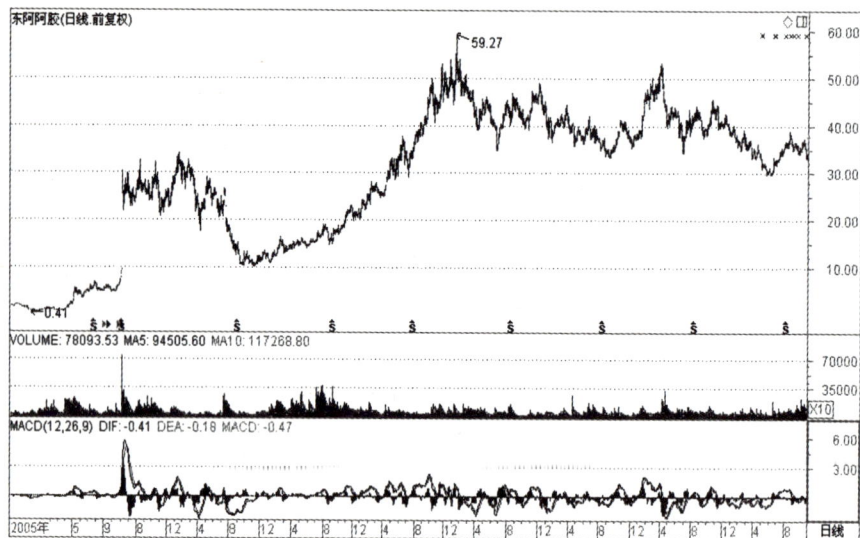

图6-6　东阿阿胶日 K 线

第二节　根据财务指标选股

一、选择收益率连续上涨的公司

收益率是说明上市公司盈利能力最直观的指标。当上市公司的收益率连续增长时，说明该公司给股东带来了巨大收益。并且未来这种上升的趋势很可能还会继续下去，股东能够在上市公司获得源源不断的受益。

因此当上市公司的收益率连续上涨时，该公司的股票必然会成为市场上投资者关注的重点，其股价也将会因此而持续上涨。这类股票是投资者在选择股票买入时应该重点关注的品种。

网宿科技主要财务指标如图 6-7 所示。

【主要财务指标】				
财务指标	2014-09-30	2013-12-31	2012-12-31	2011-12-31
审计意见	未经审计	标准无保留意见	标准无保留意见	标准无保留意见
净利润（万元）	30590.48	23711.20	10374.57	5472.17
净利润（%）	128.2817	128.5610	89.5880	42.9717
加权净资产收益率（%）	23.8900	23.9600	12.6900	7.2300
资产负债比率（%）	19.1275	18.1921	11.3922	7.2260
净利润现金含量（%）	98.9595	116.2219	178.2917	179.4701
基本每股收益（元）	0.9749	1.5300	0.6700	0.3600
每股收益—扣除（元）	—	1.4500	0.6100	0.2900
每股收益—摊薄（元）	0.9670	1.5126	0.6727	0.3548
每股资本公积金（元）	1.3543	3.5424	3.2164	3.1486
每股未分配利润（元）	2.0567	1.2535	1.2535	0.7934
每股净资产（元）	4.5697	5.6444	5.6444	5.0536
每股经营现金流量（元）	0.9570	1.7580	1.1994	0.6368
经营活动现金净流量增长率（%）	87.9844	48.9842	88.3431	253.6746

图6-7 网宿科技主要财务指标

如图6-7所示，通过网宿科技（300017）净利润相关指标的变化趋势，可以判断该股今年内连续一直取得了比较高的收益率和净利润的增长幅度。这几个指标说明这家公司已经为股东带来的巨大收益，并且以后还能够为股东带来更高收益。

网宿科技日K线如图6-8所示。

图6-8 网宿科技日K线

如图 6-8 所示，像网宿科技这种能给股东带来巨大收益的公司，必然会成为市场上投资者关注的重点。该股过去几年来的走势也说明了这一点。对于这种具备出色盈利能力的公司，即使股价已经上涨到了比较高的位置，仍然是投资者应该重点关注的对象。

二、选择市盈率位于低位的公司

市盈率（Earnings Multiple，P/E）也称为"本益比"、"股价收益比率"、"市价盈利比率"，是最常被用来评估股价水平是否合理的指标之一。该指标的具体计算公式如下：

市盈率＝股价÷年度每股盈余（EPS）

一般认为，如果一家公司股票的市盈率高于同行业的平均水平，说明该股票的价格具有泡沫，价值被高估。如果一家公司股票的市盈率低于同行业的平均水平，说明该股票的价格就相对被低估，是比较好的投资标的。

在炒股软件中查看股票列表时，可以按照市盈率对所有股票排序，如图 6-9 所示。

	代码	名称	最高	最低	昨收	市盈(动)↑	总金额	量比	细分行业
1	600548	深高速	5.73	5.52	5.51	3.67	7009万	2.43	路桥
2	601166	兴业银行	10.34	10.13	10.15	3.84	15.0亿	1.48	银行
3	601288	农业银行		按市盈率对股票排序	2.45	3.87	4.49亿	1.68	银行
4	601818	光大银行	2.70	2.64	2.65	3.96	4.02亿	1.68	银行
5	600000	浦发银行	9.75	9.57	9.59	3.99	15.6亿	1.44	银行
6	601939	建设银行	4.08	4.03	4.04	4.01	2.38亿	1.72	银行
7	600382	广东明珠	13.15	12.89	13.01	4.04	1.79亿	1.08	商贸代理
8	600016	民生银行	6.28	6.17	6.18	4.16	8.22亿	1.45	银行
9	601398	工商银行	3.56	3.51	3.52	4.20	3.98亿	1.45	银行
10	601328	交通银行	4.25	4.17	4.18	4.27	4.35亿	1.37	银行
11	600015	华夏银行	8.41	8.27	8.27	4.29	4.56亿	1.57	银行
12	601668	中国建筑	3.42	3.28	3.30	4.29	7.64亿	1.92	建筑施工
13	600036	招商银行	10.45	10.27	10.28	4.30	9.82亿	1.24	银行
14	601169	北京银行	7.94	7.71	7.74	4.69	2.39亿	1.50	银行
15	601988	中国银行	2.70	2.64	2.64	4.79	2.38亿	1.63	银行

图 6-9 股票的市盈率排序

　　投资者需要注意的是，股票的市盈率指标只适合在对同行业，经营业务类似的上市公司进行比较时使用。比较不同行业公司的市盈率指标没有意义。

　　例如高科技公司行业未来发展前景广阔，有较强的盈利增长能力，其市盈率指标必然偏高。而传统高耗能行业的发展空间已经十分有限，盈利很难继续增长，其市盈率指标必然偏低。投资者如果因此而得出高科技公司存在泡沫，高耗能公司更具投资价值的结论，是不合理的。

三、选择市净率物超所值的公司

　　市净率（P/B）指的是每股股价与每股净资产的比率。

　　市净率一般被用作比较市盈率时的辅助判断指标。一般来说，市净率较低的股票，投资价值较高；相反，则投资价值较低。

　　在股票软件中，投资者同样可以对股票列表按照市净率排序，如图 6-10 所示。

	代码	名称		最高	最低	昨收	市盈(动)	市净率↓	总金额	量比
1	600556	北生药业		10.15	9.85	10.03	61748.20	2808.53	9918万	1.30
2	600870	厦华电子		10.29	9.92	9.89		1929.45	1.56亿	1.65
3	600715	松辽汽车	×	21.63	21			1614.76	4731万	0.80
4	000504	*ST传媒	×	—		7.13		875.89	0.0	0.00
5	000892	星美联合		—	—	6.24	—	730.97	0.0	0.00
6	000017	深中华A	×	8.27	8.13	8.17	1216.17	513.60	3497万	1.01
7	600421	仰帆控股	×	—	—	7.89	686.45	349.84	0.0	0.00
8	000673	当代东方	×	18.42	17.95	17.99	936.00	264.69	9280万	2.10
9	000971	蓝鼎控股		9.25	9.03	9.18	—	256.05	5772万	1.35
10	600892	宝诚股份	×		—	24.30	18844.44	245.27	0.0	0.00
11	600603	大洲兴业		10.17	9.96	10.00	1530.45	208.16	3583万	1.16
12	600751	天津海运	×	11.10	9.75	10.13	698.45	192.88	10.4亿	2.25
13	600610	S*ST中纺	×	—	—	25.97		132.40	0.0	0.00
14	600771	广誉远	×	25.59	25.17	25.46	823.78	121.17	5460万	1.18
15	000505	珠江控股	×	7.08	6.91	7.06		97.41	4119万	1.07

（图中标注：按市盈率对股票排序）

图 6-10　股票市净率排序

与市盈率一样，投资者按照市净率判断投资价值时，还要考虑当时的市场环境以及公司经营情况、盈利能力等因素。因此该指标也仅适用于比较同行业内股票的比较。

四、选择持股人数减少的公司

股票的持股人数指标反映了市场上散户投资者对该股票的参与程度。持股人数越多，说明市场上持有该股的散户投资者越多；持股人数越少，则说明市场上持有该股票的散户投资者越少，大多是机构投资者持有股票。

因为机构投资者无论对上市公司的研究还是对股票的操作方面都要强于普通散户。所以当股票的持股人数减少时，说明机构投资者正在从散户手中购买股票，这个阶段股票价格多数会持续上涨；相反，当股票的持股人数增加时，说明机构投资者正在将股票派发给散户，这个阶段股票价格多数会持续下跌。

因此，投资者可以选择持股人数不断减少的股票买入。

初灵信息股东人数变化如图6-11所示。

【3.股东变化】				
截止日期：2014-09-30 十大流通股东情况 股东总户数：5005 户均流通股：6330				
股东名称（单位：万股）	持股数	占流通股比（%）	股东性质	增减情况
截止日期：2014-06-30 十大流通股东情况 股东总户数：6091 户均流通股：5201				
股东名称（单位：万股）	持股数	占流通股比（%）	股东性质	增减情况
截止日期：2014-03-31 十大流通股东情况 股东总户数：7153 户均流通股：4363				
股东名称（单位：万股）	持股数	占流通股比（%）	股东性质	增减情况
截止日期：2013-12-31 十大流通股东情况 股东总户数：8796 户均流通股：3551				
股东名称（单位：万股）	持股数	占流通股比（%）	股东性质	增减情况

图6-11 初灵信息股东人数变化

如图6-11所示，从初灵信息（300250）的股东人数变化中可以看出，进入2014年后，该股的股东总户数持续减少，对应股东的户均持股数持续增加。这说明持有该股的散户越来越少，筹码逐渐集中到机构投资者手中。在这个过程中股价多数都会上涨。

初灵信息日 K 线如图 6-12 所示。

图 6-12　初灵信息日 K 线

如图 6-12 所示，从初灵信息 2014 年的股价走势图中，可以验证以上的判断。投资者选股时，可以重点考虑这类股东人数持续减少的股票。

五、选择有大量负债的公司

在一般情况下，如果上市公司有大量负债，并不是一件好事。这会给公司带来巨大的偿债压力和利息负担，影响公司的持续稳定经营。但是有一部分上市公司却不是如此。这些公司可以利用负债补充公司资金的不足，开展公司的经营活动，为股东带来更高的收益。

例如公司有 1 亿元自有资金，经营的年收益率是 10%，一年可以赚到 1000 万元收益。如果再借入 1 亿元资金经营，在年收益率 10% 不变的情况下，就可以总共赚到 2000 万元收益。假设借入资金的年利率是 5%，即支付 500 万元利息，仍可以获利 1500 万元。即通过借贷，公司的盈利能力可以提升 50%。

因此，当投资者看到上市公司有大量负债时，如果判断这些负债不会给公司经营带来负面影响，反而有益于公司扩大经营，就可以积极买入这类股票。

苏宁云商主要财务指标如图 6-13 所示。

【主要财务指标】				
财务指标	2014-06-30	2013-12-31	2012-12-31	2011-12-31
审计意见	未经审计	标准无保留意见	标准无保留意见	标准无保留意见
净利润（万元）	-75628.30	37177.00	267611.90	482059.40
净利润增长率（%）	-202.9325	-86.1079	-44.4857	20.1598
加权净资产收益率（%）	-2.7000	1.0100	10.6100	23.6800
资产负债比率（%）	65.5936	65.1036	61.7766	61.7766
净利润现金含量（%）	-111.0375	602.1153	198.0271	136.6744
基本每股收益（元）	-0.1000	0.0500	0.3700	0.6890
每股收益—扣除（元）	-0.1100	0.0400	0.3500	0.6609
每股收益—摊薄（元）	-0.1023	0.0504	0.3625	0.6890
每股资本公积金（元）	0.6341	0.6340	0.6338	0.0739
每股未分配利润（元）	1.9654	2.0676	2.0685	1.9715
每股净资产（元）	3.7399	3.8425	3.8547	3.1900
每股经营现金流量（元）	0.1136	0.3032	0.7178	0.9400
经营活动现金净流量增长率（%）	-69.2155	-57.7600	-19.5655	69.7488

图 6-13 苏宁云商主要财务指标

如图 6-13 所示，苏宁云商（002024）是国内股市上著名的长线牛股之一。从财务数据上可以看出，该股票历史上一直保持着较高的资产负债率，达到 60% 以上。

这些高负债中很大一部分是由公司在经营过程中向供货商赊销货物带来的。因此，虽然苏宁云商的负债率很高，但这并不会影响公司的长期稳健经营；相反，负债率较高说明供货商对该公司的经营有信心，愿意将商品赊销给公司，是公司优秀的表现。

对于这种高负债率的公司，同样是投资者选股时可以考虑的重点。

六、选择现金流量高的公司

对于盈利数据，上市公司可能采用各种合规或者违规的手段来进行修饰。而与盈利的数据相比，现金流量数据很难被修饰。因此，很多投资者习惯使用现金流量数据作为辅助判断上市公司真实经营情况的依据。

如果上市公司现金流充沛，说明公司日常经营十分从容，正处于非常健康的发展阶段；相反，如果上市公司现金流不足，则说明上市公司的经营可能出现了问题。投资者在选股时，可以重点考虑现金流充沛的股票。

国药股份主要财务指标如图 6-14 所示。

【主要财务指标】				
财务指标	2014-09-30	2013-12-31	2012-12-31	2011-12-31
审计意见	未经审计	标准无保留意见	标准无保留意见	标准无保留意见
净利润（万元）	37484.54	41150.97	33581.58	27126.12
净利润增长率（%）	16.6882	22.5403	23.7980	-12.5018
加权净资产收益率（%）	16.7800	21.1200	19.9200	19.4800
资产负债比率（%）	56.8653	56.7695	58.9961	56.8401
净利润现金含量（%）	78.3067	45.0933	55.3483	-136.6059
基本每股收益（元）	0.7829	0.8595	0.7014	0.5665
每股收益—扣除（元）	—	0.8301	0.6871	0.5284
每股收益—摊薄（元）	0.7829	0.8595	0.7014	0.5665
每股资本公积金（元）	0.1248	0.0999	0.0888	0.0894
每股未分配利润（元）	3.3482	2.8424	2.2771	1.6966
每股净资产（元）	4.9318	4.4011	3.7605	3.1098
每股经营现金流量（元）	0.6131	0.3876	0.3882	-0.7739
经营活动现金净流量增长率（%）	107.6724	-0.1640	150.2 (P)	-216.4499

图 6-14 国药股份主要财务指标

　　如图 6-14 所示，国药股份（600511）的每股经营现金流量和净利润现金含量两项指标在连续几年中有明显的增长。这说明该股已经摆脱了现金不足的困境，进入非常健康的发展阶段。这类股票是投资者在选股时应考虑的重点。

第七章　根据庄家动向精选个股

第一节　根据庄家介入的迹象选股

当一只股票被庄家介入时，庄家为了获得收益，会采取各种手段将股价向上拉升。投资者在选股时可以重点关注这类股票，争取在拉升过程中赚取收益。

一、选择股价剧烈波动的股票

有庄家介入股票的一个特点是股价波动剧烈。这种波动剧烈有两种具体的表现。

第一，股价在一个交易日内快速波动。分时图上出现急涨急跌的走势，K线图上也出现大阳线、大阴线或者很长的影线。

九洲药业分时图如图7-1所示。

如图7-1所示，2014年10月30日，九洲药业（603456）股价先是在开盘后被快速打压，之后又被强烈拉升。就在股价被拉升至接近涨停板的位置时，再次被强力打压。这种急涨急跌的形态是有庄家介入该股的典型信号。

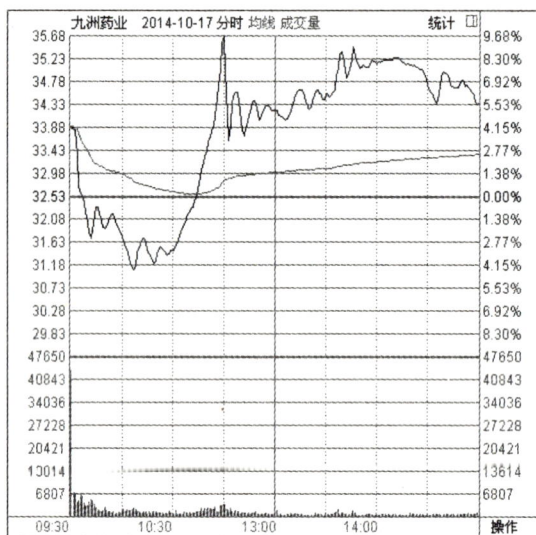

图 7-1　九洲药业分时图

　　第二，股价在一段时间日内快速波动。例如有的股票先是连续几个交易日涨停，之后马上连续几个交易日跌停，或者相反。在 K 线图上留下一个尖顶或尖底。

　　阳谷华泰日 K 线如图 7-2 所示。

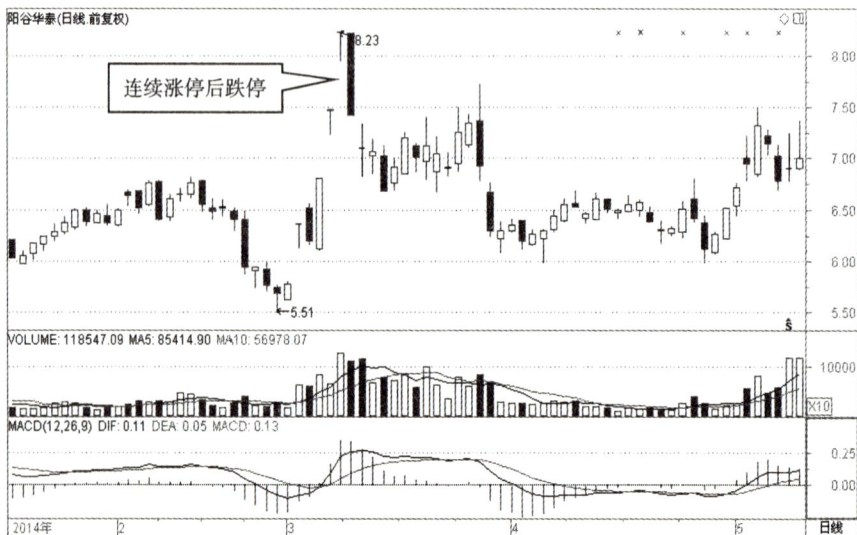

图 7-2　阳谷华泰日 K 线

如图 7-2 所示，2014 年 3 月初，阳谷华泰（300121）股价先是连续几个交易日涨停，随后又出现一根大阴线跌停。K 线图上出现了一个明显的尖顶。这样的极端走势是有庄家已经介入这只股票的明显信号。投资者在选股时可以重点关注这类股票。

二、选择成交量突然放大的股票

当股票的成交量突然放大，超出正常情况很多时，就可能是有庄家已经介入了这只股票开始运作。投资者可以重点关注其后市走向。找出成交量大幅放大股票的方法有两种。

第一，从日 K 线图中观察，寻找成交量柱线快速变长的股票。一般来说，股票分析中以成交量超出前日成交量一倍，即成交量柱线变长一倍作为成交量大幅放大的标准。

理邦仪器日 K 线如图 7-3 所示。

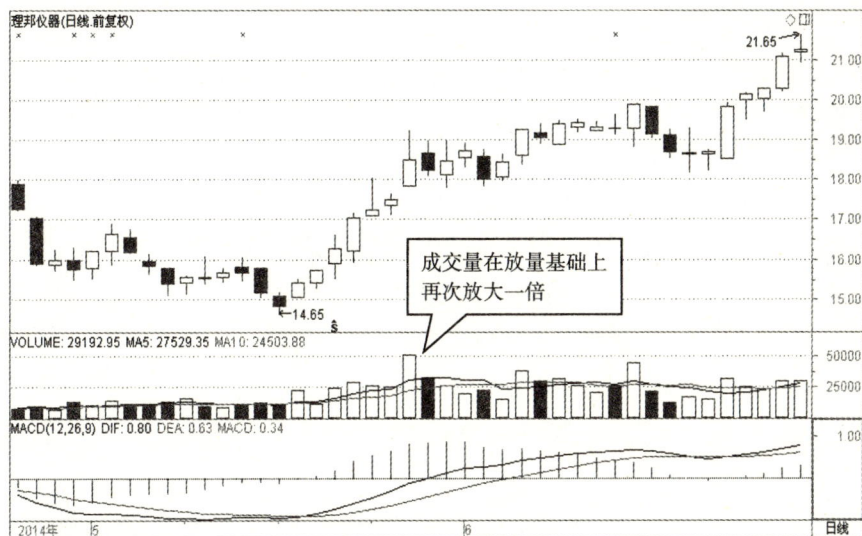

图 7-3　理邦仪器日 K 线

如图 7-3 所示，2014 年 5 月下旬开始，理邦仪器（300206）的成交量随着股价上涨，已经有了明显放大的趋势。5 月 28 日，成交量在前期放大的基础上再次放大一倍。这种成交量在短期内大幅放大的形态说明有庄家已经介入操作这只股票。该股是投资者选股时可以重点关注的品种。

第二，查看换手率排名。换手率表示一定时间内市场中股票转手买卖的频率，是反映股票流通性强弱的指标之一。其具体计算公式如下：

换手率＝某一段时期内的成交量÷流通总股数×100%

股票的换手率越大，说明该股的成交越活跃。当股票的日换手率超过20%时，表示该股的成交已经十分活跃。这类股票中基本可以断定有庄家介入操作。

股票按换手率排名如图7-4所示。

	代码	名称	涨幅%	现价	涨跌	买价	卖价	总量	现量	涨速%	换手%↓
1	603169	兰石重装	* 10.01	10.11	0.92	10.11	－	434614	14	0.00	43.46
2	601016	节能风电	-1.22	8.90	-0.11	8.89	8.90	702305	252	-0.02	39.50
3	300400	劲拓股份	2.66	31.64	0.82	31.63	31.64	78726	879	0.00	39.36
4	300402	宝色股份	× -3.80	17.49	-0.69	17.48	17.49	196685	8	0.05	38.57
5	300399	京天利	0.99	52.80	0.52	52.79	52.80			0.55	37.53
6	002474	榕基软件	× -2.94	13.53	-0.41	13.52	13.53	139.4万	14749	0.22	35.17
7	603006	联明股份	× -6.61	39.99	-2.83	39.99	40.00	67101	43	-0.09	33.55
8	300401	花园生物	10.01	36.80	3.35	36.80	－	73492	11	0.00	32.38
9	002730	电光科技	× -3.78	24.68	-0.97	24.67	24.68	118408	2883	-0.44	32.29
10	300311	任子行	2.15	30.89	0.65	30.88	30.89	122377	1332	-0.03	32.27
11	002706	良信电器	-6.38	57.27	-3.90	57.26	57.27	61932	1233	-0.03	28.75
12	603606	东方电缆	-3.26	21.09	-0.71	21.06	21.07	83444	18	0.28	26.62
13	300384	三联虹普	× 4.86	76.01	3.52	76.01	76.05	31726	339	0.13	23.78
14	600751	天津海运	× -1.88	10.43	-0.20	10.44	10.47	671921	992	0.38	22.52
15	002282	博深工具	3.74	14.44	0.52	14.44	14.45	266052	2710	0.62	22.20

图7-4　股票按换手率排名

如图7-4所示，在股票列表中，投资者可以对所有股票按照换手率排名。在这个排名中靠前的股票，都是市场上交易最活跃的品种。这些股票中很可能都已经有庄家介入。投资者在选股时可以重点关注。

三、选择走出独立行情的股票

一般情况下，市场上投资者的情绪会受到整个市场环境的影响。当整个大盘上涨时，投资者会普遍乐观，买入自己关注的股票，股价也会随大盘一起上涨；相反，当整个大盘下跌时，投资者也会普遍悲观，卖出自己持有的股票，股价会随大盘一起下跌。

如果股价没有随大盘一起运行。例如大盘上涨时股价反而下跌，大盘下跌时股价反而上涨，在排除个股利好利空消息等方面的影响后，投资者基本可以断定这只股票的背后有没有主力在进行操作。

吉电股份日 K 线如图 7-5 所示。

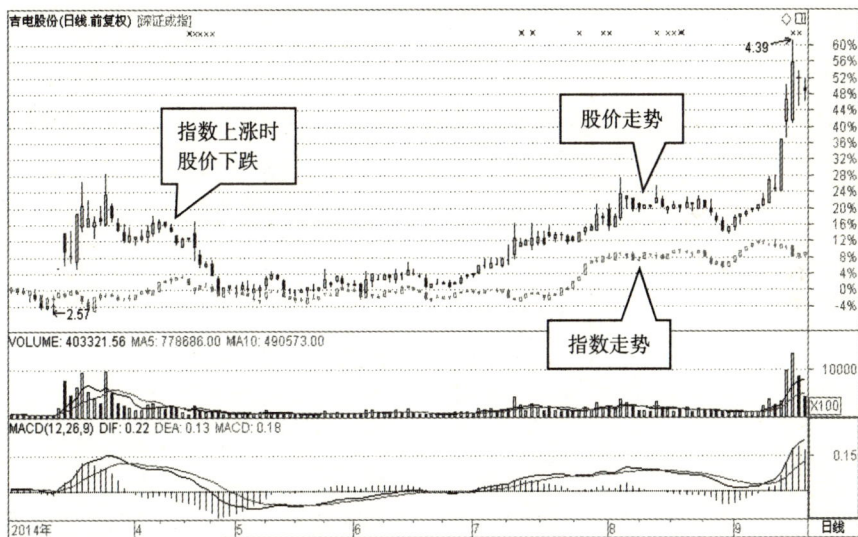

图 7-5　吉电股份日 K 线

如图 7-5 所示，2014 年 3 月至 4 月，吉电股份（000875）股价在深证成指上涨的时候却持续下跌，形成了与指数相反的走势。这个形态说明有可能是庄家已经介入，投资者可以重点关注该股的后续走向。

华电能源日 K 线如图 7-6 所示。

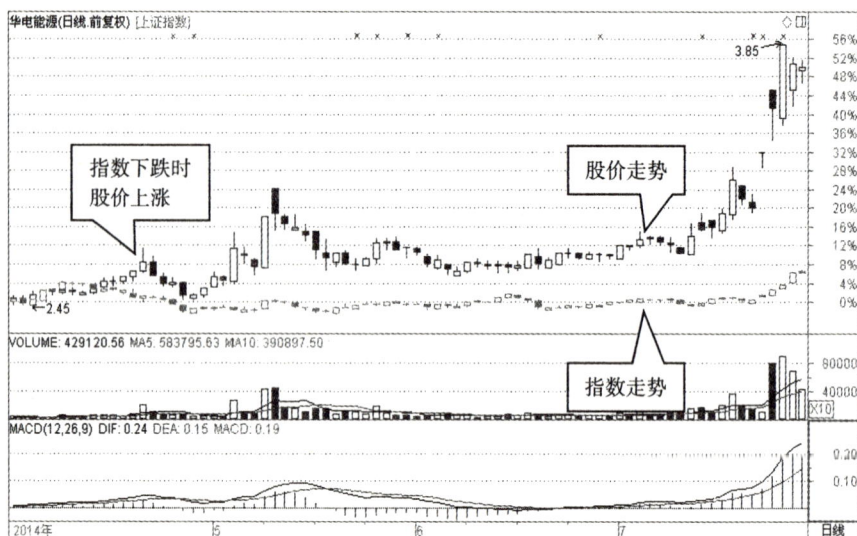

图 7-6　华电能源日 K 线

如图 7-6 所示，2014 年 4 月底至 5 月初，华电能源（600726）在指数持续下跌的同时，股价却逆势上涨。该形态是有庄家已经介入该股的信号。投资者可以重点关注该股的后续走势。

第二节　根据庄家建仓的迹象选股

建仓是指庄家买入股票的过程。投资者可以选择庄家建仓的股票买入。一旦庄家建仓结束，股价就会被持续向上拉升。

一、选择放量横盘的股票

当股价持续横盘时，如果成交量持续放大，说明有庄家在买入股票。随着庄家买入，股价并没有因此而上涨，这说明庄家在故意隐藏自己的买入行为。其目的是为了不引起太多投资者的注意，从而以尽

量低的成本买入股票。

新大陆日 K 线如图 7-7 所示。

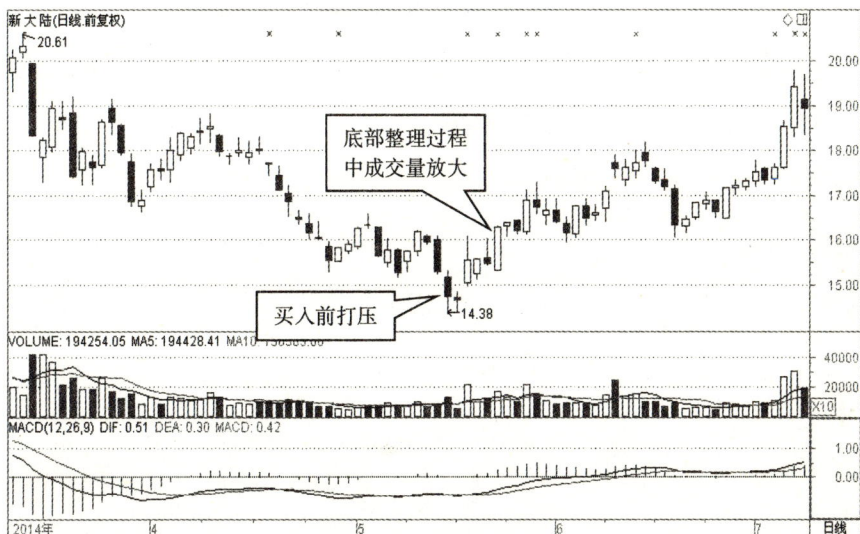

图 7-7　新大陆日 K 线

如图 7-7 所示，2014 年 5 月，新大陆（000977）股价在底部整理过程中，其成交量持续放大。这是有庄家在底部买入股票的信号。从图中可以看出，庄家为了不让自己的买入造成股价大幅上涨，在买入前先将股价小幅向下打压，造成市场上的散户对后市失去信心，纷纷卖出股票。随后庄家在低位接盘买入。在庄家买入时，股价仍在前期横盘整理的区域。

二、选择突然下跌的股票

如果在持续横盘过程中无法在计划时间内买到足够的筹码，庄家为了完成建仓，会将股价突然向下打压，造成市场上的散户恐慌，抛出手中的股票。庄家就可以借此机会买入建仓。

庄家为了建仓而打压股价时，为了在散户中制造恐慌，股价的跌势会非常强。这种强势主要表现在两个方面：

第一是重要的技术形态被破坏。股价在庄家的打压下，很可能跌破重要的支撑线、均线，MACD 等指标也可能形成明显的卖出形态。

第二是配合大盘的下跌形态。庄家在打压股价时，经常会利用大盘的走势配合。当大盘下跌时，整个市场都弥漫着看空气氛，此时庄家打压股价会起到事半功倍的效果。

联创节能日 K 线如图 7-8 所示。

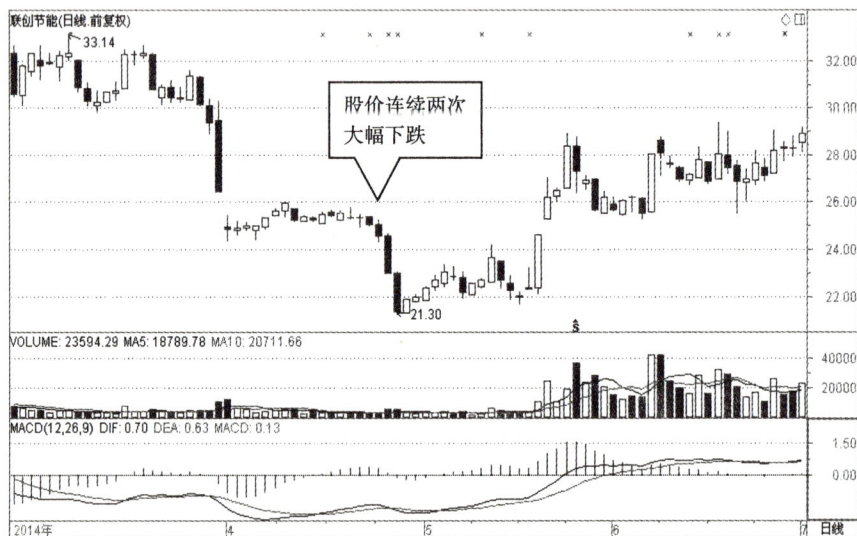

图 7-8　联创节能日 K 线

如图 7-8 所示，2014 年 3 月底和 4 月底，联创节能（300343）股价连续两次快速下跌，跌破前期横盘整理的支撑位。这很可能是有庄家在打压股价建仓。庄家为了在足够低的位置上买入尽量多的股票，会像这样突然打压股价，造成散户恐慌，抛出股票。

庄家打压股价建仓的形态和真正的股价下跌非常相似，不过仔细观察，投资者仍然可以发现其中的区别。这种区别主要有两点：

第一，下跌后虽然市场恐慌，但股价没有应有的跌幅。例如在上例中，庄家突然打压股价，虽然造成了散户恐慌，抛出股票，但股价并没有因为散户的抛出而持续下跌，而是在低位横盘。这说明庄家已经在买入股票，承接了散户的抛盘。

第二，股价的跌势减缓。庄家为了建仓而打压股价时，股价被打压后会有庄家的资金进入，跌势要比真正的下跌更平缓一些。例如上例中，股价两次下跌与 MACD 指标形成了底背离形态，这说明下跌速度减慢，跌势减缓。

三、选择阶梯上涨的股票

庄家在选择建仓策略时会依据整个大盘的走向而定。当整个大盘持续强势时，再使用打压建仓的方法就很难奏效。庄家将股价向下打压后，因为大盘的上涨，投资者并不会因为恐慌而卖出；相反，在乐观情绪的影响下，还会逢低买入，和庄家抢夺筹码。

在这样的情况下，庄家为了吸足筹码，会将股价向上拉升。因为股价上涨，投资者手中的筹码已经获得了一定收益。这时庄家再操纵股价持续横盘或者小幅下跌，就会有投资者担心失去已经获得的收入，将股票抛出。而庄家则可以借机买入股票。

喜临门日 K 线如图 7-9 所示。

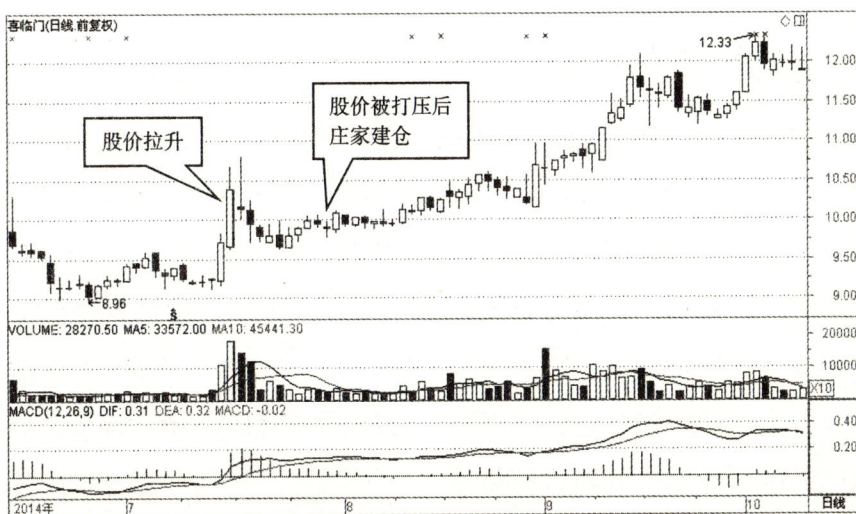

图 7-9　喜临门日 K 线

如图 7-9 所示，2014 年 7 月，喜临门（603008）的股价突然快速上涨，随后又被快速向下打压。在这个过程中，市场上的持有股票散户投资者先是获得了不错的利润，之后又在随后的下跌中损失了利润的一大部分。这会引发投资者的恐慌，卖出股票。而庄家在建仓时，就可以借助这样的形态。

该形态之后，股价缓慢上涨，并且成交量缓慢放大。这是庄家在建仓买入的信号。

第三节　根据庄家洗盘结束的迹象选股

庄家在拉升股价之前，为了防止有获利盘存在，在未上涨过程中抛出股票，给拉升带来压力，会先进行洗盘。其目的是让股票在不同的投资者间充分换手，抬高市场的平均成本。投资者可以选择洗盘结束，股价将被拉升的股票买入。

一、选择下跌缩量的股票

庄家洗盘时，股价会大幅下跌，破坏之前的上涨趋势。刚开始下跌时，成交量会大幅放大，说明有众多散户受到庄家的惊吓，卖出了股票。不过随着股价下跌，成交量会逐渐萎缩。这是因为庄家将可以被洗出的投资者都洗出后，就不再打压股价，为以后的拉升做准备。

因此在庄家洗盘时，成交量会先放大，之后再逐渐萎缩。这是庄家洗盘和真正下跌行情的重要区别。当成交量萎缩到极致时，就是庄家结束洗盘，开始拉升股价的信号。

陕西煤业日 K 线如图 7-10 所示。

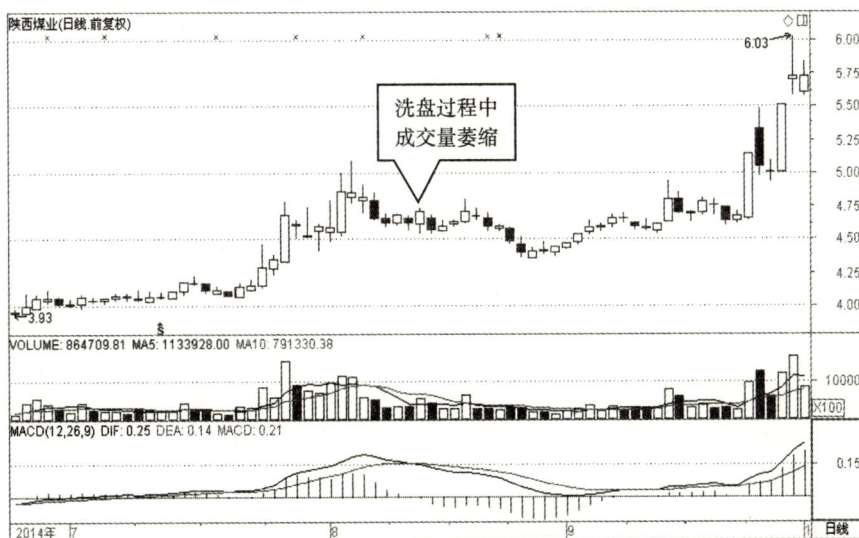

图 7-10　陕西煤业日 K 线

如图 7-10 所示，2014 年 8 月，陕西煤业（601225）股价在上涨一段时间后的回调过程中，成交量持续萎缩。这是庄家在洗盘的信号。当成交量萎缩到极致时，股价也下跌至底部。此时是洗盘结束，股价将被拉升的信号。

二、选择突破震荡区间的股票

操纵股价持续震荡也是庄家洗盘的惯用手法之一。在持续的震荡过程中，散户投资者会逐渐丧失持股信心，将手中的股票卖出。庄家则借此达到洗盘的目的。当股价向上突破震荡整理的区间时，就是洗盘结束，庄家开始将股价向上拉升的信号。

金钼股份日 K 线如图 7-11 所示。

如图 7-11 所示，2014 年 6 月至 7 月，金钼股份（601958）股价持续横盘整理。这是庄家在该位置洗盘的形态。在持续横盘整理的过程中，投资者会逐渐失去信心，卖出股票，庄家达到洗盘的目的。当股价突破横盘区间的上边线时，是庄家洗盘结束的标志。此时投资者

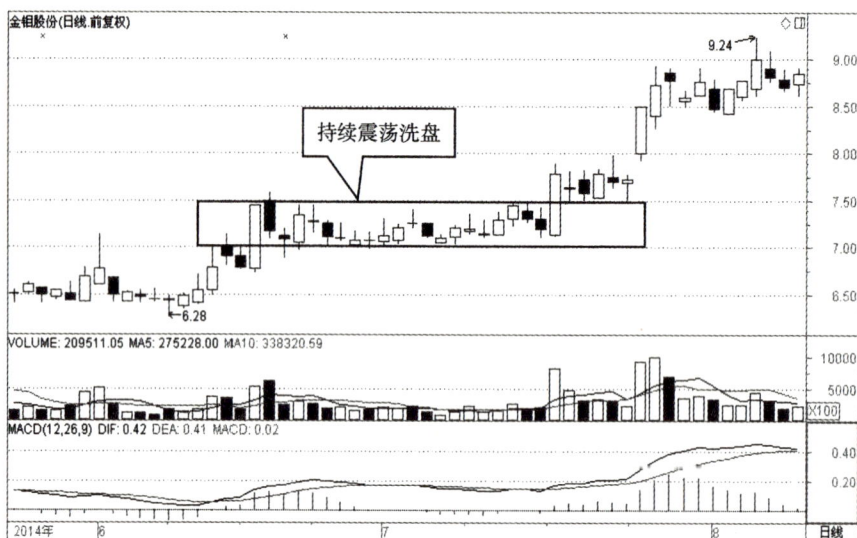

图 7-11　金钼股份日 K 线

可以选择股票买入。

　　在持续横盘的洗盘结束时，庄家并不一定马上将股价向上拉升，而是会先向下打压股价，使股价跌破横盘区间的下边线，使投资者误认为股价结束横盘后将会持续下跌，完成最后一次洗盘。这次洗盘不会持续太长时间，股价很快就会回到原来的区间内，并持续上涨，完成向上的突破。当股价形成向上的突破时，投资者可以买入股票。

　　冠城大通日 K 线如图 7-12 所示。

　　如图 7-12 所示，2014 年 5 月至 6 月，冠城大通（600067）股价持续横盘整理，形成三角形形态。这个形态是庄家在持续震荡洗盘的标志。

　　该形态结束后，股价跌破震荡整理区间。这是庄家在进行最后一次洗盘的标志。当股价反弹，重新回到横盘震荡区间并向上时，就是庄家开始拉升股价的信号。此时投资者可以买入股票。

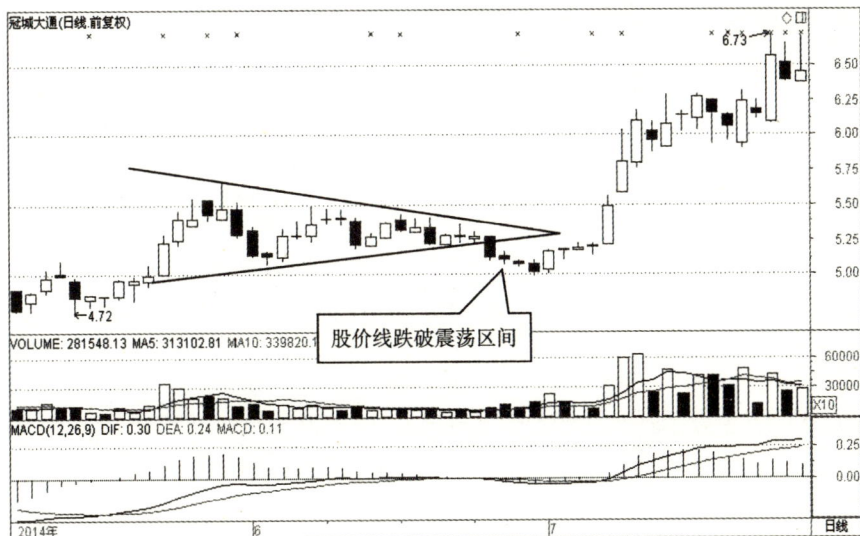

图 7-12　冠城大通日 K 线

三、选择跌破支撑后马上回调的股票

庄家在洗盘时，有时会操纵股价跌破某个重要的支撑位。这样的形态出现后，散户会误认为市场行情已经走弱，卖出股票，而庄家可以达到洗盘的目的。

这种跌破支撑的洗盘不会持续太长时间。当股价结束下跌再次回到前期支撑的位置时，就是洗盘结束，庄家开始拉升股价的信号。这时候投资者可以买入股票。

沱牌舍得日 K 线如图 7-13 所示。

如图 7-13 所示，2014 年 7 月，沱牌舍得（600702）股价沿 10 日均线上涨。这说明 10 日均线是股价上涨重要的支撑线。8 月中旬和 8 月底，股价连续两次跌破 10 日均线后都马上回到 10 日均线之上。这个形态是庄家洗盘的信号。这两次洗盘之后，当股价回到 10 日均线上方时，投资者可以买入股票。

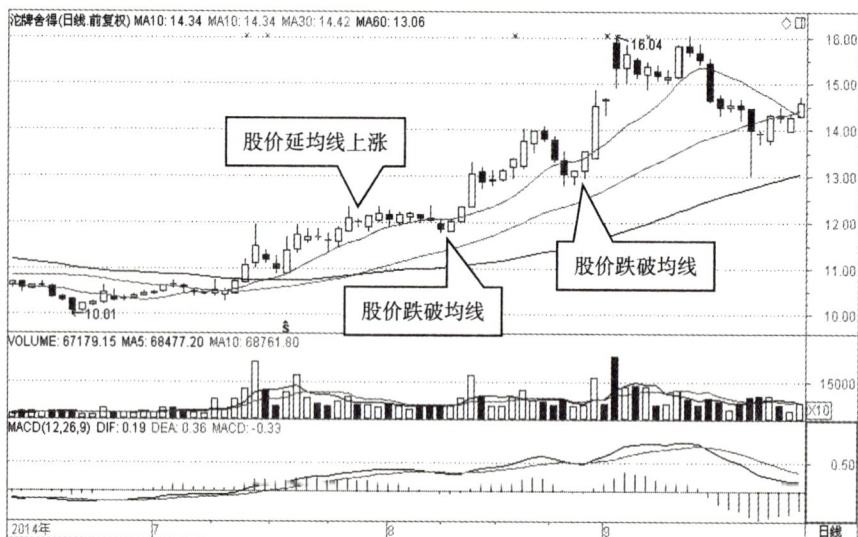

图 7-13　沱牌舍得日 K 线

第四节　根据庄家拉升的迹象选股

拉升是庄家坐庄过程中股价上涨最快的一段行情。当判断出股价即将被拉升时，投资者可以积极买入，享受庄家拉升带来的收益。

一、选择逼空上涨的股票

庄家拉升股价的一种常见手法是逼空式拉升。在逼空式拉升的过程中，股价会在短期内快速上涨，而且很可能会连续涨停。投资者一旦卖出股票，很难再有机会在更低的价位将股票买回，只能踏空后市或者追高买入。因此在逼空式拉升过程中，很少有投资者会抛出股票，相反却有大量人追高买入，造成股价大幅上涨。

郑州煤电日 K 线如图 7-14 所示。

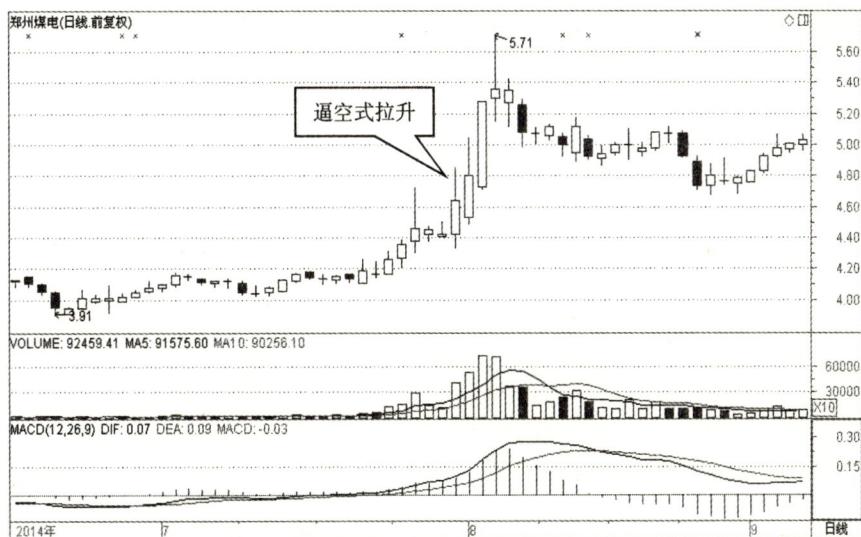

图 7-14 郑州煤电日 K 线

如图 7-14 所示，2014 年 7 月底至 8 月初，郑州煤电（600121）的股价被庄家逼空式向上拉升，同时成交量大幅放大。投资者看到这样的形态时，可以追高买入股票。

经过逼空式上涨，市场上会在短期内聚集大量人气，大量投资者追高买入股票。当庄家认为股价已经上涨到目标时，就会借助这种人气将股价向上抛出。庄家一旦抛出股票，股价失去了上涨的内在动力将会见顶下跌。

因此当投资者发现逼空式拉升结束后，股价上涨趋势减缓时（例如阳线变短或者收出长上影线时），就不应该再追高，同时还应该将前期买入的股票卖出。

二、选择缓慢上涨的股票

如果庄家希望在较长的时间内将股价拉升较大的幅度，就会选择缓慢向上拉升的形态。在这样的形态中，股价的上涨会十分稳健，既不会有深幅回调，也不会有快速上涨的行情。而且股价在上涨过程中，多数都会沿着某条均线或者某条重要的支撑线持续向上。

皖新传媒日 K 线如图 7-15 所示。

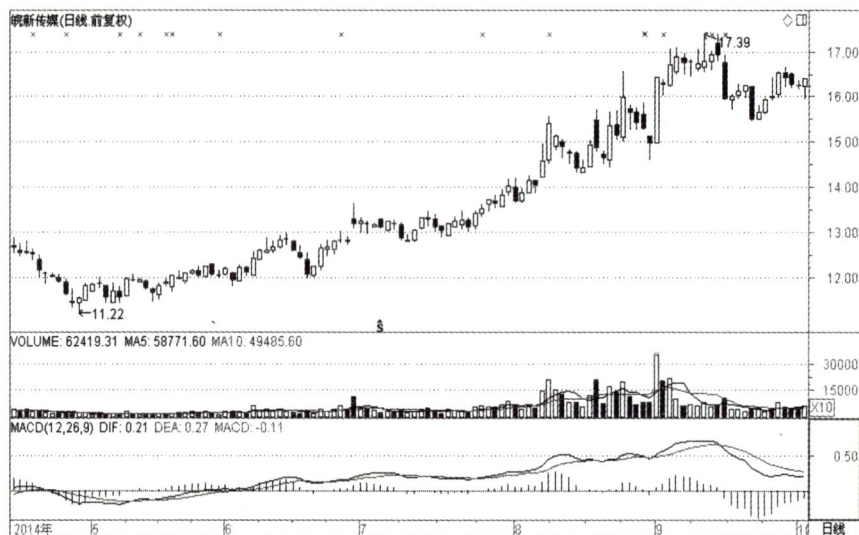

图 7-15　皖新传媒日 K 线

如图 7-15 所示，2014 年 5 月至 9 月，皖新传媒（601801）股价形成了一段非常稳健的上涨行情。这样的行情说明有庄家在持续将股价向上拉升。而且庄家采用的是长线操作思路，股价将在较长时间内持续上涨。看到这样的形态，投资者可以买入股票，抓住这次长线持股机会。

三、选择震荡上涨的股票

对于部分套牢盘较多、抛盘压力较大的股票，或者在熊市中拉升股价时，庄家很难长期拉升股价而不遇到巨大阻力。为此，很多庄家为了将股价拉升至高位，会采用每拉升一段时间就打压股价洗盘一次的操盘方法。股价的 K 线图上会呈现每上涨一段时间就小幅回调，在震荡中上涨的形态。

江苏阳光日 K 线如图 7-16 所示。

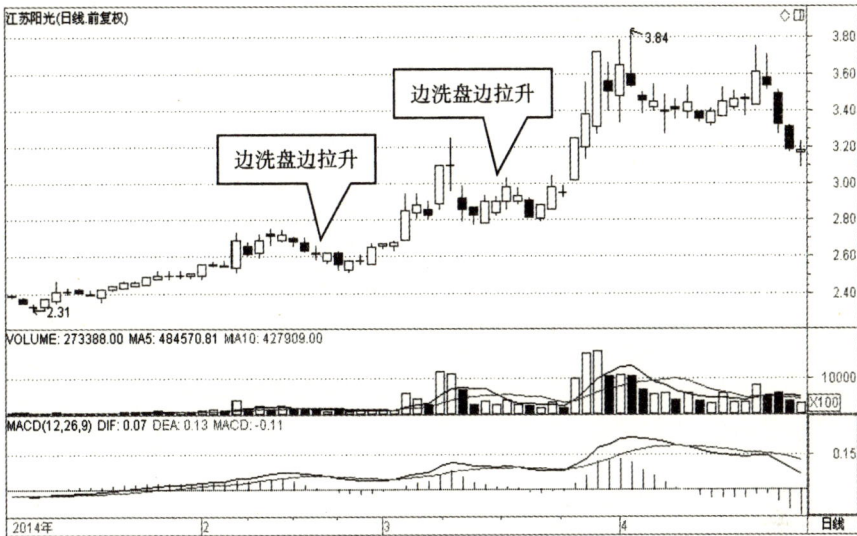

图 7-16　江苏阳光日 K 线

如图 7-16 所示，2014 年 1 月至 3 月，江苏阳光（600220）股价在上涨过程中，多次出现深度回调的走势。这样的形态说明庄家一边在拉升股价，一边在将股价向下打压洗盘。这样的形态说明庄家准备持续将股价向上拉升。每次股价回落时，都是投资者逢低买入股票的机会。

第八章 不同行情中精选个股的精准盘感

第一节 牛市中精选个股的精准盘感

在牛市中，市场上的股票普遍上涨。这时操盘的重点是选择强势股票。牛市中只有强势股票才能吸引市场上众多投资者的关注，股价持续上涨。

一、看底部形态的构建

在牛市初期，投资者应该尽量选择底部十分稳健的股票。这种稳健有两种含义。第一是股价的形态十分稳健，形成稳健的反转和上涨行情。第二是在底部积累了较大的成交量，股票已经经过了充分换手，套牢盘都已经在底部被消化干净。

只有同时满足了以上这两个条件，股票的底部才算是构建完成。这样的股票在牛市中，往往能有超出市场平均水平的走势。

百花村日 K 线如图 8-1 所示。

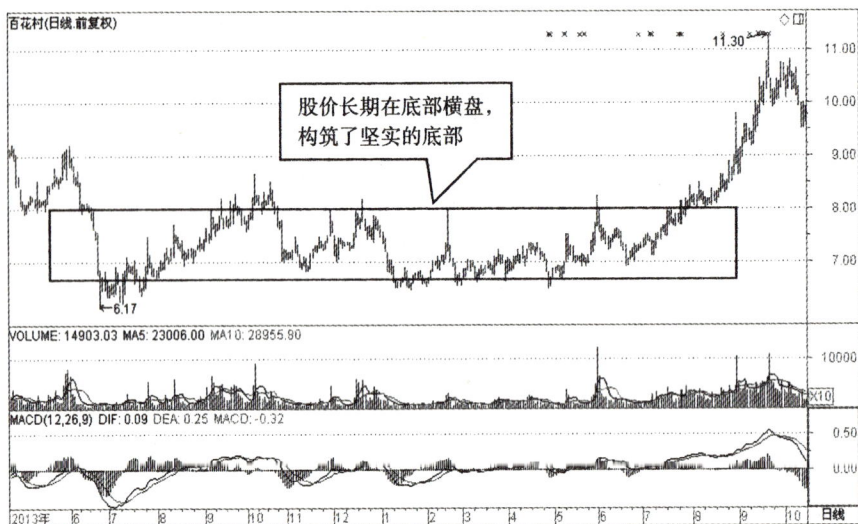

图 8-1　百花村日 K 线

如图 8-1 所示，2013 年 7 月至 2014 年 7 月，百花村（600271）股价持续在 7~8 元附近的区间内震荡整理。这个过程中，积累了巨大成交量，股价经过充分换手，构筑了坚实的底部。随后牛市行情开始后，投资者可以重点关注该股票的走向。

南京高科日 K 线如图 8-2 所示。

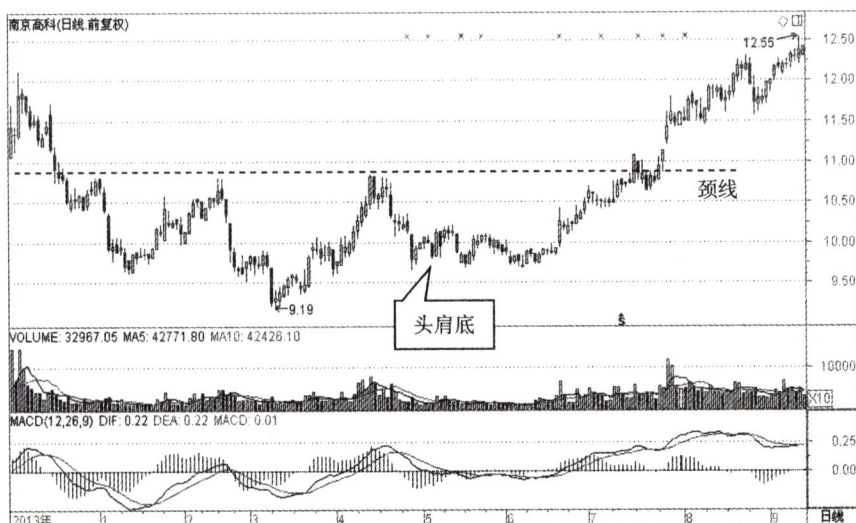

图 8-2　南京高科日 K 线

如图 8-2 所示，2014 年 1 月至 7 月，南京高科（600064）股价在底部长时间的横盘整理过程中，形成了头肩底形态，期间积累了巨大的成交量。该形态说明股价在底部换手充分，构筑了坚实的底部。未来牛市行情开始后，该股必然会有不错的表现。

二、看历史价位区间

股价在牛市中上涨时，过去熊市中股价下跌的一些重要价位非常值得关注。这些价位主要有几种。

第一是熊市中股价持续横盘整理的位置。这样的价位上往往会聚集较大的套牢盘压力，牛市中股价上涨到这类价位时，很可能也就遭遇压力。此时投资者应该适当减仓。如果能够突破这个位置，则说明股价的上涨非常强势，上方的上涨空间已经打开，此时投资者可以追高买入股票。

海南椰岛日 K 线如图 8-3 所示。

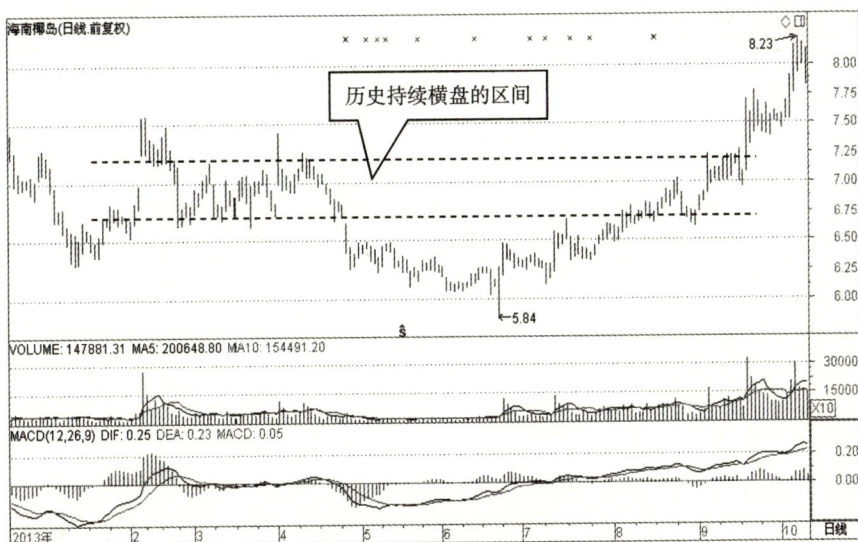

图 8-3 海南椰岛日 K 线

如图 8-3 所示，2014 年 2 月至 4 月，海南椰岛（600238）股价持续横盘整理。在这个价位上，积累了较大的套牢盘。

随后该股开始触底反弹。9 月，股价上涨到之前横盘整理的位置。这个位置明显有较大的压力，股价在这个价位区间调整了比较长的时间后才继续上涨行情。

当股价突破这个价位区间继续上涨后，说明上方的上涨空间已经打开。此时投资者可以追高买入股票。

第二是熊市中股价反弹遇阻下跌的位置。这样的价位对股价上涨有较强的压力，而且这种压力可能持续到之后的牛市中。在牛市中，股价上涨到熊市中反弹遇阻下跌的位置时，投资者应该注意股价再次遇阻的风险。

如果股价能够突破这样的历史高位，说明上涨行情十分强势，此时投资者可以买入股票。

耀皮玻璃日 K 线如图 8-4 所示。

图 8-4　耀皮玻璃日 K 线

如图 8-4 所示，2013 年，耀皮玻璃（600819）在持续下跌过程中，连续两次反弹到同样的位置都遇阻下跌。这说明在该价位上有较强的阻力存在。在随后的牛市行情中，股价又连续两次上涨到同样的位置遇阻下跌。这说明该价位的阻力依然存在。当股价上涨到该价位遇阻时，投资者应该注意风险。

当股价经过几次调整后，最终突破这个历史高位时，说明强势上涨行情已经展开。此时投资者可以追高买入股票。

三、对比大盘走势

通过将个股走势和大盘走势相对比，投资者可以发现很多单看个股走势无法发现的信息。

在熊市行情的尾端，当个股先于大盘见底时，投资者对该股票的未来很有信息。牛市来临时，该股票的涨势很可能也会强于整个大盘。

江苏索普日 K 线如图 8-5 所示。

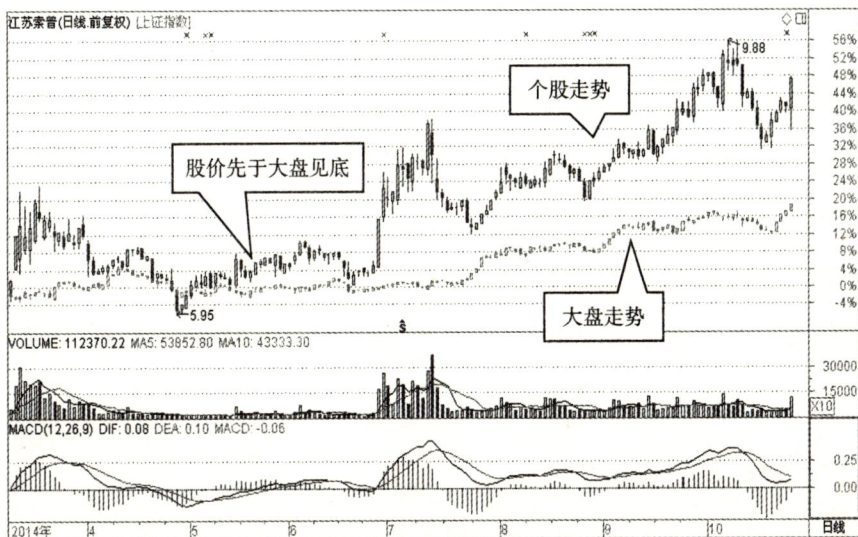

图 8-5　江苏索普日 K 线

如图 8-5 所示，2014 年 5 月至 6 月，当整个大盘还在下跌的过程中时，江苏索普（600746）的股价就已经开始见底反弹。这样的行情说明投资者对该股的走势更有信心。在未来的牛市行情中，该股有可能形成比大盘更强势的上涨行情。

在牛市中，如果股价在整个大盘上涨时能跟随上涨，整个大盘回调时，却不跟着回调，甚至继续上涨。就说明该股的整体走势强于整个大盘。选择这类股票买入，投资者有望获得超过整个大盘的收益。

小商品城日 K 线如图 8-6 所示。

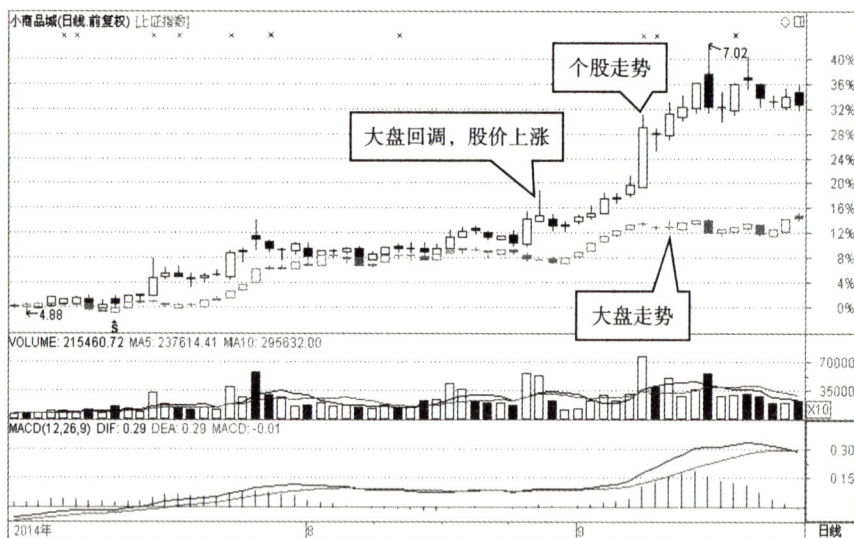

图 8-6　小商品城日 K 线

如图 8-6 所示，2014 年 7 月至 8 月，小商品城（600415）股价在大盘上涨时能跟随一起上涨，大盘回调时却没有跟随回调。这样的形态说明投资者对该股未来的走势更有信心。在牛市中，这样的股票往往能取得比大盘更强的涨幅。

四、对比同行业走势

如果某只股票的走势能强于同行业其他股票的走势，说明该股是这个行业中的龙头股。在牛市中，投资者应该买入这种龙头股。龙头股的股价越强势，就越能吸引市场上其他投资者的目光，吸引更多人买入，形成未来强势上涨的行情。

万科 A 日 K 线如图 8-7 所示。

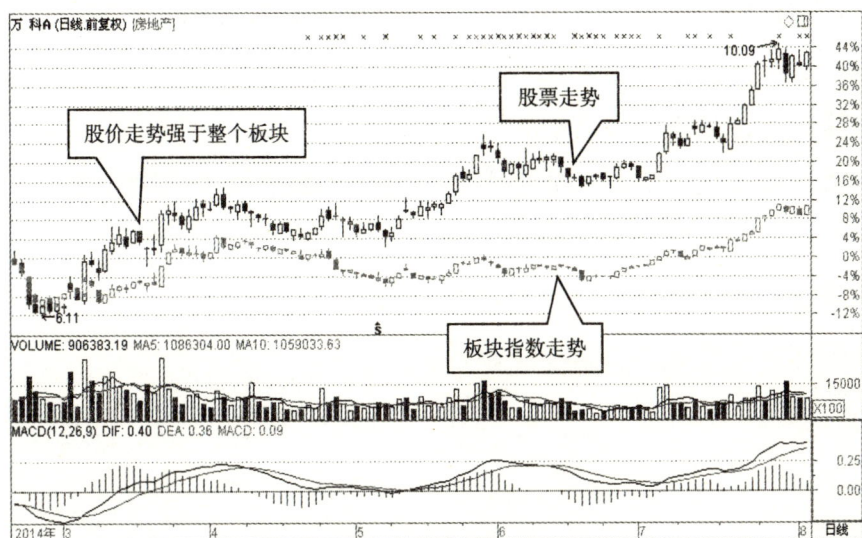

图 8-7　万科 A 日 K 线

如图 8-7 所示，2014 年 3 月，万科 A（000002）股价在见底反弹过程中，其上涨行情明显强于房地产板块的整体涨幅。这个形态说明投资者普遍认为万科 A 是房地产板块中的强势股。在牛市行情中，这种强势股最能吸引市场人气，是投资者买入股票的良好选择。

第二节　熊市中精选个股的精准盘感

在熊市中，投资者可以选择投资价值比较高、盈利能力比较强的股票。这些股票即使在熊市中，也不会有太深幅度的下跌，买入持有的风险比较小。

一、看股价累计跌幅

在熊市中，累计跌幅小于整个大盘的股票是投资者应该关注的重点。这些股票的跌幅小于大盘，说明投资者认可该股的投资价值。只要股价稍微下跌，就会有投资者抄底买入股票，造成股价在下跌过程中能够获得较强支撑，跌幅小于整个大盘。

这类股票是投资者在熊市中应该关注的重点品种。买入这类股票，一方面持股的风险较小，股价不会随大盘大幅下跌，另一方面，一旦牛市来临，这类股票往往能够取得比大盘更强的涨幅。

中信海直日 K 线如图 8-8 所示。

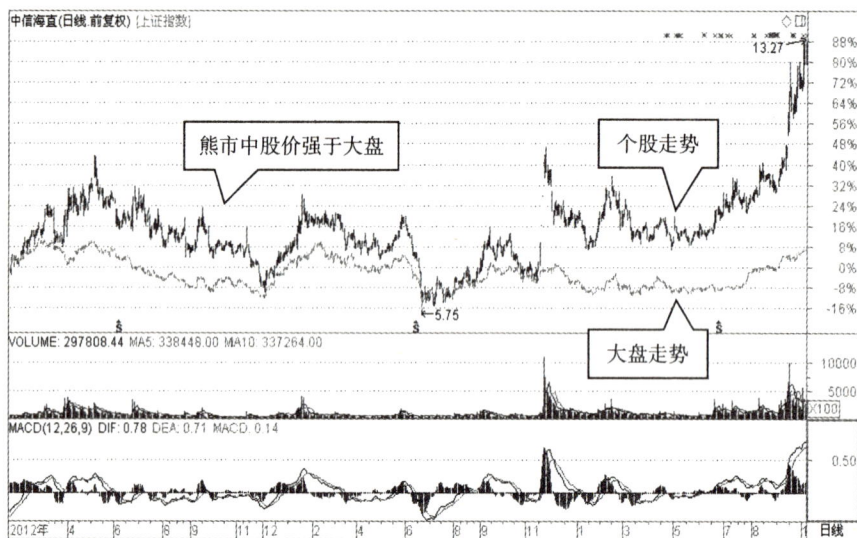

图 8-8　中信海直日 K 线

如图 8-8 所示，在 2012~2013 年的熊市中，中信海直（000099）的股价表现一直强于大盘。股价在大盘走势的上方运行。这种股票是投资者应该选择操作的重点品种。买入这种股票后，不仅在熊市中其股价的表现有保证，而且如果牛市开始，该股的走势也会明显强

于整个大盘。

二、看公司基本情况

熊市中，投资者可以重点选择那些基本面良好、盈利能力优秀的股票。这类股票的盈利能力是其股价的有力支撑，其股价不仅在牛市中能够大幅上涨，在熊市中也不会随大盘持续下跌，甚至可能有大幅上涨的趋势。

舒泰神日 K 线如图 8-9 所示。

图 8-9　舒泰神日 K 线

如图 8-9 所示，在 2011~2013 年持续的熊市行情中，舒泰神（300204）股价逆市大幅上涨。支撑股价这种逆市上涨行情的是该股出众的盈利能力。对于这种盈利能力超群的上市公司，其股价即使在熊市中也能有不错的涨幅。

三、看基金持仓情况

绝大多数基金都有持仓的最低比例。也就是说即使在熊市里，基金经理也必须持相当数量的股票。为了不让这部分股票资产随大盘下跌遭受巨大亏损，基金公司的经理们会集体持有一些重点股票。市场上将这种行为称为"抱团取暖"。

这些由基金大量持有的股票，是投资者在熊市中可以关注的重点。原因有两个方面：

第一是这类股票中除基金外其他投资者持有的股票较少，股价也就不会遭受巨大打压，是熊市中投资者可以重点关注的品种。

第二是基金的研究和调研能力要强于普通散户。基金选择"抱团取暖"的股票，其资质必然值得信赖。投资者在熊市中买入这类股票也会更加安全。

中茵股份十大流通股东如图 8-10 所示。

截止日期：2014-09-30 十大股东情况 A股户数：12390 户均流通股：26422				
股东名称（单位：万股）	持股数	占总股本比（%）	股份性质	增减情况
苏州中茵集团有限公司	13630.69	28.20	无限售 A 股	未变
东海基金—工商银行—东海基金—鑫龙 72 号资产管理计划（第二期）	4199.89	8.69	限售 A 股	渐进
高建荣	4126.67	8.54	无限售 A 股	未变
东海基金—工商银行—东海基金—鑫龙 72 号资产管理计划（第一期）	3500.11	7.24	限售 A 股	渐进
全国社保基金五零一组合	1800.00	3.72	限售 A 股	渐进
融通基金—招商银行—融通融裕 20 号特定多个客户资产管理计划	1800.00	3.72	限售 A 股	渐进
永赢基金—宁波银行—永赢基金—中投联达定增一期分级资产管理计划	1800.00	3.72	限售 A 股	渐进
招商财富—招商银行—同泰 1 号特定多个客户资产管理计划	1800.00	3.72	限售 A 股	渐进
冯飞飞	1649.00	3.41	无限售 A 股	未变
曹菊英	898.00	1.86	无限售 A 股	未变

图 8-10 中茵股份十大流通股东

如图 8-10 所示，通过中茵股份（600745）2014 年 9 月 30 日的十大股东名单可以看出，该股被大量基金持有。像这种被大量基金持有的股票，是投资者在选股买入时可以重点关注的品种。

第三节　震荡市中精选个股的精准盘感

在震荡市中，投资者的操盘重点是寻找中短线的顶部和底部进行波段操作。

一、明确支撑位和阻力位

波段操作最重要的是寻找支撑位和阻力位。只要能够确定支撑和阻力，就可以在支撑位买，在阻力位卖，赚取中间的差价。

寻找支撑和阻力最常见的方式是根据前期的阻力和支撑位置画阻力线，一旦未来股价再次下跌到支撑线获得支撑或者上涨到阻力线遇到阻力，就是投资者买卖股票的机会。

中国远洋日 K 线如图 8-11 所示。

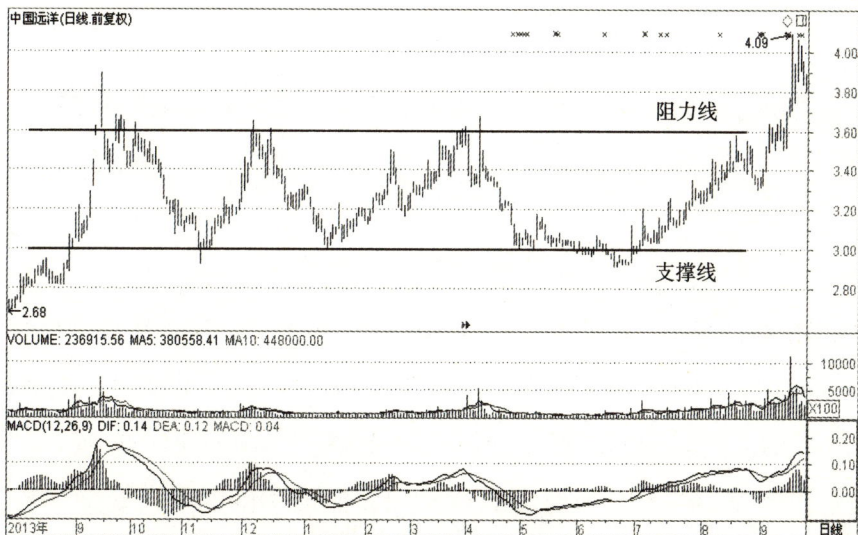

图 8-11　中国远洋日 K 线

如图 8-11 所示，2013 年 9 月至 2014 年 7 月，在中国远洋（601919）股价持续横盘整理的过程中，投资者可以找出该股的支撑位和阻力位。在未来的行情中，当股价下跌到支撑位获得支撑的时候，投资者可以买入股票，当股价上涨到支撑位遇到阻力时，投资者应该将手中的股票卖出。

在震荡行情中寻找支撑位和阻力位时，BOLL 指标是一个非常有用的技术指标。当股价持续横盘时，很可能会在 BOLL 指标的下轨获得支撑，在 BOLL 的上轨遇到阻力。投资者可以选择股价在 BOLL 下轨遇到阻力时买入股票，在 BOLL 上轨遇到支撑时卖出股票。

河北宣工日 K 线如图 8-12 所示。

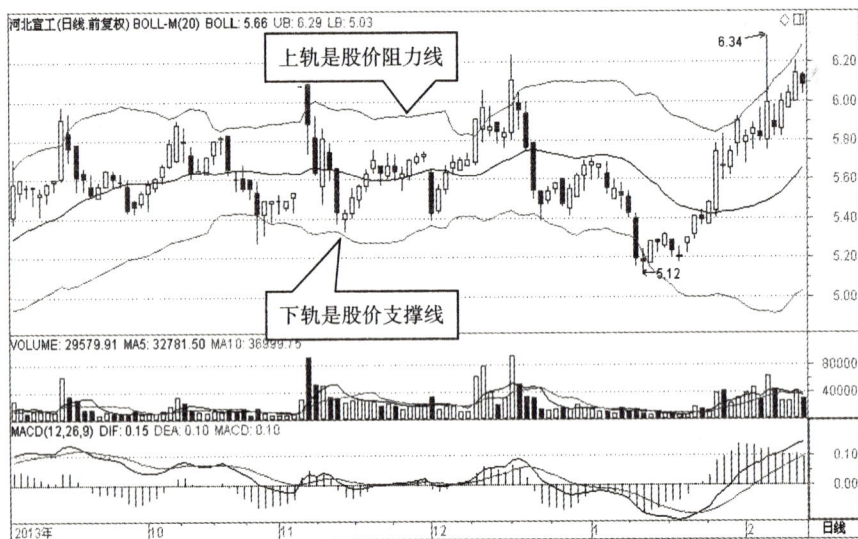

图 8-12　河北宣工日 K 线

如图 8-12 所示，2013 年 10 月至 2014 年 1 月，河北宣工（000923）在横盘整理过程中，BOLL 指标的下轨成为其下跌的支撑位，上轨成为其上涨的阻力位。投资者可以在股价下跌至 BOLL 下轨时买入股票，到股价上涨至 BOLL 上轨时将股票卖出，赚取中间的价差收益。

二、看顶部和底部成交量

在震荡行情中，随着股价上涨，投资者会普遍对后市行情失去信心，追高买入的人越来越少，当成交量萎缩到一定水平后，股价会见顶下跌。随着股价下跌，投资者对未来的信心会逐渐增强，当股价下跌至低位时，会有投资者买入股票，成交量放大。

因此在震荡行情中操作时，可以等股价下跌至低位，成交量开始放大时买入股票，股价上涨至高位，成交量萎缩时卖出股票。

中国玻纤日 K 线如图 8-13 所示。

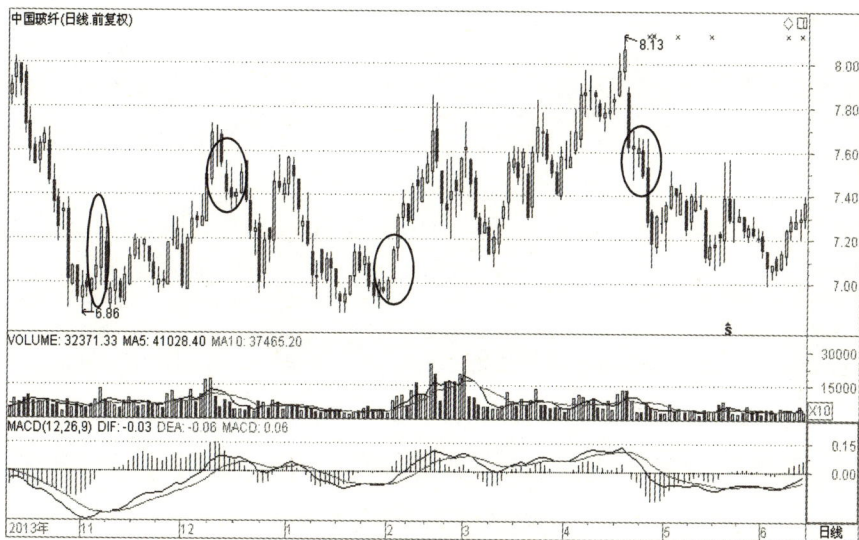

图 8-13　中国玻纤日 K 线

如图 8-13 所示，2013 年 11 月初，中国玻纤（600176）股价下跌至低位后突然上涨，成交量放大。这说明股价见底反弹，此时投资者可以买入股票。12 月，股价上涨至高位回调时，成交量大幅萎缩。这说明股价遇阻下跌，投资者应该卖出股票。

2014 年 2 月，股价下跌至低位后再次上涨，同时成交量也再次放大。这说明股价再次获得支撑反弹，投资者可以买入股票。4 月，股价上涨至高位后，成交量大幅萎缩。这说明股价再次遇阻下跌，投资者应该将股票卖出。

三、看突破后的上涨速度

股价突破持续横盘震荡的区间后，如果能快速上涨，说明上涨趋势已经确立，此时投资者可以积极买入股票。判断股价是否大幅上涨的具体标准是在 3 个交易日内是否有超过 3% 的累计涨幅。

奋达科技日 K 线如图 8-14 所示。

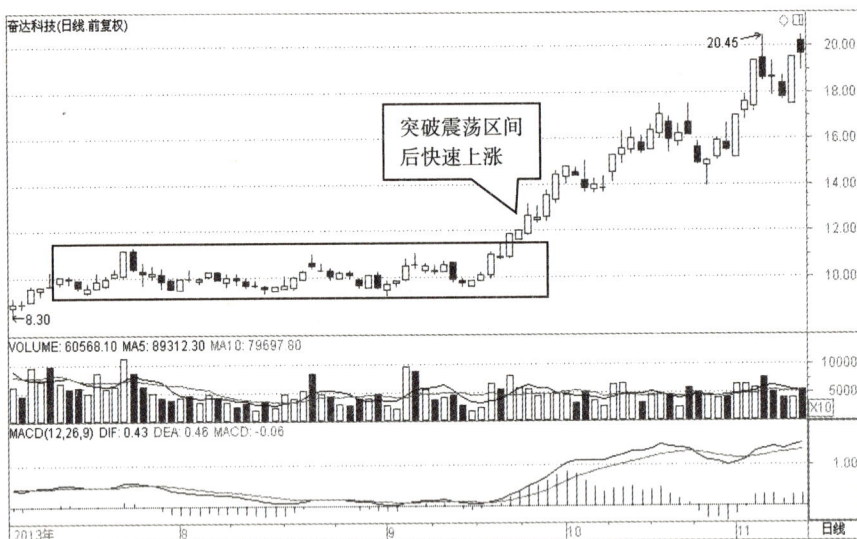

图 8-14 奋达科技日 K 线

如图 8-14 所示，2013 年 9 月底，奋达科技（002681）股价突破前期横盘震荡区间后快速上涨，很快就脱离了前期横盘震荡的价位。这个形态说明股价强势上涨的行情已经确定，投资者可以积极买入股票。

如果股价突破震荡区间后上涨趋势较弱，或者很快就回到了震荡区间中，就说明这次突破失败。股价很可能继续横盘震荡行情，甚至可能持续下跌。该形态出现时，投资者应该保持谨慎。

西部矿业日 K 线如图 8-15 所示。

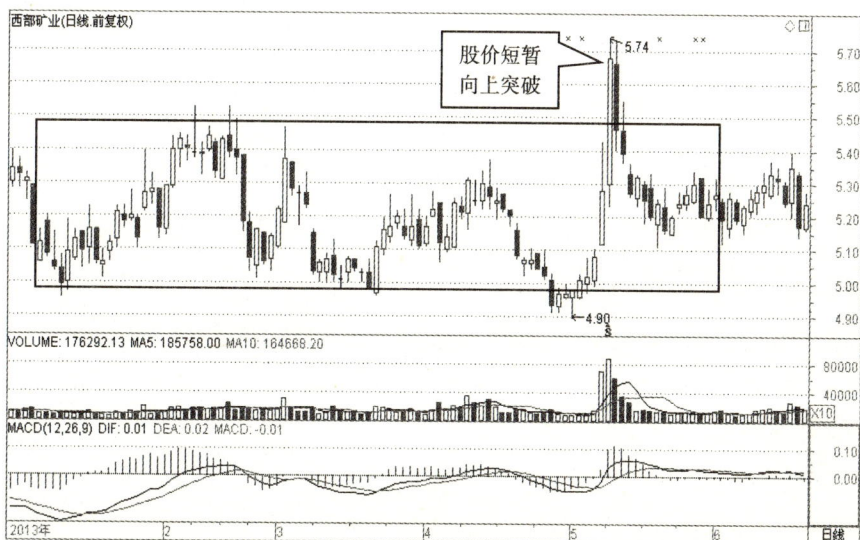

图 8-15　西部矿业日 K 线

如图 8-15 所示，2014 年 5 月，西部矿业（601168）股价短暂向上突破前期横盘震荡区间后，就快速回跌，跌回震荡区间之内。这个形态说明上涨趋势还没有确认，未来股价还可能调整甚至走弱，投资者应该保持谨慎。

股价突破后的回调并不都是坏事。如果股价突破前期震荡区间后回调时，没有跌破震荡区间上边线，就形成了回抽形态。回抽是对之前突破形态的确认。一旦股价能够再次上涨，就是非常强烈的看涨买入信号。

*ST 南钢日 K 线如图 8-16 所示。

如图 8-16 所示，2014 年 7 月，*ST 南钢（600282）向上突破震荡区间上边线后小幅回调。但回调没跌破震荡区间上边线就再次获得支撑上涨，形成了回抽走势。这次回抽是对之前突破形态的确认。看到这样的形态，投资者可以进一步确认上涨趋势的信号，积极加仓买入股票。

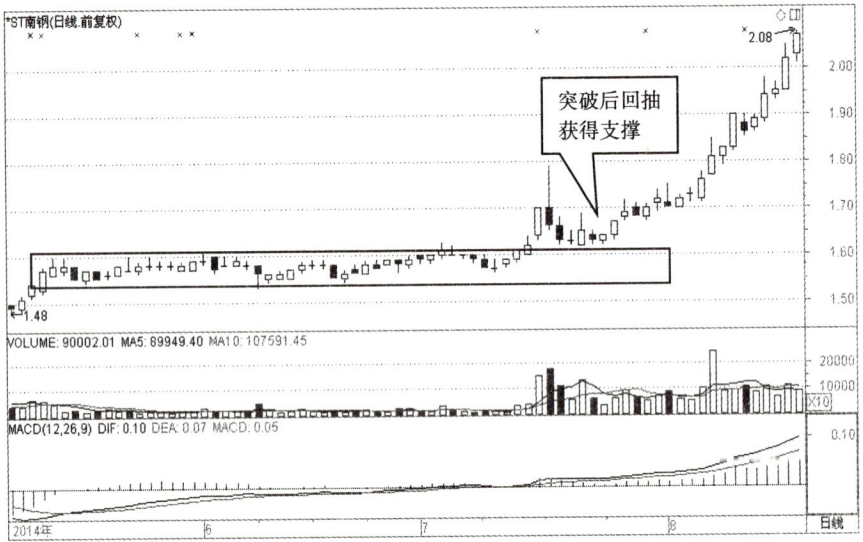

图 8-16　*ST 南钢日 K 线

第九章　精选涨停股票的精准盘感

第一节　观察 K 线图的盘感

股价涨停时，对应的 K 线形态包括大阳线、T 字线和一字线等。通过观察这些 K 线的形态，投资者可以了解涨停时市场上多方力量的强势程度，判断未来股价的走向。

一、看涨停所处的价位

当涨停板出现在不同的位置时，代表着不同的市场含义。

（1）横盘后涨停。当涨停板出现在股价横盘较长时间之后的低位时，说明经过较长时间的酝酿后，多方力量集中爆发。这一类股票未来能够持续上涨的可能性较大。

银禧科技日 K 线如图 9-1 所示。

如图 9-1 所示，2014 年 9 月 2 日，银禧科技（300221）股价经过较长时间的横盘之后强势涨停。这个形态说明在横盘过程中酝酿的多方力量集中爆发。未来股价在多方力量的拉动下，将会持续上涨。看到这样的涨停，投资者可以积极追高买入股票。

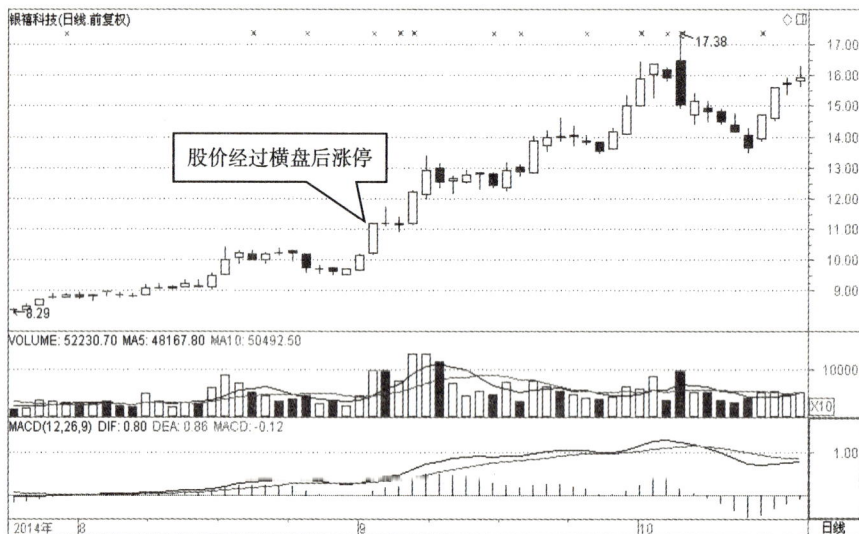

图 9-1　银禧科技日 K 线

（2）上涨后涨停。如果涨停出现在股价的持续上涨行情之后，说明虽然市场上的多方力量仍然强势，但这种突发性的涨停可能透支支撑股价上涨的多方力量。未来多方力量可能会暂时衰竭，股价有可能上涨遭遇阻力，甚至就此见顶下跌。因此这时候出现涨停时，投资者应该谨慎操作。

盐田港日 K 线如图 9-2 所示。

如图 9-2 所示，2014 年 9 月 22 日，盐田港（000088）股价经过持续上涨行情后，出现涨停。这个形态说明股价有可能是在加速赶顶。看到这个形态，投资者应该谨慎操作该股。

投资者需要注意，这种有上涨尽头含义的涨停只限于大阳线涨停。如果在股价持续上涨一段时间后，股价形成一字形涨停或者 T 字形涨停，则说明市场上可能是有突发利好的消息出现。多方力量虽然快速聚集，但没有完全爆发出来，未来还将是多方主导的强势行情。此时投资者仍可以积极追高。

兆日科技日 K 线如图 9-3 所示。

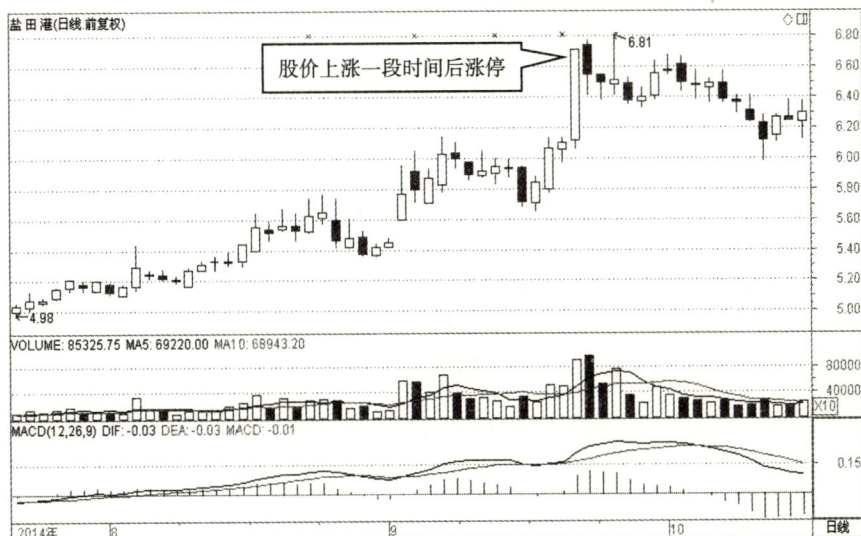

图9-2　盐田港日K线

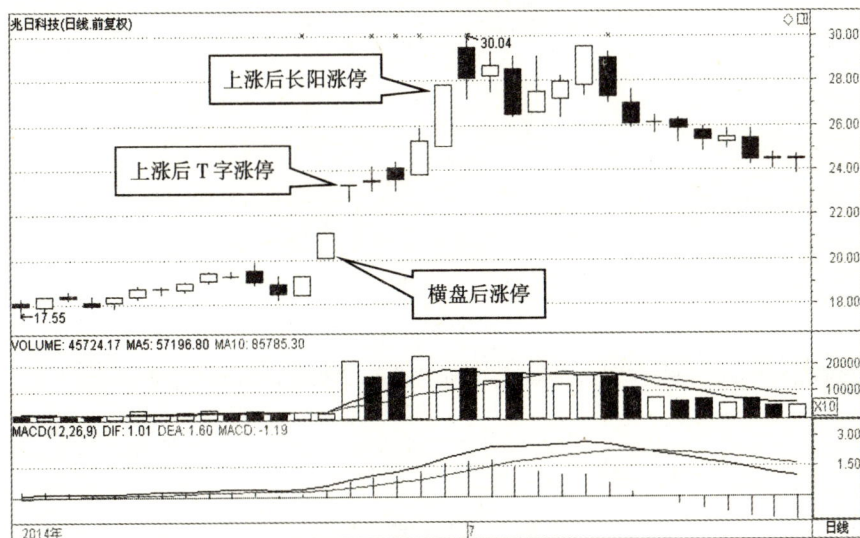

图9-3　兆日科技日K线

如图9-3所示，2014年6月23日，兆日科技（300333）股价经过较长时间横盘后横盘整理。此时多方力量集中爆发，投资者可以积极追高。

随后一个交易日，股价形成T字涨停。这个涨停虽然出现在上涨行情之后，但 T 字涨停的形态说明多方力量并没有被完全释放。这时投资者可以积极追高。

6 月 30 日，股价再次在高位形成长阳线涨停。这个形态说明此时市场上的多方力量已经有所衰竭，投资者不宜再追高买入股票。

二、看对历史高点的突破

如果股价能够以涨停的形态对历史价位形成突破，则说明市场上的多方力量十分强势，将前期套牢盘完全解放后仍有余力将股价推升至更高的位置。此时投资者可以积极买入股票。

海得控制日 K 线如图 9-4 所示。

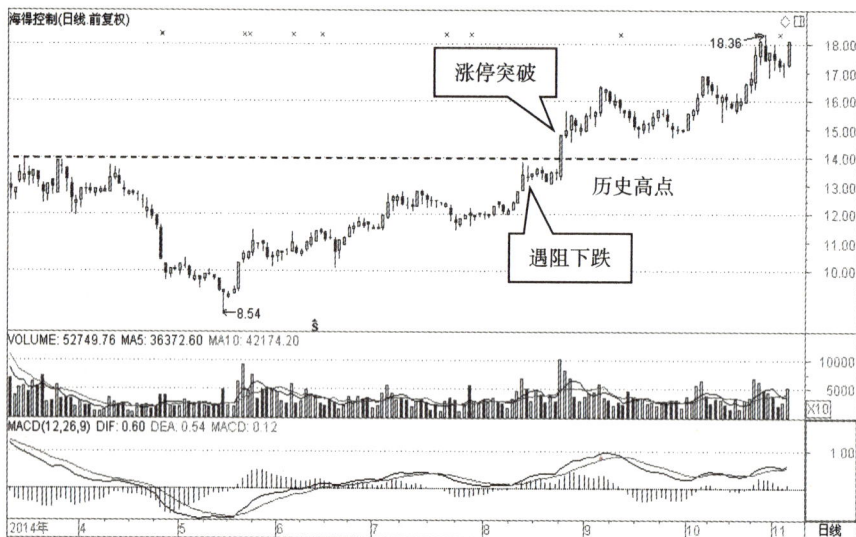

图 9-4　海得控制日 K 线

如图 9-4 所示，2014 年 8 月，海得控制（002184）股价上涨至前期高点附近后遇阻下跌。经过几个交易日整理后，该股以涨停的形式完成对前期阻力的突破。这个形态说明在调整过程中，多方聚集了巨大的能量，不仅将前期套牢盘完全解放，还有余力将股价推升至涨停板。对于这种强势上涨的股票，投资者可以积极买入。

三、看成交量相对情况

对于不同形态的涨停，成交量大小的影响也不相同。

（1）大阳线涨停的成交量。如果是大阳线涨停，则该阳线对应的成交量越大越好，至少应该超过前日成交量水平的 2 倍。这说明市场上多方力量强势，是未来股价会持续上涨的信号。

东方通日 K 线如图 9-5 所示。

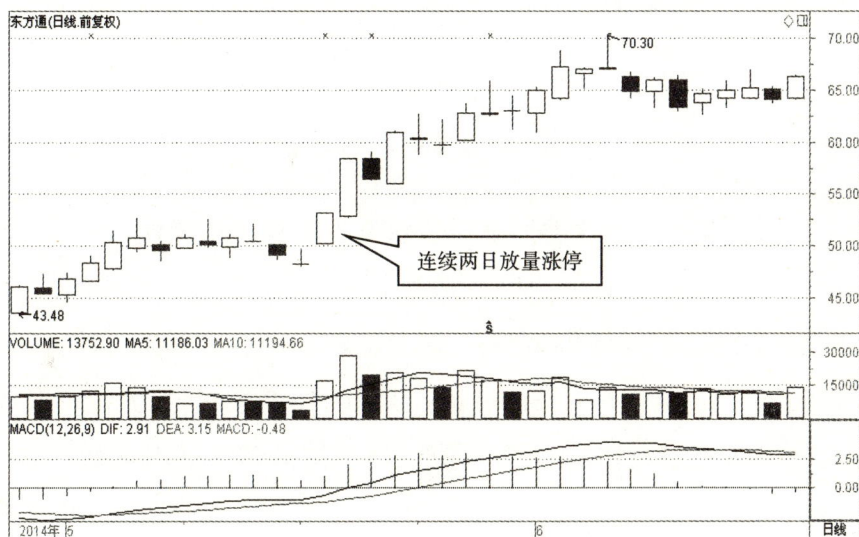

图 9-5　东方通日 K 线

如图 9-5 所示，2014 年 5 月 20 日和 21 日，东方通（300379）股价连续两个交易日涨停，同时这两个交易日的成交量也连续大幅放大。这样的形态说明股价的上涨十分强势。看到这样的形态，投资者可以积极追高买入。

雷曼光电日 K 线如图 9-6 所示。

如图 9-6 所示，2014 年 8 月 15 日和 9 月 3 日，雷曼光电（300162）的股价在两个交易日内分别涨停。不过这两个交易日的成交量均没有放大的迹象。从 K 线图上可以看出。这两个交易日结束后，股价均未

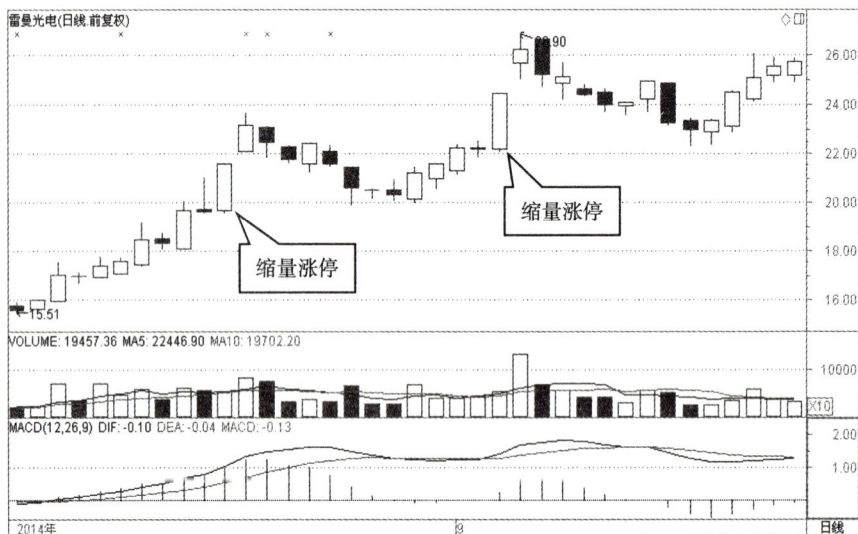

图 9-6 雷曼光电日 K 线

能继续上涨。因此看到这类形态时，投资者需要谨慎操作。

（2）一字线或 T 字线涨停的成交量。如果是一字线或 T 字线涨停，则对应的成交量越小越好。成交量较小说明市场上的投资者普遍看好后市，抛盘有限，未来股价很可能还会继续涨停。如果成交量较大则说明大量投资者认为股价已经上涨到尽头，开始抛出股票，给股价的上涨造成巨大压力。在巨大的压力下，未来股价很难再继续上涨。

开能环保日 K 线如图 9-7 所示。

如图 5-7 所示，2014 年 7 月初，开能环保（300272）股价连续五个交易日形成一字涨停。前四个涨停时成交量均大幅萎缩，说明投资者一致看好后市，未来股价将被持续推升。投资者可以追高买入。

最后一个涨停时，成交量大幅放大。这说明有大量投资者已经开始看空后市，将手中的股票抛出。此时投资者不宜再入场操作。

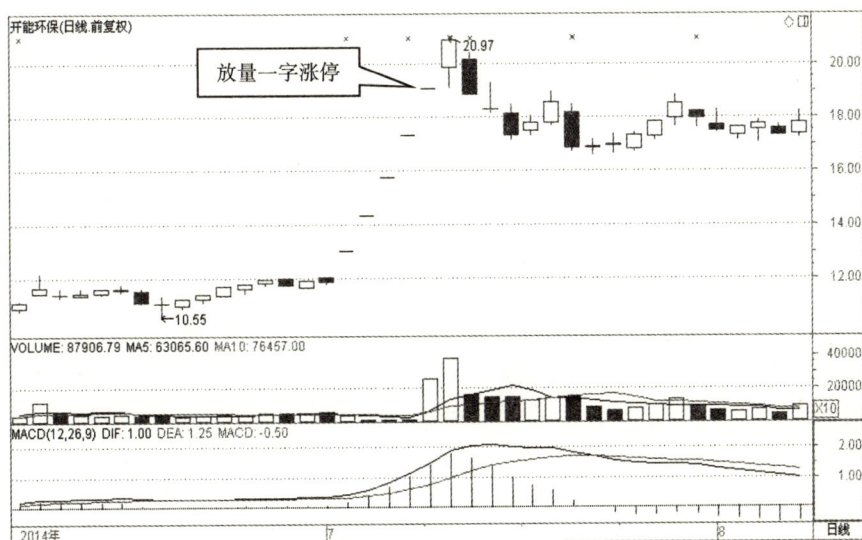

图 9-7 开能环保日 K 线

四、看下影线长度

当股价涨停时，对应 K 线的下影线越长，说明当日股价曾经被打压至越低的位置。因此，涨停 K 线带有较长的下影线是上方压力较强的信号，股价未来继续上涨的前景不明朗，投资者不应追高买入。

相反，如果涨停的 K 线是一字线或者大阳线，没有下影线，则说明上方压力较弱，上涨趋势较强，投资者可以积极买入股票。

菲利华日 K 线如图 9-8 所示。

如图 9-8 所示，2014 年 9 月，菲利华（300395）上市后，股价连续出现没有下影线的一字涨停。这样的形态说明该股的上涨趋势很强，未来会继续向上。直到 9 月 18 日，股价虽然继续涨停，但这根 K 线带有下影线。该形态说明股价上涨遭遇阻力，未来连续涨停的行情已经难以持续。

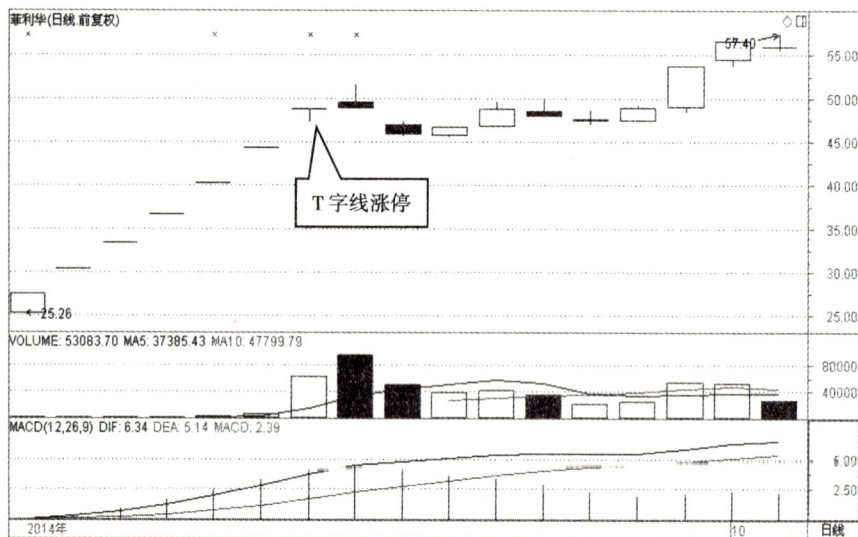

图 9-8　菲利华日 K 线

第二节　观察分时图的盘感

通过涨停板的分时图，投资者能够看出股票的上涨是否足够强势，未来这种强势上涨还能否持续，进而决定是否要追高买入股票。

一、看开盘价的位置

如果某个交易日股价大幅高开然后涨停，说明当日多方的力量很强，这种强势在开盘阶段就显现出来，并且在开盘后持续强势，最终将股价推升至涨停。看到这样的强势形态，投资者可以积极追高买入股票。

卫宁软件日 K 线如图 9-9 所示。

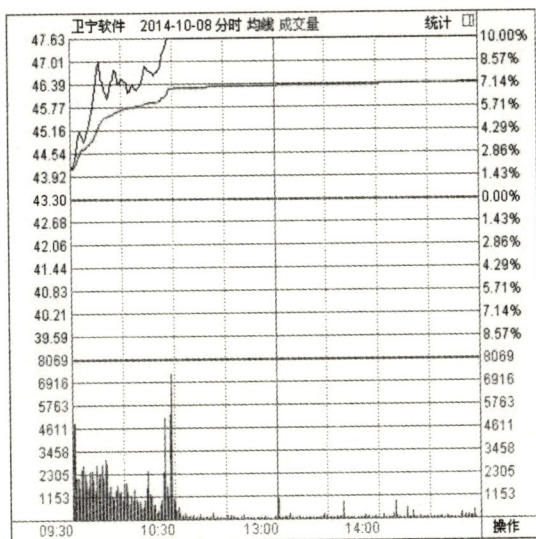

图 9-9　卫宁软件日 K 线

如图 9-9 所示，2014 年 10 月 8 日，卫宁软件（300253）股价大幅高开后持续上涨，最终上涨至涨停。这个形态说明股价的上涨能量很强。看到这样的形态，投资者可以积极追高买入股票。

如果股票在开盘时低开，说明此时投资者对该股当日的行情并不看好。随后如果股价能被拉升至涨停板，很有可能是当日盘中突发利好，或者有主力的大资金在集中买入股票。无论是哪种原因，这种强势行情可能不会持续太长时间。因此看到这样的形态时，投资者应该保持谨慎，暂时观察股价的后市走向。

北方股份分时图如图 9-10 所示。

如图 9-10 所示，2014 年 7 月 30 日，北方股份（600260）股价低开后被快速拉升。这说明在开盘阶段，投资者对该股后市行情并不看好。虽然股价最终被拉升至涨停板，但这种强势行情可能不会持续太长时间。看到这样的形态，投资者应该暂时观望未来行情的走向。

从当日下午的行情看，涨停板被打开，并且股价持续下跌。只是在最终收盘前被再次拉升至涨停。这个形态同样是该股上涨趋势并不

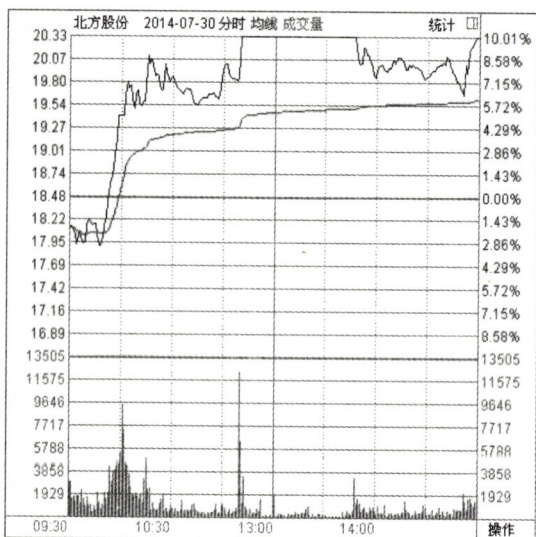

图 9-10 北方股份分时图

十分强烈的信号。

北方股份日 K 线如图 9-11 所示。

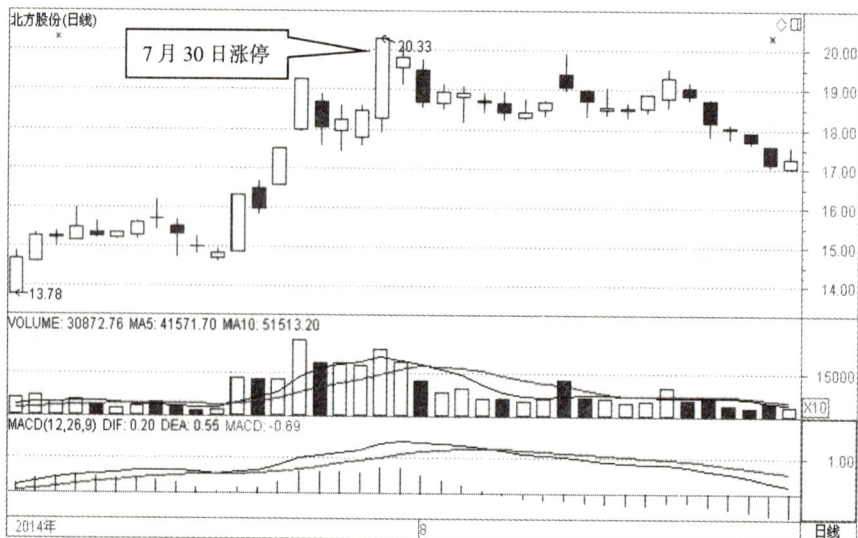

图 9-11 北方股份日 K 线

如图 9-11 所示，7 月 30 日北方股份涨停后，随后一个交易日股价低开后形成小阳线。这两个交易日的 K 线组合成顶部孕线形态。这是股价即将反转的信号。

因此，通过对股价涨停的后续走势综合判断，此时北方股份的上涨行情已经不再强势。投资者不宜再追高买入股票。

如果股价在开盘时就涨停，并且在当日一直保持涨停板，形成一字形涨停线，则说明当日股价上涨行情十分强势。投资者可以积极追高买入。

溢多利分时图如图 9-12 所示。

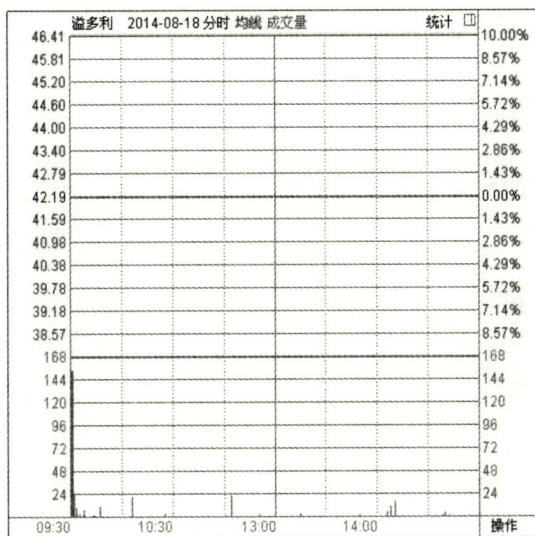

图 9-12 溢多利分时图

如图 9-12 所示，2014 年 8 月 18 日，溢多利（300381）股价自开盘就涨停，并且涨停一直保持到当日收盘前。这样的形态说明当日股价的上涨行情非常强势。看到这样的形态，投资者可以积极追高买入该股。

二、看涨停打开的形态

股价封涨停板后，如果涨停板被打开，就说明投资者后市走向的信心不足，没有更多投资者追高买入，同时有大量投资者抛出股票。

此时的上涨行情不再强势。

轻纺城分时图如图 9-13 所示。

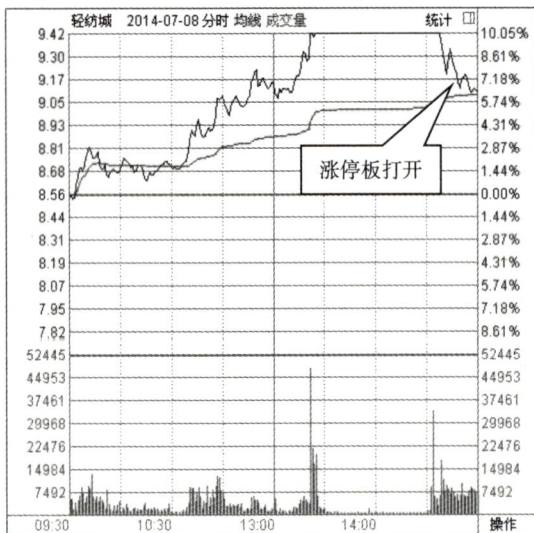

图 9-13 轻纺城分时图

如图 9-13 所示，2014 年 7 月 8 日下午，轻纺城（600790）股价一度被拉升至涨停板。这说明此时市场上的多方力量非常强势。但是到收盘前，该股的涨停板被打开。这说明多方力量的强势并没能持续下去，股价上涨趋势变弱。

如果涨停板被打开后，股价很快就能重新上涨，再次涨停，则说明又有新的多方力量进入，股价的强势上涨行情还将继续。此时投资者可以继续追高买入。

安信信托分时图如图 9-14 所示。

如图 9-14 所示，2014 年 10 月 8 日，安信信托（600816）股价涨停后被短时打开，很快就再次涨停。这样的形态说明多方力量经过短暂休整后，重新变得强势。未来股价强势上涨的行情还将继续。看到这样的形态，投资者可以继续追高买入。

有时候涨停板被打开后，虽然能够再次涨停，但中间经历了较大

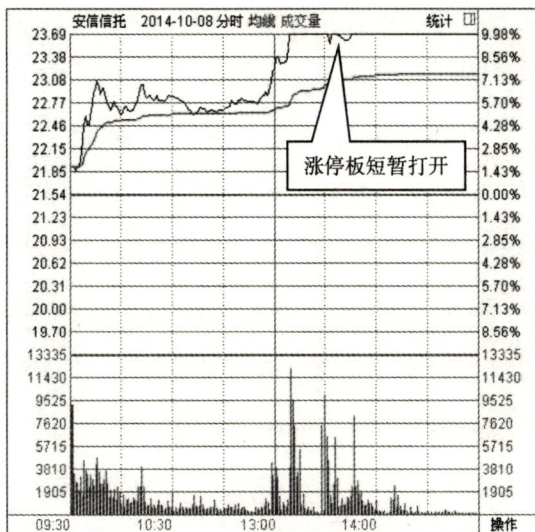

图 9-14　安信信托分时图

幅度的下跌且持续较长时间。这样的下跌已经将之前的上涨趋势破坏，即使股价最终仍以涨停收盘，也说明多方力量不像之前一样强势。看到这样的形态，投资者应该谨慎操作。

金禾实业分时图如图 9-15 所示。

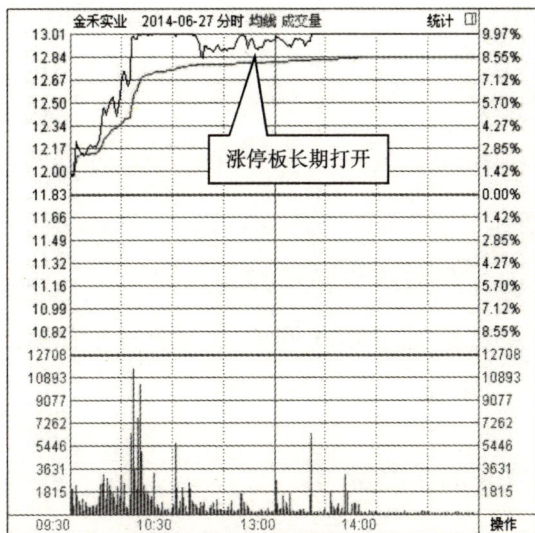

图 9-15　金禾实业分时图

如图 9-15 所示，2014 年 6 月 27 日，金禾实业（002597）股价涨停。盘中，涨停板被打开，而且持续了较长时间。虽然最终股价仍然以涨停收盘，但盘中涨停被打开的形态已经破坏了长期上涨的趋势。未来股价很难再强势上涨。看到这样的形态，投资者应该谨慎操作。

如果涨停板被打开回调幅度不大且持续时间不长，不会对上涨趋势形成太大影响。但是这种形态如果出现的次数太多，同样说明涨停板并不稳健，上涨行情难以持续。此时投资者应该谨慎操作。

大连国际分时图如图 9-16 所示。

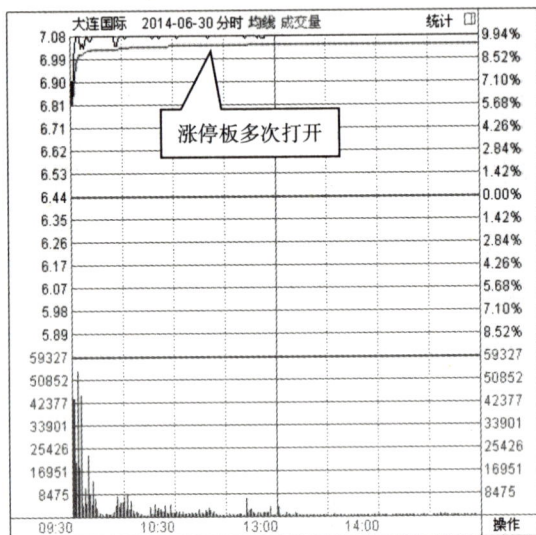

图 9-16　大连国际分时图

如图 9-16 所示，2014 年 6 月 30 日，大连国际（000881）股价涨停后，盘中多次被打开涨停板。虽然每次被打开回调幅度都不大且持续时间不长，但是这样的形态同样说明上涨行情已经很不稳固。看到这样的形态，投资者应该尽量谨慎操作。

三、看涨停打开的成交量

涨停板在盘中被打开时，如果成交量不大，则说明这次涨停板打

开只是多方力量暂时萎缩，一旦未来多方力量能够持续进入，股价还将继续上涨。

　　如果涨停板打开时成交量大幅放大，则说明这次打开是因为空方力量大幅增强。在这样的情况下，未来股价持续上涨的行情已经很难再持续。

　　在这里，衡量成交量大小的依据是参照股价封涨停时的成交量水平。如果涨停板被打开时的成交量小于封涨停时的成交水平，就说明成交量不大，强势上涨还将继续。如果涨停板被打开时的成交量高于封涨停时的成交量水平，则说明成交量较大，强势上涨很难再持续。

　　西仪股份分时图如图 9-17 所示。

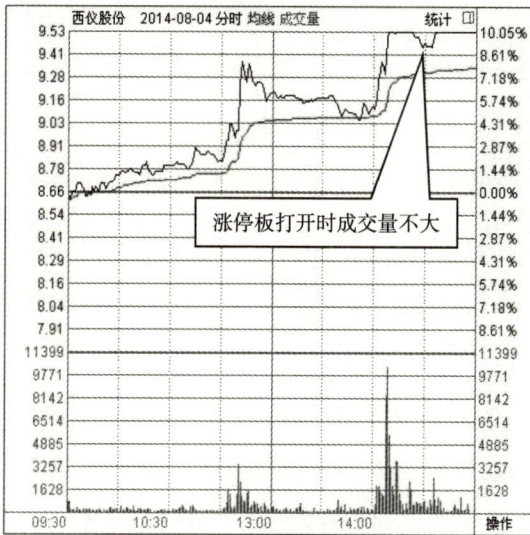

图 9-17　西仪股份分时图

　　如图 9-17 所示，2014 年 8 月 4 日下午，西仪股份（002265）股价涨停。随后涨停板虽然被打开，但是对应的成交量并不大，没有超过股价封涨停时的成交量水平。这样的形态说明涨停板被打开只是多方力量短暂休整，未来股价还将强势上涨。此时投资者可以积极追高买入。

泸天化分时图如图 9-18 所示。

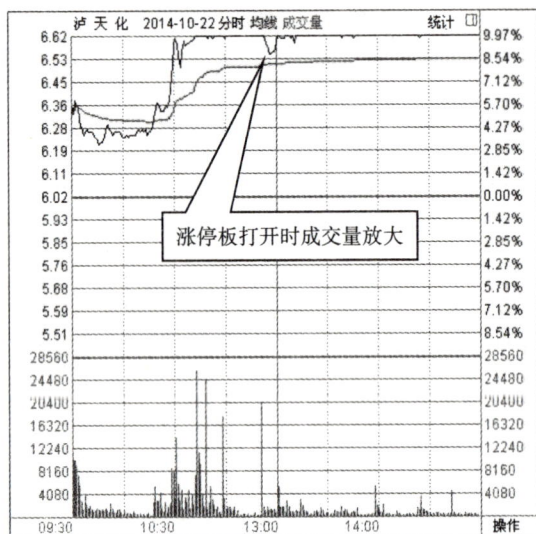

图 9-18 泸天化分时图

如图 9-18 所示，2014 年 10 月 22 日，泸天化（000912）股价涨停后在上午收盘前被打开。涨停板被打开时，成交量大幅放大。这样的形态说明此时空方力量大幅增强，将股价向下打压导致涨停板被打开。此时股价已经有了见顶下跌的风险，投资者应该谨慎操作。

四、看盘中股价的回调速度

在盘中股价被拉升至涨停板的途中，如果上涨行情非常顺畅，股价连续上涨，并没有明显的回调走势，则说明此时的连续上涨是市场上投资者的一致看法，这样的涨停行情十分强势。

如果股价被持续拉升的过程中出现了明显的回调行情，回调幅度较深且持续时间较长，则说明在股价上涨途中有较强的卖盘被抛出，对股价上涨形成较强阻力。未来这种抛盘还可能会不断出现。这样股票即使涨停，未来也很难持续上涨。投资者应该谨慎介入。

中材节能分时图如图 9-19 所示。

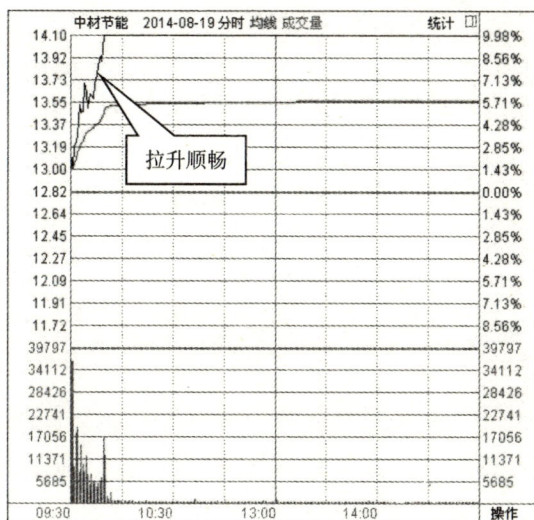

图 9-19　中材节能分时图

如图 9-19 所示，2014 年 8 月 19 日，中材节能（603126）被拉升的过程中，上涨行情十分顺畅。这样的形态说明股价上涨没有遭遇抛盘的打压，上涨行情非常强势。看到这样的形态，投资者可以积极追高买入股票。

安硕信息分时图如图 9-20 所示。

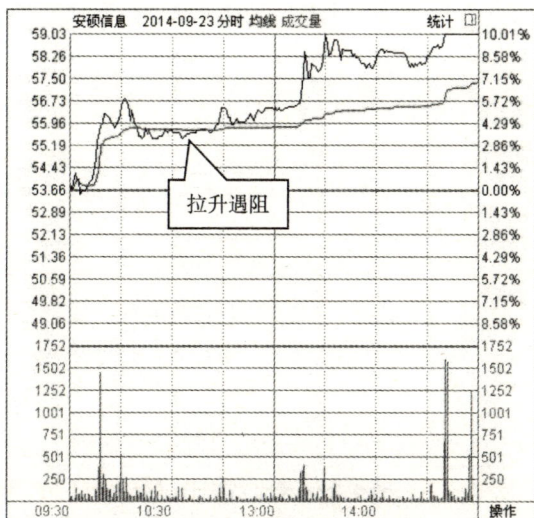

图 9-20　安硕信息分时图

如图 9-20 所示，2014 年 9 月 23 日，安硕信息（300380）股价被拉升至涨停的过程中，形成了多次回调，回调幅度较深且持续时间较长。直到收盘前，股价才被拉升至涨停。这样的形态说明股价在上涨过程中，遭遇了较强的抛盘压力，上涨趋势较弱。对这种股票，投资者应该谨慎操作。

五、看分时均线对股价上涨的支撑

在股价被拉升至涨停的过程中，如果分时线一直在分时均线上方运行，即使回调也能在分时均线位置获得支撑，则说明上涨行情比较强势。

如果股价被拉升至涨停的过程中出现了深幅度的回调，分时线跌破分时均线，则说明此时的账上行情并不强势。这样的情况下，股价很难保持持续上涨的行情。看到这样的形态，投资者应该谨慎操作。

金证股份分时图如图 9-21 所示。

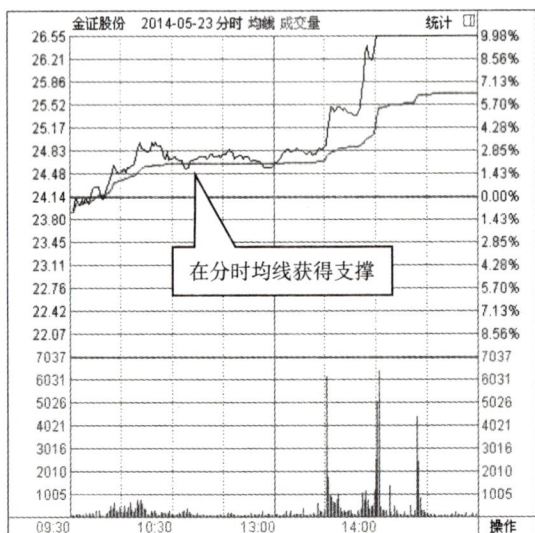

图 9-21　金证股份分时图

如图 9-21 所示，2014 年 5 月 23 日，金证股份（600446）股价在被持续拉升的过程中，上涨行情十分稳健。股价多次下跌到分时均线位置都获得支撑，继续上涨。最终股价被拉升至涨停板。这个形态说明股价处于良好的上涨趋势中，未来这种上涨趋势还将会持续。看到这个形态，投资者可以积极追高买入股票。

应流股份分时图如图 9-22 所示。

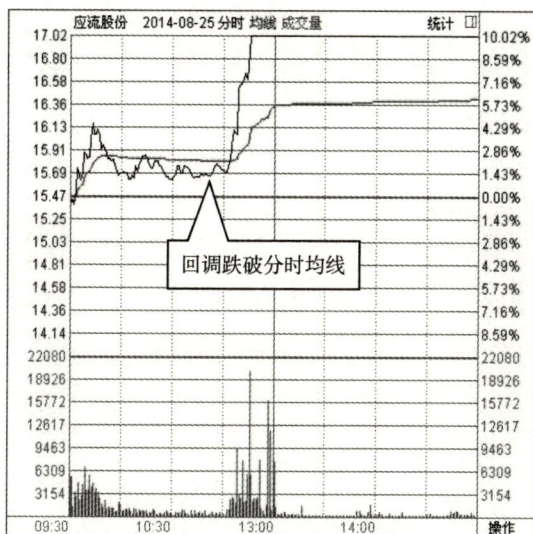

图 9-22　应流股份分时图

如图 9-22 所示，2014 年 8 月 25 日，应流股份（603308）股价在被拉升的过程中，出现了较深幅度的回调。分时线跌破分时均线并长期在分时均线下方运行。这样的形态说明股价的上涨行情并不是十分强势。虽然股价最终被拉升至涨停，但这种上涨很难持续。看到这样的形态，投资者应该谨慎追高。

第三节 观察盘口的盘感

盘口信息包括五档买卖盘挂单、买卖成交单和即时成交量等方面的信息。通过股价涨停过程中的盘口信息，投资者可以直观地了解当前市场上买卖双方的力量对比，从而判断当前市场上的涨停是否是真的强势，决定是否要追高买入。

一、看拉升的扫单大小

在股价被拉升至涨停的过程中，买单越大，追高买入的投资者越多，则说明股价的强势上涨获得了越多的投资者认可，该上涨形态也就越强。当出现这样的形态时，投资者可以积极追高买入股票。

东方电缆分时图如图 9-23 所示。

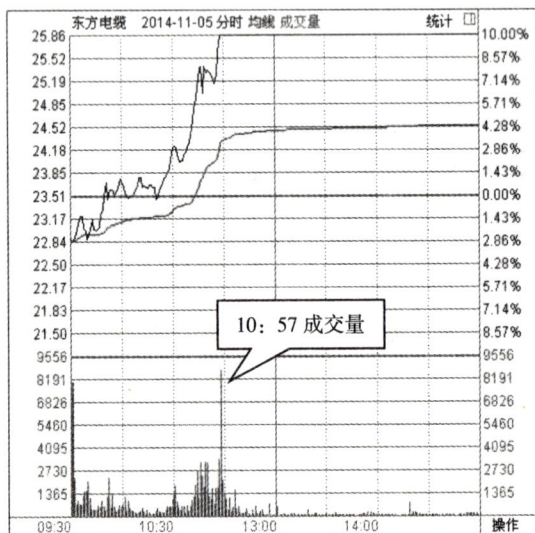

图 9-23 东方电缆分时图

东方电缆分时成交如图 9-24 所示。

10:56	25.60	413	B
10:57	25.55	175	S
10:57	25.61	300	B
10:57	25.64	144	B
10:57	25.80	1976	B
10:57	25.86	3821	B
10:57	25.86	95	S
10:57	25.86	65	S
10:57	25.86	158	S
10:57	25.86	113	S
10:57	25.86	1073	S
10:57	25.86	319	S
10:57	25.86	448	S
10:58	25.86	121	S

图 9-24 东方电缆分时成交

如图 9-23 和图 9-24 所示，2014 年 11 月 5 日，东方电缆（603606）股价被拉升至涨停的过程中，成交量大幅放大。从图中可以看到，该股于上午 10：57 被拉升至涨停。这一分钟内，出现了大量买单，成交量大幅放大。这样的形态说明此时的上涨行情十分强势。投资者可以积极追高买入这类股票。

二、看涨停的封单大小

股价被拉升至涨停后，在涨停价位上往往会有巨大买单将股价牢牢封住，以使小规模的买单也无法将涨停打开。在这个价位上的买单越多，说明有越多投资者准备在涨停的价位买入股票，市场上对该股普遍看涨，未来这种强势上涨的行情还有望继续。

如果涨停的封单较小，则说明没有太多投资者认可该股的涨幅。未来一旦有较大的卖单出现，涨停板即将被打开。对于这种股票，投资者不宜追高介入。

判断涨停封单大小的依据是将涨停封单与股票涨停后的成交量数据对比。

萃华珠宝分时盘口如图 9-25 所示。

14:03	22.85	1	S	1
14:05	22.85	10	S	1
14:07	22.85	1	S	1
14:11	22.85	5	S	1
14:16	22.85	5	S	1
14:21	22.85	5	S	1
14:21	22.85	3	S	1
14:29	22.85	2	S	1
14:30	22.85	5	S	1
14:30	22.85	5	S	1
14:36	22.85	3	S	1
14:36	22.85	5	S	1
14:37	22.85	5	S	1
14:45	22.85	5	S	1
14:46	22.85	5	S	1
14:55	22.85	5	S	1

卖五		
卖四		
卖三		
卖二		
卖一		
买一	22.85	64290
买二	22.84	739
买三	22.83	117
买四	22.82	199
买五	22.81	2

图 9-25　萃华珠宝分时盘口

图 9-25 为 2014 年 11 月 7 日萃华珠宝（002731）股价涨停后的分时盘口。从图中可以看出，该股的涨停封单数量极大，与之相对的，涨停后的卖单数量却极少。从 14：00 开始的一小时内卖单数量之和也只有涨停封单数量的千分之一左右。这个盘口形态说明该股的涨停十分强势。对于这种股票，投资者可以积极追高买入。

宝丽来分时盘口如图 9-26 所示。

时间	价格	现量		
14:43	23.08	20	B	2
14:43	23.08	9	B	1
14:44	23.08	17	B	2
14:44	23.08	1	B	1
14:44	23.08	842	B	29
14:44	23.08	4	S	2
14:44	23.08	7	S	1
14:44	23.08	179	S	2
14:45	23.08	3	S	1
14:45	23.08	3	S	1
14:45	23.08	30	S	1
14:46	23.08	10	S	1
14:47	23.08	14	S	1

卖五		
卖四		
卖三		
卖二		
卖一		
买一	23.08	6713
买二	23.07	123
买三	23.06	11
买四	23.05	16
买五	23.04	50

图 9-26　宝丽来分时盘口

图 9-26 为 2014 年 11 月 7 日宝丽来（000008）股价涨停后的分时盘口。从图中可以看出，该股虽然被封在涨停板上，但涨停封单较小。与 6713 手封单相比，该股盘中多次出现大笔买单。这样的形态说明该

股的涨停封盘并不牢固。投资者对该股后市还没有形成一致看涨的态度。此时不应该冒险追高买入该股。

三、看涨停后的卖单大小

股价涨停后，会有部分投资者在涨停板上将股票抛出。如果股价的上涨十分强势，投资者对后市一致看涨，则很少会有投资者在涨停板上抛出股票，对应涨停板上的卖单很少。这时投资者可以积极追高买入。

相反，如果在涨停板上有巨大的卖盘出现，则说明此时投资者还没有对后市一直看涨，上涨行情并不够强势，涨停板有被打开的可能。此时投资者不应该再冒险操作。

海洋王分时图如图 9-27 所示。

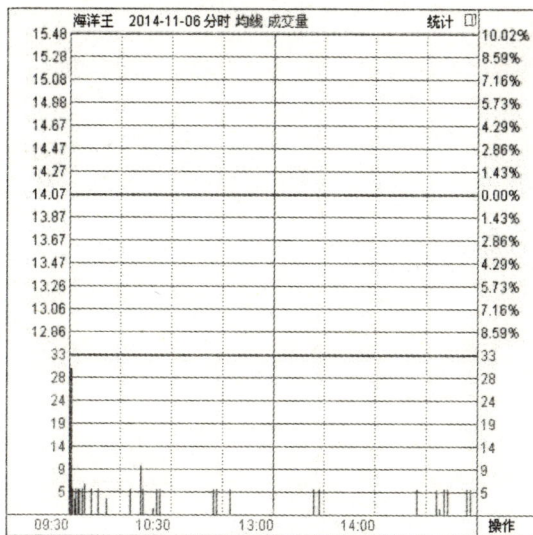

图 9-27 海洋王分时图

如图 9-27 所示，2014 年 11 月 6 日，海洋王（002724）股价自开盘起就被封在涨停板上，并且在随后的走势中，该股抛盘很少。这样的形态说明市场上的投资者普遍看好该股后市走向，股价的上涨行情十分强势。看到这样的股票，投资者可以积极追高买入。

金卡股份分时图如图 9-28 所示。

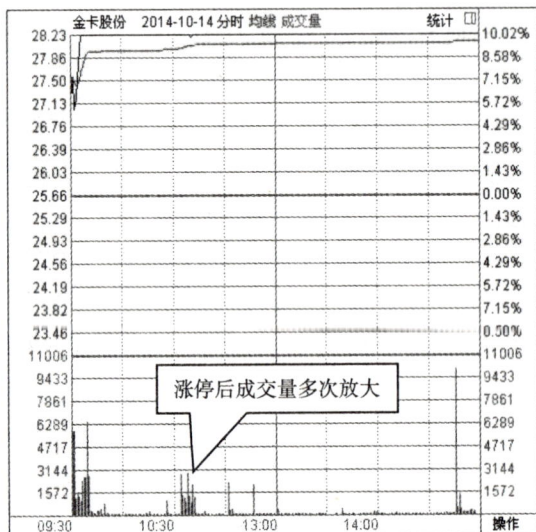

图 9-28 金卡股份分时图

如图 9-28 所示，2014 年 10 月 14 日，金卡股份（300349）股价虽然很早就被封在涨停板上，但涨停后出现了大量卖单，多次将股价向下打压。这样的形态说明该股的涨停并不牢固，上涨趋势不是十分强烈。对于这种股票，投资者应该谨慎操作。

第十章 锻炼精准盘感的心理素质

第一节 树立正确的交易心态

一、做好充分的投资准备

投资者在进入股市之前，一定要做好充分的准备。充分的准备是保证投资者树立良好投资心态的基础。这种准备包括资金、知识、心理三个方面的准备。

第一，资金准备。投资者用来炒股的资金必须是长期闲置不用的资金。入市后，投资者至少应该保证这些资金在 3~5 年都不会动用。如果投资者炒股的资金经常要用作其他支出，将难以保证自己的投资收益。

为此，投资者在投资前应该做一下家庭和个人的经济预算。投资者至少应有充分的银行存款以维持日常生活以及应付其他的临时急用开支，然后才可以将多余的钱用来投资。

此外，投资者绝对不能用借来的钱炒股。如果借钱炒股，在股票交易时就会有巨大的心理压力。在这样的压力下，任何人都很难发挥出正常的炒股水平。这是无数前辈血的教训。

第二，知识准备。炒股需要的知识准备主要包括两个方面。一是宏观经济层面。投资者需要学习和了解政府的经济和证券政策，需要了解证券法规，知法、懂法和守法，并关注国内外形势。这有利于投资者判断整个市场的长期走势，为自己的投资指明大方向。二是投资者要掌握股票的基本知识、买卖股票的规则以及买卖股票的技巧等知识，学会从基本面和技术面来分析股票的走势，通过对决定股票投资价值和价格的基本要素（如宏观经济指标、经济政策导向、行业发展状况、公司的经营状况等）进行分析，判断股票价格的未来走势。这有利于指导投资者进行具体的股票操作。

第三，心理准备。很多成功的投资者都认为，炒股成功需要的是：七分心态，两分技术，一分运气。在股票投资过程中，很多情况下心态要比技术更加重要。

心态是很多投资者盈利或者亏损的关键。一方面，当股价下跌到底部后，很多技术指标都形成看涨信号，但投资者却因为害怕股价下跌而不敢买入；另一方面，股价上涨到高位后，很多技术指标都形成看跌信号，但投资者却因为想要股价涨得更高而不愿卖出。在这里，恐惧和贪婪的心态就会导致投资者无法发挥出正常的分析水平。

类似这种恐惧和贪婪的心理弱点是每个人都会有的，而且可能会在入市之后的很长时间都一直伴随着投资者。只有克服这些心理弱点，投资者才能逐渐成熟。而在投资者入市交易日的时候，就要做好改变自己这种心态的准备。

二、坚持自己的投资方法

对于初入股市的投资者，可以选择的股票分析方法有很多种。我们可以大致将其分为两类。一类是注重公司价值分析的价值投资理论，

另一类是注重股价走势分析的技术分析理论。在这两种基本的分析理论之下，根据具体使用的分析工具的不同，又可以分为很多具体的分析方法。例如在价值分析理论中，包括宏观经济周期分析、公司价值分析以及公司成长性分析等；在技术分析理论中，包括 K 线形态分析、画线趋势分析、波浪走势分析以及技术指标分析等。

以上每种分析方法都有一定道理，都是各路投资高手在长时间的操盘交易过程中总结出来的投资经验，也都会在不同的市场环境下起到各自独特的作用。投资者可以根据自己的习惯、性格和交易习惯来选择适合自己的分析方法。

例如，如果投资者本身从事财务工作，擅长分析公司财务报表，就可以选择价值分析理论，通过阅读财务报表来发现股票的真正价值。当市场价格低于真正价值时，就可以买入股票。

如果投资者对宏观经济情况感兴趣，长期关注宏观经济新闻，就可以选择对宏观经济周期进行分析。当经济复苏、股市也开始上涨时，买入股票，当经济过热，股市也虚高时，卖出股票。

如果投资者喜欢哲学和心理学，可以研究波浪分析理论。通过"数浪"来分析当前股价在整体趋势中所处位置，判断当前市场上投资者的普遍心理状态，预判未来股价走向。

如果投资者擅长数学和统计学，则可以深入研究 K 线形态分析或者技术指标分析方法，剖析买卖形态内部蕴含的市场规律，建立自己的交易系统。当买卖点出现时，就可以遵照自己的交易，同样可以获得不错的收益。

无论投资者选择什么样的分析方法，都应该持之以恒。任何一种方法只有深入研究进去，才可以成为炒股制胜的利器；相反，如果这山看着那山高，看到别人用别的交易方法赚钱，就频繁变换自己的研究方向，则很难获得良好的收益。不同分析方法之间虽然会有相通的地方，但因为其适合的市场环境和具体交易方法都有很大不同，投资者如果混合使用难以获得理想收益。

三、避免外界的干扰信号

投资者在股市交易过程中，一定要自己对自己的资金负责。绝对不能把赚钱的希望寄托在别人身上。

在股市上的所有股民中，很少有人能真正赚钱的。因此，很多股民都总结出了"散户炒股一胜两平七赔"的规律。也就是说，如果投资者的交易策略被其他多数散户股民都认可，与70%的散户投资者一致时，那一定就是站在了亏损的队伍中。

除了不要盲目寻求被其他散户投资者认可外，对于新入市的投资者来说，还不能迷信消息，靠内幕消息炒股并不是散户的优势；不能相信股评，股评中假内行和黑嘴居多；一定不能迷信概念炒作，那往往是主力精心设计的陷阱。

投资者一定要养成独立思考的习惯。只有投资者自己为自己的资金负责。股票投资就是要用自己的资金去验证自己的判断是否正确，而不是用自己的资金去验证别人的判断是否正确。

投资者要自觉地做股市的少数派，必要时坚持"人弃我取，人取我予"的思路往往能获得更多收益。只有看淡股市上的热闹与喧嚣，忍受住孤独与寂寞，做好功课，修炼自己的股票分析理论，培养远见和耐心，新股民才能逐渐成长为一名成功的投资者。

四、分散不同的股票投资

新入市的投资者容易陷入两个极端。一部分投资者喜欢孤注一掷。一旦看好某只股票就全仓杀入，丝毫不给自己留余地。另一部分投资者则喜欢对所有股票都轻仓参与，每看好1只股票都少量买入一部分，

当股票走弱时又不舍得卖出，最终手中的股票越来越多，往往几万元的资金持有几十只股票。

在实际操作时，这两种方法都是不可取的。当投资者全仓持有 1 只股票时，一旦该股出现意外或者投资者判断失误，就会出现极大亏损。即使投资者没有亏损，当投资者发现其他的投资机会时，也没有资金再买入股票。

当投资者持有的股票过多时，虽然能回避某只股票承担过大风险，但每只股票的风险都整体增加了。此时投资者不仅没有精力分析每只股票未来的走势，甚至某只股票形成明显的卖点时，投资者也可能没办法发现。有的投资者甚至连自己持有哪些股票、每只股票持有多少、在什么时间和以什么价位买入的这些基本问题都弄不清楚，更不要说深入分析股票走势了。这样操作的结果多数都是所有股票全线套牢。

对于新入股市的投资者来说，最佳的投资方式是选择 3~5 只股票组合投资。这样既能分散每只股票承担的风险，又能有精力将每只股票都照看好。如果投资者已经持有了这个数量的股票，再发现更好的投资机会时，一定要先将现有组合中 1 只"较弱"的股票卖出，防止自己持有股票的种类越积攒越多。

五、承认错误的交易决策

投资股票的过程本身就是一个不断犯错，不断改正的过程。只有在不断的错误交易中改进自己的交易方法，投资者才能不断提高，最终形成一套稳定盈利的交易系统。即使是"股神"巴菲特，也经常会细数自己在过去一段时间所犯的错误。作为自己未来继续交易的戒律。

投资者只有承认自己的判断错误，才能在错误中总结经验，找出自己在某些环节中的不足。在投资的道路上，有些错误是每个人或多或少都会遇到的。新入市的投资者在资金量少的时候发现了错误并及时改正，总好于当以后资金量巨大时再发现错误，使自己面临更大的亏损。

对于投资者来说，犯错并不可怕。重要的是应该在犯错时及时改正，将错误造成的亏损限制在最小。当判断正确时则勇于持股，尽量使自己的收益达到最大化。当投资者真正能做到对时赚大钱，错时赔小钱，就已经能够称得上是股市中杰出的高手了。

六、保证资金的安全为第一

资金安全是投资者在股市中应该考虑的首要问题，其次才是盈利。在股市中，财富的积累是缓慢而艰巨的，而失去财富却非常容易。投资者从 10 万元亏到 50%，就只剩 5 万元，要想从 5 万元再回到 10 万元，则需要赚 100%。因此，对于投资者来说，要时刻注意捂紧钱袋子，把资金的安全放在第一位。"股神"巴菲特也一再告诉投资者：股市成功的秘诀有两条，第一条是永远不要亏损，第二条是永远不要忘记第一条。

在股市中，确保资金安全需要从两个方面出发。

第一是在投资之前，投资者应该仔细分析投资的风险。对于风险较大的投资或者是自己根本看不懂的股票走势，坚决不能参与。

要想控制这种风险，有个有效的方法是"打卡投资法"。即在每年年初，制作一张卡片，卡片上预留 10~20 个空格。每进行一笔交易就划掉一个空格，所有空格画满后当年就不再交易。这样的方法可以帮助投资者控制股票交易的次数。当想要买入股票时，会经深思熟虑后再做决定，避免浪费掉有限的交易次数。

第二是亏损发生后，投资者一定要及时认错离场。交易发生亏损，说明投资者已经判断失误，这时再继续交易下去，虽然有可能会挽回

损失，但更有可能会让自己的亏损越来越大，最终被深度套牢。

要想控制这种风险，最简单有效的办法是在买入时就设定一个严格的止损比例。例如每笔交易亏损不超过 10%。一旦交易的亏损幅度大于 10%，就说明交易失败，无论有什么理由都应该马上卖出股票。

七、克服心里的恐惧贪婪

贪婪和恐惧是每个人都会有的感情。特别是在股市中，多数投资者一向容易在涨时贪婪，在跌时恐惧。赢时，一山望着一山高，尽显贪婪；输时，却一味地希望能侥幸躲过一劫，恐惧卖出会把亏损变现。

其实，贪婪和恐惧本身并没有问题。这是投资者在股票交易中的正常情绪。大多数投资者的错误并不在于贪婪和恐惧，而在于在不正确的时间贪婪和恐惧。

巴菲特也说过："在别人恐惧的时候我贪婪，在别人贪婪的时候我恐惧。"从中我们可以看到，投资者并不是不应该有贪婪和恐惧的心理，而是应该选择在正确的时间贪婪和恐惧。

当市场上多数投资者都因为恐惧卖出股票时，股市已经下跌到了很低的位置。这时，普通投资者会受到市场影响，跟风卖出，最终他们会卖在最低点上。部分投资者会不贪婪也不恐惧，最终他们不会交易，不会赚钱也不会亏钱。杰出的投资者则会在这个时候感到贪婪，大量买入股票，建立自己的仓位。

当市场上多数投资者都因为贪婪买入股票时，股市已经上涨到了很高的位置。这时，普通投资者会受到市场影响，跟风买入，最终他们会买在最高点上。部分投资者会不贪婪也不恐惧，最终他们不会交易，不会赚钱也不会亏钱。杰出的投资者则会在这个时候感到恐惧，卖出手中的股票，确认收益。

八、遵照自己的交易计划

股票市场上有句名言叫作"计划你的交易，交易你的计划"。

从投身市场的第一天起，投资者就有必要不断告诫自己，对任何一起买卖行为都尽可能是先订出计划，避免在市场中受情绪的左右，因为冲动而作出错误的决定。制订计划不仅可以使人放缓节奏、减少失误，还能使人更深入地了解个股的情况。对个股越熟悉，就越有把握，对重复性的错误记忆也越深刻。

计划制订后，投资者就要严格按照自己的计划交易。无论如何，计划是在平静中制订的，是在全面思考后制订的。投资者买入股票后，往往有很重的浮躁情绪。有的投资者在股票一涨就不舍得卖、一跌就不敢买，之前的计划都不会执行，这就会使自己的计划落空，没有之前的计划，受贪婪心作祟，股票涨了还想再涨一点，股票跌了还想着再反弹一下，长此以往，投资者就不会形成自己的交易方法。炒股票仍然像六神无主的人，随意性很大，亏损也就越大。

第二节　确定严格的炒股纪律

一、止损纪律

止损是指当出现的亏损达到预定数额时，投资者及时斩仓出局，以避免形成更大的亏损。投资者止损的目的在于投资失误时把损失限定在较小的范围内。华尔街有句俗语：截断亏损，让利润奔跑（Cut losses and let profits run）。

在股市里，当投资者发现自己的交易背离了市场的方向，必须立即止损，不得有任何延误，不得存有任何侥幸心理。

很多人总在担心"如果今天止损了，明天涨了怎么办？"这种患得患失的心理，导致投资者无法冷静、客观地观察和分析市场。要知道，今天的止损可能会错过一次"明天反弹上涨"的机会，但也许刚好回避了"明天继续大跌"的风险。而且根据经验，如果投资者被套牢后仍持股不动，最终越套越深的概率要远高于获得解套的概率。

投资者设定止损位的方法主要有几种。

（1）固定比例止损。即在买入股票的同时，在买入价格之下5%或者10%的位置设定止损位。未来一旦股价跌破这个位置，投资者就应该将股票卖出。

固定比例止损如图10-1所示。

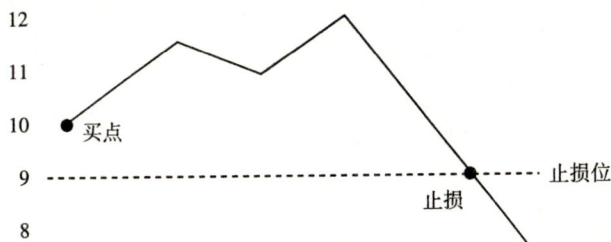

图10-1　固定比例止损

如图10-1所示，如果投资者在10元买入股票，按照固定比例止损，可以讲止损位设定在买入价下10%的位置，即9元。未来股价无论涨停，9元的买入价格不再改变。当股价持续下跌，跌破9元时，就应该将股票卖出止损。

这种止损方法的优点是方便易行，止损位确定后就不再改变。缺点则是可能损失已经获得的收益。例如在图10-1中，股价在盘中已经上涨到了12元，投资者如果没有在高位卖出股票，则需要等到9元卖出，损失之前获得的20%的收益。

（2）趋势线止损。即寻找一条对股价形成较长期支撑作用的趋势线或者均线作为止损线。当股价跌破这条止损线时，就将手中的股票卖出。

趋势线止损如图 10-2 所示。

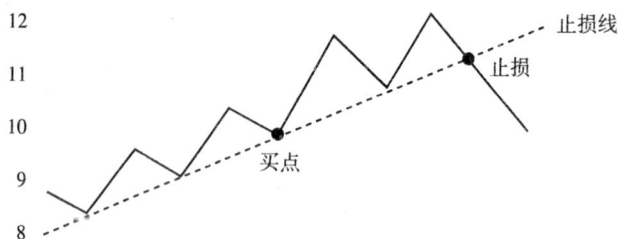

图 10-2　趋势线止损

如图 10-2 所示，股价上涨过程中，将多次回调的低点连接起来可以得到该股的上涨趋势线。当股价下跌到这条趋势线获得支撑时，投资者可以买入股票，同时将这条趋势线作为止损线。未来，当股价跌破止损线时，就应该将股票卖出止损。

与固定比例止损相比，用趋势线止损的方法可以获得更多收益，例如在图 10-2 中，虽然最后止损离场，但投资者仍然能够获得不错的收益。不过这种止损方法的缺点在于适用范围比较有限，只有对那些能够找出明显上升趋势线或均线的股票，才适用于这种方法。

（3）浮动比例止损。浮动比例止损的操作比较复杂。投资者在买入股票时，需要先设定一个固定的止损比例，例如 5% 或者 10%。随后如果股价创出新高，就将这个止损比例随股价的高点一起向上调整。当股价回调，跌破止损位时，就将股票卖出。

浮动比例止损如图 10-3 所示。

如图 10-3 所示，如果投资者在 10 元买入股票，按照固定比例止损，可以将止损位设定在买入价下 10% 的位置，即 9 元。

在①阶段，股价上涨，不断创出新高时，就应该将止损位跟随股

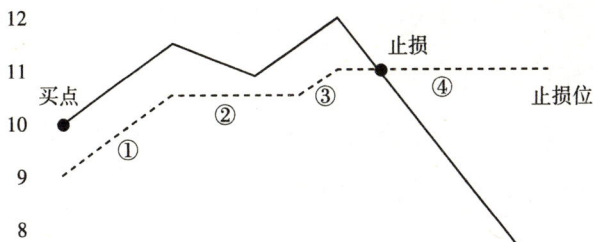

图 10-3　浮动比例止损

价一起向上提高。

在②阶段，股价整理时，没有再创出新高，则止损位也不变化。

在③阶段，股价再次创出新高向上时，止损位也随股价一起向上。

在④阶段，当股价回调跌破止损位时，投资者应该将股票卖出止损。

与以上两种止损方法相比，浮动比例止损方法的优点是止损位可以随股价一起上涨，不会失去已经获得的收益，而且这种方法适用范围广泛，在各种情况下都能操作。这种方法的缺点是操作比较烦琐。使用这种方法，投资者需要有较长时间盯盘，股价每上涨创出新高，就要重新计算对应的止损位。

以上三种方法各有优缺点，投资者在实际操盘过程中，可以根据不同的情况选择不同的方法使用。不过无论使用哪种方法，止损的意义都是相同的，都是要保证投资者能在市场中长久地生存。只有在市场中活得够久才有机会不断提升投资水平，最终获得成功。

投资者设定止损位的原则有三个。

第一，一定要在买入股票的同时就确定止损方案。投资者买入股票后再判断后市走向，难免会掺杂主观因素，只有买入前设定的止损规则才是最有效、最客观的。

第二，止损价位确定后，投资者可以根据未来行情走向将止损位上调，但一定不能向下调。例如投资者最初设定止损位是 10 元，随着股价上涨，投资者可以将止损位提高到 11 元，但一定不能因为未来股价下跌而将止损位调低到 9 元。

第三，止损位一旦确定就要严格执行。未来股价跌破止损位时，即使出现十分强烈的看涨信号，投资者也应该将手中的股票止损卖出。

二、仓位控制纪律

仓位是指投资者用于购买股票资金与自己资金总量的比值。例如投资者用 10 万元投资股市，花大约 2 万元买入 1 只股票，剩余 8 万元，那此时投资者的仓位就是 20%。

与全仓买卖股票相比，投资者通过合理的仓位控制纪律可以控制投资风险，使资金投入的风险系数最小化。虽然在理论上来讲其负面的因素也可能会造成利润率较低，但投资者炒股首先考虑的应该是安全问题。在股票市场中，只有活得够久才能最终获得成功。

投资者的仓位控制纪律分为以下三个部分。

（1）控制资金和股票的比例。在不同行情中，投资者可以控制自己持有资金和股票的比例，来降低投资风险。

在大盘持续上涨的牛市行情中，投资者需要保证自己的仓位水平一直维持在 80% 以上，充分享受股价上涨带来的收益。

在大盘持续震荡的行情中，为了控制风险，投资者可以将仓位比例控制在 30%~50%，选择部分强势股票适当参与。

在大盘持续下跌的熊市行情中，投资者应该将仓位比例控制在 20% 以下，即使发现有好的机会，也不能投入太多资金。如果感觉没有机会时，投资者就应该坚决空仓观望。

此外，为了进一步严格操作纪律，投资者还应该选择一些量化指标来区分牛市、熊市和震荡市。防止因为自己判断失误而盲目地加仓或者减仓。例如投资者可以选择 20 日、60 日和 250 日均线。当三条均线形成多头排列时，说明大盘处于牛市行情中。当三条均线空头排列时，说明大盘处于熊市行情中。当三条曲线纠缠在一起时，说明大盘处于震荡行情中，不同行情的仓位控制如图 10-4 所示。

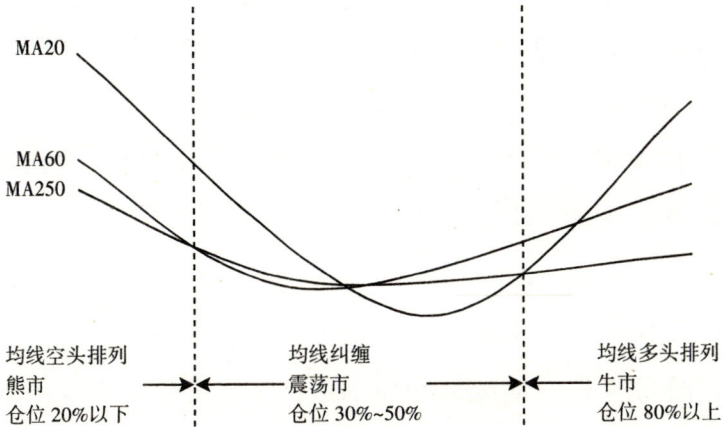

MA20

MA60
MA250

均线空头排列　　　均线纠缠　　　均线多头排列
熊市　　　　　　　震荡市　　　　　牛市
仓位 20% 以下　　仓位 30%~50%　　仓位 80% 以上

图 10-4　不同行情的仓位控制

（2）控制每次建仓比例。如果投资者想要买入一部分股票，不应该一次性买入，而是应该分 2~3 次买入。分笔买入的方法又可以分为两种。一种是头轻脚重的金字塔形建仓，另一种是头重脚轻的倒金字塔形建仓。以投资者准备买入 1000 只股票为例，这两种方法每次买入股票的数量如图 10-5 所示。

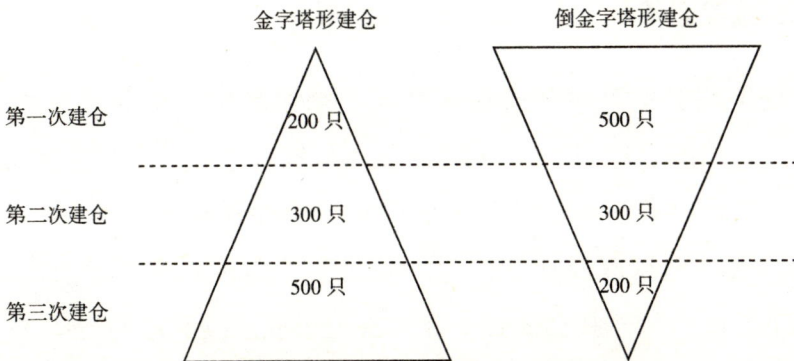

金字塔形建仓　　　　　　倒金字塔形建仓

第一次建仓　　　200 只　　　　　　500 只

第二次建仓　　　300 只　　　　　　300 只

第三次建仓　　　500 只　　　　　　200 只

图 10-5　不同建仓的方式及每次买入股票的数量

这两种方法中，金字塔形建仓的特点是一开始轻仓介入，逐渐加大投入的比例。这样就可以最大限度地回避风险，一旦操作错误，就可以尽快将股票卖出。

倒金字塔形建仓的特点是一开始就重仓介入，之后逐渐减少投入的比例。这样可以在尽量早的时间、在尽量低的价位上买入股票，获得最大的利润空间。

投资者在交易过程中，可以根据当时的市场环境、自己对判断的把握大小，灵活选择不同的建仓方式。

（3）控制每只股票的投资比例。除了以上两种仓位控制以外，投资者还应该严格控制投资在每只股票上的资金。股票市场上难免发生一些意料之外的事件，造成某只股票价格突然下跌，投资者如果满仓持有一只股票，难免会遇到较大风险。因此，投资者投资每只股票所占的仓位最好都不要超过50%。即使在牛市行情中，投资者也可以选择 3~5 只股票分散投资。

投资者既然决定购买某只股票，也不应该投入资金过少。对于每笔投资，投资者都应该至少投入仓位的10%。如果不愿投入这么多资金，则说明投资者对该股票上涨的信心严重不足。这时投资者应该再适当考虑，而不是以少量资金冒险投入。

三、选股纪律

市场上的股票可以分成很多种类，如大盘股、小盘股、绩优股、垃圾股、热门股、冷门股、ST 股和创业板股等。每一种股票都会表现出各自不同的特点。例如，大盘股的换手率往往较低，没有太大幅度的波动，很难出现涨停或者跌停的行情。小盘股的换手率往往较高，稍微沾染上概念炒作就会大幅上涨，甚至形成连续涨停的行情。

与不同的股票种类对应，每个投资者都有自己的能力范围。可能投资者在炒作 A 类股票时会特别顺利，连续获利；炒作 B 类股票时则感觉比较吃力，盈亏相抵；炒作 C 类股票时则完全没有盈利希望。

对于投资者来说，应该在实际的交易过程中不断总结经验，建立起适合自己的选股原则。在选择股票时尽量选择自己擅长操作的类型，回避自己不擅长的。

例如，对于新入股市的投资者来说，有以下几类股票的操作风险较大，最好不要贸然参与炒作。

（1）ST 股和 *ST 股。

（2）创业板股票。

（3）上年度大幅亏损的股票。

（4）刚刚经过长时间停牌的股票。

（5）过去几个月有连续涨停或者连续跌停的股票。

（6）长时间每天换手率都低于 1%，或者连续几个交易日换手率都在 20%以上的股票。

（7）开盘时间被交易所延后一小时或半小时的股票。

（8）各类投资大师极力推荐的股票。

参考文献

［1］励佰专业理财机构著. 经典盘口一周通 ［M］. 北京：经济管理出版社，2011.

［2］翁富. 主力行为盘口解密 ［M］. 北京：地震出版社，2010.

［3］郭志荣. 看盘口学操盘 ［M］. 北京：机械工业出版社，2014.

［4］徐小明. 盘口 ［M］. 北京：地震出版社，2012.

［5］刘川著. 量价：典型股票盘口分析 ［M］. 北京：电子工业出版社，2014.

［6］欧俊. 盘口：看盘功力决定输赢 ［M］. 北京：北京联合出版公司，2013.

后 记

　　本书中讲述了上百个选股和看盘的实用方法。在实战中，每个投资者都不可能同时用到这么多方法，但是这里面讲到的所有方法又都是投资者需要了解的。所以建议投资者在学习的过程中，对每一种方法都适当涉猎，然后从中选择一类自己喜欢的方法，作为日后交易中的主攻方向。

　　为了深入研究某一类交易方法，最有效的途径就是利用实战来验证。如果投资者对某种方法有心得体会，但是又把握不准，不用去询问所谓的炒股高手或者查阅其他资料，只要按照自己的想法去交易，让自己的资金去验证自己的想法，最终市场会给出答案。

　　在研究的过程中，必然会有亏损，这就需要投资者特别注意自己的资金安全。设立严格的止损位是一个好方法。大师江恩有个交易原则：不要让你的任何一笔交易损失掉本金的5%。在这里投资者可以借用。

　　学会本书讲述的所有方法，选择适合自己的一套体系，在交易中不断磨炼，保证好本金的安全。通过以上几步，投资者就能在股票市场中不断成长，最终实现炒股赚钱的梦想。